高等职业教育财经类“十二五”系列规划教材·市场营销专业

U0958081

公共关系理论与实务

（第3版）

王培才 主 编

GONGGONG GUANXI LILUNYUSHIWU

電子工業出版社
Publishing House of Electronics Industry
北京·BEIJING

内 容 简 介

本书根据高等职业教育培养高素质、高技能人才的要求，介绍了公共关系的基础知识和基本技能，主要包括公共关系的含义、特征、职能、要素、历史和公共关系工作目标、方法、原则等基本原理，以及公共关系工作程序、活动类型、传播协调、专题活动、危机管理、公关礼仪、文书写作等技能。

本书融科学性、时代性、应用性为一体，可作为高等职业院校经贸类专业教材，也适合作为营销、管理、公关人员的培训教材以及公关爱好者的自学用书。

图书在版编目（CIP）数据

公共关系理论与实务 / 王培才主编. —3 版. —北京：电子工业出版社，2014.8
高等职业教育财经类“十二五”系列规划教材. 市场营销专业
ISBN 978-7-121-23942-7

Ⅰ. ①公… Ⅱ. ①王… Ⅲ. ①公共关系学－高等职业教育－教材 Ⅳ. ①C912.3

中国版本图书馆 CIP 数据核字（2014）第 173091 号

策划编辑：张云怡　　特约编辑：尹杰康
责任编辑：张云怡
印　　刷：北京盛通商印快线网络科技有限公司
装　　订：北京盛通商印快线网络科技有限公司
出版发行：电子工业出版社
　　　　　北京市海淀区万寿路 173 信箱　邮编　100036
开　　本：787×1 092　1/16　印张：17.25　字数：441.6 千字
版　　次：2005 年 8 月第 1 版
　　　　　2014 年 8 月第 3 版
印　　次：2023 年 7 月第 14 次印刷
定　　价：34.70 元

凡所购买电子工业出版社图书有缺损问题，请向购买书店调换。若书店售缺，请与本社发行部联系，联系及邮购电话：（010）88254888，88258888。

质量投诉请发邮件至 zlts@phei.com.cn，盗版侵权举报请发邮件至 dbqq@phei.com.cn。

本书咨询联系方式：（010）88254573，zyy@phei.com.cn。

前言

《公共关系理论与实务》（第1版）于2005年出版以后，受到了读者的好评，也有很多读者提出了中肯的意见。我们在心存感激的同时，有修订教材的想法。因此，当2008年此教材被评为普通高等教育“十一五”国家级规划教材以后，我们马上着手进行修订。经过近一年的努力，此教材第2版于2009年4月出版。从反馈情况看，修订本的结构、内容等得到普遍好评。至今，第2版教材出版已经5年，编者已着手修订第3版。

本书具有以下特点：

（1）在内容安排上，做到理实一体。在精练地阐述公共关系基本理论的基础上，还通过“公关链接”形式，补充了公共关系理论的最新研究成果；突出公关实务内容，教材中所介绍的原则、方法、技巧等能够成为处理公共关系的工作指南，使学生能尽快掌握从事公关活动的技能和技巧；特别是新增加了微时代下“博客公关”、“微电影公关”等公共关系实务的最新做法。

（2）在结构安排上，体现了边学边做，学练结合。章前有“课前思考”和“学习目标”；章节中安排了“课堂讨论”或“课堂实训”以及大量的“公关链接”内容。这样，不仅形式更加活泼，而且便于教师组织课堂教学。为突出对学生动手能力的培养，每章后除了有“思考与练习”题外，还有“课后实训”题。

（3）在案例安排上，增加了大量案例，特别是增加了许多最新的案例，如“2013‘两会’新发现”、“农夫山泉‘标准门’风波”、“《爱情公寓》的矫正性公关”等，同时把案例穿插于节、目之中，使案例与内容结合更加紧密，便于开展案例教学。

（4）在难度安排上，基本参照中级公关员国家职业标准基本要求组织教学内容。通过本教材的学习，学生能参加中级公关员的考证，并基本具备中级公关员的技术能力，将课堂教学与职业培训紧密结合。

本书由王培才担任主编，叶萍担任副主编；王培才修订第1章和第6章，齐秀辉修订第2章和第5章，叶萍修订第3章和第4章，朱洪静修订第7章和第10章，丁茂芬修订第8章和第9章。全书由王培才负责总纂，胡德华主审。

本书在修订过程中，参阅了大量相关著作与报刊，深受启发。在此对原著作者致以最诚挚的谢意；电子工业出版社的领导、编辑为本书的修订出版付出了很多心血，在此一并表示衷心的感谢。

由于编者水平有限，书中难免存在不足之处，敬请广大读者批评、指正。

编　者

2014年5月

目录

第1章

公共关系概述

课前思考

★ 公共关系与人际关系有何不同？

★ 公共关系的工作目标有哪些？

★ 现代公共关系是如何产生的？

学习目标

- 公共关系的含义、构成要素、主要目标与内容
- 公共关系的基本方法、特征、原则与职能
- 公共关系产生的原因与条件
- 公共关系产生与发展的历史
- 公共关系与宣传、广告、市场营销、人际关系、庸俗关系的联系和区别

要学好公共关系的理论与实务，首先要掌握公共关系的基本理论，如公共关系的含义、构成要素、主要目标与内容，公共关系的基本方法、特征、原则与职能等。为了进一步理解公共关系的含义，还要分析公共关系与宣传、广告、市场营销、人际关系、庸俗关系的联系和区别。同时还要了解公共关系产生与发展的历史，从而明白公共关系产生的原因与条件，把握当代公共关系的发展趋势以及中国公共关系事业的发展趋势。

1.1 公共关系的基本理论

1.1.1　公共关系的含义

公共关系一词是从英语 public relations（缩写为 PR）翻译过来的。公共关系是一门正在发展中的新兴学科，而且涉及不同的学科领域和不同的实践领域，由此形成了对公共关系定义的众说纷纭。据统计，公共关系的定义大概有上千个；也有人认为，只要有多少人尝试对它下定义，便会有多少个定义。随着公共关系理论研究的深入，在我国也逐渐形成了形象学派、协调学派、传播学派、管理学派等不同学派。不同学派从不同的角度去揭示公共关系的本质属性，虽然都有其合理性，但在对公共关系定义的表述上则显得异彩纷呈。

通过对众多公共关系定义的借鉴以及对公共关系特征的概括，本书认为：公共关系是社会组织通过形象塑造、传播管理、利益协调等方法，提高认知度、美誉度、和谐度，促成社会组织与其相关公众良好合作并和谐发展的科学和艺术。为了进一步理解公共关系的定义，我们有必要认识公共关系的三大构成要素、公共关系工作的三大目标、三大基本方法和三个层次的内容。

1．公共关系的构成要素

公共关系的构成要素主要包括以下三个。

（1）社会组织。社会组织是指人们为了有效地达到特定目标，按照一定的宗旨、制度、系统建立起来的共同活动集体。它有清楚的界限、明确的目标，内部实行明确的分工并确立了旨在协调成员活动的正式关系结构，比如政党、政府、企业、学校、医院、各种社团等。

社会组织是公共关系的主体。它是公共关系中处于主动地位的一方。

（2）媒介。媒介是指使社会组织与公众发生联系的人或事物。

人通过语言、行动表达思想和情感，传递信息，使社会组织与公众建立和发展关系。

事物包括为建立和协调公共关系所开展的活动，使社会组织与公众发生联系的物品、符号、标志、图画、图像等。在现代社会，报刊、电视、广播、网络等已成为非常重要的公共关系媒介。

（3）公众。公众是指与社会组织相关的有共同利益需求的个人、群体、组织集合而成的整体。社会组织的员工、顾客、合作者、竞争者、社区居民、社会名流等都是重要的公众。公众构成了社会组织生存和发展的社会环境。

公众是公共关系的客体。它对社会组织产生制约和影响，是社会组织认识、作用的对象。

社会组织通过媒介作用于各类相关公众，各类相关公众对社会组织产生认知，表示赞誉，与社会组织进行合作，从而形成互助互利、和谐发展的关系。

2．公共关系工作的目标

公共关系工作的目标是指社会组织通过一系列工作，所欲达到的树立组织形象、与公众取得和谐的状态。具体来说，公共关系工作有认知度、美誉度、和谐度三大目标。

（1）认知度。认知度是指一个社会组织被社会公众所认识、知晓的程度。它包含被认识的深度和被知晓的广度两个方面。例如，一个企业的名称、法人代表、历史沿革、行业归属、主要产品、产品商标、产品特征、经营状况等诸多具体信息在多大范围内被公众所知晓，在多深的程度上被公众所认识，合起来则为这个企业的认知度。

认知度与我们常说的知名度相比内涵更为丰富。它不仅指组织的名声在多大范围内被公众所知晓，而且指组织有多少信息被公众所认识。一般来说，公众如果只闻其名，即"知名"，对组织的意义并不是很大；而在知名的基础上，公众对组织的认识越多、越深，对组织的意义或作用就越大。任何组织开展公共关系工作，其目标之一就是追求拥有较高的认知度。

（2）美誉度。美誉度是指一个社会组织获得公众赞美、称誉的程度，是组织形象受公众给予美丑、好坏评价的舆论倾向性指标，是一种对组织的道德价值评判。

由于不同的社会组织其道德价值的体现有所不同，其美誉度的确定也就应分解为不同的内容。如生产性企业美誉度内容可分解为产品评价、服务评价、贡献评价、文化评价等；政府机关美誉度内容可分解为政绩评价、服务评价、民主建设评价、廉政建设评价等。

（3）和谐度。和谐度是指一个社会组织在发展运行过程中，获得目标受众态度认可、情感亲和、言语宣传、行为合作的程度。和谐度与美誉度一样，也属于对组织道德价值评判的范畴。

在客观世界，关系无所不在，而关系的最佳境界就是和谐。和平共处、和谐发展，是处理各种各样社会关系的最基本准则。可以说，公共关系学就是为求取组织与其公众关系的和谐应运而生的。显然，和谐度是在认知度、美誉度基础上的必然延伸，是组织最为关心的一个目标。

3．公共关系工作的基本方法

社会组织要提高自身的认知度、美誉度、和谐度，有各种各样的方法。属于公共关系工作的基本方法有形象塑造、传播管理、利益协调三种。

（1）形象塑造。组织形象是指社会公众对一个组织综合认识后形成的印象和评价。组织形象对社会组织来说至关重要。在现代社会中，一个组织的形象如何，会直接影响到组织的生存和发展。特别是对企业而言，拥有了良好的组织形象，就能赢得公众的支持，就能拥有市场，就能获得源源不断的利润，就能在激烈的市场竞争中立于不败之地。就公共关系工作来说，形象塑造也是一个社会组织提高其认知度、美誉度、和谐度的先决条件。社会组织只有通过开展组织形象的定位与设计、建立与推广、巩固与矫正等工作，做好社会组织的实力形象、文化形象、人才形象、品牌形象等各方面的形象塑造工作，才能赢得公众的信任、支持与合作，从而使组织得到和谐发展。

（2）传播管理。传播管理是指社会组织为了提高自身的认知度、美誉度、和谐度，对借助传播方式所开展的传播活动进行计划、组织、指挥、控制和监督等一系列活动的总和。从传播管理的内容来说，有对公共关系宣传活动，如开放参观、展览展销、新闻发布会、记者招待会、公共关系广告等的管理；也有对公共关系一般活动，如联谊活动、庆典活动、赞助活动等的管理。从传播管理的任务来说，在组织发展的不同阶段应有明显的区别，如在组织创建的初始阶段，传播的主要任务是为组织造声势，吸引公众的注意力，培植公众对组织的善意和信任，争取在公众中树立良好的第一印象。在组织发展的兴盛阶段，传播工作应居安思危，从长远着眼，从实际出发，通过持久的努力扩大组织的社会影响力，巩固和完善良好的组织形象。在组织发展的危难时期，传播工作对内应稳定民心，查找原因；对外应尽快消除公众对组织的疑虑、猜忌、误解或怨恨，澄清事实真相，尽快扭转局势。

（3）利益协调。公共关系协调既可反映社会组织与其公众之间的关系处于和谐状态，又可表明社会组织为争取公众的支持与合作而开展的各种协调关系的工作。和谐的公共关系环境，是实现社会组织的目标与可持续发展的必要条件；而搞好公共关系的协调，是建立和谐公共关系环境的根本保证。公共关系协调有利益协调、态度协调、行为协调等诸多内容，其最基本、最关键的是利益协调。社会组织在协调组织内部员工关系、股东关系和协调组织外部顾客关系、社区关系、政府关系、新闻媒介关系的过程中，必须认清各自的利益需求，把握相互利益的结合点，调整利益目标，促进互惠互利。可见，利益协调是赢得和谐公共关系状态的基本途径，也是公共关系工作的基本方法。

4．公共关系的工作内容

公共关系的工作内容一般可划分为以下三个层次。

（1）开展业务专题活动，包括接待、交往、宣传、服务、促销、文化和危机管理活动，分别称为接待型公共关系工作、交往型公共关系工作、宣传型公共关系工作、服务型公共关系工作、促销型公共关系工作、文化型公共关系工作和危机管理型公共关系工作。这是公共关系工作中最基本，也是最低层次的项目内容。

（2）塑造社会组织的整体形象，即导入、推行CI战略。这是公共关系工作较高层次的项目内容。CI是英文Corporate Identity的简称，意思是企业识别。CI战略就是从经营哲学、组织文化、员工工作规范、礼仪要求、营销战略、广告宣传、文化仪式乃至建筑物外观设计等方面，对社会组织进行全方位的规划和包装，以内在统一、外观一致的手法强化社会组织的整体观，从而有效地塑造良好的形象。

（3）充当社会组织的高层次智囊角色，为各类组织提供公共关系顾问、诊断、咨询和策划服务。这是公共关系工作最高层次的项目内容。由于工作涉及面广，要求比较高，一般的公共关系人员是无法胜任的。但是，从发展趋势来看，这也是公共关系工作的一项基本业务，表现为咨询型公共关系工作。

案例1.1　联合利华联手PHD中国　打造清扬《无懈可击》电视剧

2010年8月，联合利华旗下的清扬洗发水品牌发布的电视连续剧《无懈可击》同时在国内六大省级卫视及六大视频网站播放，为其品牌进一步造势。

此剧讲述了一群年轻人如何用“无懈可击”的精神战胜事业、爱情、生活中的挫折与磨难。剧中女主角是一名刚踏入社会的大学毕业生，就职于一家跨国公关公司，客户即清扬洗发产品。她与一公司职员相恋，而此职员实为竞争对手公司的商业间谍，从而展开了一系列围绕爱情、背叛、办公室政治的故事——这一系列的经历使女主角更为坚强，更有韧性，具备了无懈可击的达观精神。故事的展开体现了清扬在国内深入人心的四步品牌理念：甩了欺骗者，信任拍档，突破自我，无懈可击。其剧名也与清扬的广告语谐音——“无屑可击”吻合。

“我们对清扬《无懈可击》电视剧的播出感到很兴奋。联合利华一直很看重清扬，作为一个很酷的品牌，能引领潮流并与消费者建立‘无懈可击’的情感纽带，没有比通过讲故事更好的方式能达到这点了。”联合利华中国品牌总监徐喆（Maxwell Xu）如是说。

PHD中国进行了一系列多方位的数字媒体活动来扩大《无懈可击》的影响力。搜狐网站作为主要的娱乐平台，成为PHD中国的战略合作伙伴；清扬的迷你网站则网罗了所有与此剧相关的内容植入；另有一演员（客户）访谈节目与大家讨论电视剧与消费者在现实生活的相关程度。PHD中国还在各大视频网站发布了视频活动以进一步提高品牌与上网看电视的目标消费者之间的关系纽带，并且植入了一些竞猜题和小游戏以加深消费者与电视剧的相关度。

鉴于国内社交类媒体的重要性，PHD中国还会发布一个i-Word-Of-Mouth（iWOM）的活动以提高影响力。PHD中国指定了一些主要的意见发布者传播“无懈可击”的理念——清扬与电视剧的共同理念。传播途径包括所有主要的社交平台，如博客、微博、社交网站和公共论坛。

除了把清扬的品牌理念加入电视剧剧情之外，其主题曲以及音乐视频将在网上与户外媒体播放。另有一款基于电视剧剧情打造的在线游戏也即将推出。

（资料来源：http://www.chuanmeijia.com/2010/0813/44710.htm，略有删改）

【案例讨论】

推荐观看电视连续剧《无懈可击之美女如云》，通过收看该剧了解公关公司的工作制度、工作流程等，并讨论分析其中的公关方法与策略。

1.1.2　公共关系的基本特征

1. 客观性

公共关系是不以人的意志为转移的客观存在，普遍地存在于社会组织的环境中。

任何社会组织的生存与发展，都离不开公共关系的影响和制约，也都毫不例外地有意或无意地在进行公共关系工作，以维护和改善现有的公共关系状态，塑造良好的社会组织形象。

2. 公开性

公共关系主张社会组织与社会公众的双向沟通，即通过提高社会组织的透明度，来增进社会公众对组织的了解、理解、支持与合作。同时，公共关系活动是在法律、法令和政策允许的范围内进行的，以公开的手段、方式和渠道宣传组织的方针、政策和行为，以实现公共关系目标。

3. 艺术性

社会组织面临的社会公众复杂多变，拘泥于一种公共关系模式，无法适应复杂多变的公众需求，即使同一公众在不同的时期，其需求也有区别。因此，有效的公共关系活动必然渗透着创造性的思维，针对性的模式，技巧性的方式方法。一句话，我们应该在科学的理论和原则指导下，讲究具体的方式方法和策略性、技巧性，以其艺术的形式和手段达到最佳的客观效果。

4. 情感性

公共关系从本质上说是社会组织与社会公众之间关系的综合表现，但又在一定程度上表现为人与人之间的关系与交往。由此，情感因素渗透于公共关系的全过程，甚至左右着公共关系活动的进程与成果。公共关系强调以信任他人、关心他人为宗旨，在其活动中重视情感上的沟通、联结、融洽，创造良好的组织氛围。从这一点来看，有人把公共关系活动比作感情投资是不无道理的。

5. 战略性

公共关系的基本方针是着眼于长期打算，着手于平时努力。任何一个组织要建立和巩固良好的社会形象，都不是一朝一夕、一蹴而就的事情，必须付诸系统、全面、有计划、连贯、坚持不懈的艰苦努力和扎实的公共关系工作。试图一次活动就能立竿见影，是不符合客观实际的。同时，公共关系要求理顺长远利益与眼前利益，整体利益与局部利益，大利益与小利益的关系，依据组织的长远利益、整体利益、大利益制定公共关系活动和公共关系过程，达到处理好公共关系的目的。

1.1.3 公共关系的基本原则

1. 真实性原则

真实性原则是指社会组织的公共关系工作，要以事实为基础，据实、客观、公正、全面地传递信息，反映情况。具体来说，就是要尊重事实，是好说好，是坏说坏；有一说一，有二说二，不掩饰，不夸大，也不缩小；在调查研究的基础上，客观地反映现实，不以主观想象代替客观事实；对事实采取公众可接受的立场，不袒护、不推诿。

2．平等互利原则

平等互利原则是指社会组织与公众平等相处，共同发展，利益兼顾。公共关系是为组织的既定目标和任务服务的，但这种服务要以一定的道德责任为前提，以利他的方式“利己”，既要对组织负责，又要对公众负责。只有“利他”才能“利己”。公共关系强调主体与客体的平等权利和义务，尊重双方的共同利益和各自的独立利益，信守组织与公众平等互利、共同发展的坚定信念。

3．双向沟通原则

双向沟通原则是指一个组织在开展公共关系活动时，组织与公众互相传播、接收、反馈对方的信息，如对话、讨论等，从而使组织与公众互相影响，互相启发，最后达到相互信任。组织与公众之间建立良好的公共关系过程，其实质是组织与公众之间相互适应的过程，亦即信息交流和信息反馈修正的过程。双向沟通的原则，不仅立足于信息的相互交流，更注重情感的相互沟通。

4．整体一致原则

整体一致原则是指从社会全局的角度，审视公共关系工作，评价其经济效益，明确自身的责任和义务，符合公众的长远利益和根本利益。一个社会组织要保证自己的长远利益，求得自己的稳定发展，就必须取得社会公众和其他社会组织的支持与合作，顾及社会整体利益。公共关系整体一致原则的具体体现就是社会组织对公众负责，对社会负责。

5．全员公关原则

全员公关原则是指组织的公共关系工作，不仅要依靠公关专门机构和专职公关人员的努力，还有赖于组织各部门的密切配合和全体员工的共同关心与参与。这就要求组织的全体成员都要树立公关意识，共同关注并参与公共关系工作。因为建立、维护和发展组织的良好公共关系状态不是哪一个具体个人的事，也不是单一部门能够完成的工作。如每一个成员与外界交往时，都是组织形象的宣传载体，他们的活动都体现组织的整体形象和风貌。因此，组织的每位成员都必须注意自己的形象，从而维护组织形象。

6．长期坚持原则

公共关系工作是一项长期的、持久的任务，任何组织的良好形象的形成都是建立在长期努力的基础上的。成功的组织在开展公共关系活动时，总是着眼于未来，以长远的目光来确定目标，并制定战略和政策。当然，随着社会经济、文化的发展，公众的价值观和需求也必然会发生相应的变化，对组织形象的评价标准也会不断变化，期望值也会越来越高。社会组织也必须不断地改造和更新自身的形象。

公关链接　公共关系工作原则的“二十互”

互联互访：互相联系，互相访问；
互通互知：互相沟通和交流，互相了解和知晓；
互尊互信：互相尊重，互相信任；
互忠互爱：互相忠诚，互相珍惜和爱护；
互勉互享：互相勉励，互相分享对方的快乐；
互悦互融：互相使对方高兴，彼此融合和调和；
互补互助：互相补充，互相帮助；
互惠互利：互相给予对方优惠和好处，互相有利于对方；
互谅互让：互相谅解，互相谦让；
互赢互荣：彼此都获得利益，大家共同兴盛繁荣发展。

［资料来源：李道平等著. 公共关系学（第4版）. 北京：经济科学出版社，2011］

1.1.4　公共关系的基本职能

公共关系的职能是公共关系在组织中应发挥的作用和应承担的职责。从根本上讲，公共关系的职能就是调动一切可以调动的力量，运用各种手段，塑造良好的组织形象，赢得良好的生存环境，促进组织的生存发展，使组织在激烈的竞争中取胜。但其具体职能可概括为收集信息、咨询建议、沟通协调、塑造形象和教育引导。

1. 收集信息

管理就是决策，而决策的好坏，首先取决于信息的收集与分析的好坏。在“情报成功就等于竞争胜利”的今天，关注信息管理已成为企业的一大要务。只有及时、准确地收集信息，才能使组织了解环境、监视环境、反馈舆论、预测趋势、评估效果，以帮助组织对复杂多变的公众环境保持高度的敏感性，维持组织与整个社会环境之间的动态平衡。

2. 咨询建议

咨询建议是公共关系最有价值的职能之一，故公共关系也被称为“咨询业”或“智业”。公共关系咨询建议，就是指公共关系专业人员向决策层和各管理部门提供有关公共关系方面的意见和建议，从而使决策更加民主化、科学化、系统化，促进组织形象更加完善，与公众的关系更加和谐。其具体内容包括：关于企业奋斗目标的咨询、对社会组织及其产品形象的咨询、对社会组织知名度和美誉度方面的咨询、关于公众心理的咨询和预测。

3. 沟通协调

公共关系活动的过程，主要就是组织与公众之间进行传播与沟通的过程。通常社会活动中所讲的“沟通”是指信息的往来传递；协调是在沟通的基础上，经过调整达到“彼”

与“此”的和谐平衡与共同发展。公共关系中讲的沟通协调是组织与其公众在信息传递的基础上相互认识，并据此调整其中的不合理因素，对内以提高组织的向心力、凝聚力，对外以争取公众的好感与支持，为组织的生存和发展奠定“人和”的基础。

4．塑造形象

公共关系中的组织形象，就是指公众对社会组织的整体印象和评价，是社会组织的表现和特征在公众心目中的反映。良好的组织形象，对于一个社会组织来说，是一笔无形的财富。良好的组织形象可以使社会组织获得更好的发展条件和发展环境；它可以为社会组织的各种服务和产品创造出优良的营销环境；可以为社会组织吸引人才、集中人才提供优越的条件；也有助于社会组织寻求可靠的原材料和能源供应客户，增加投资者的信心，求得稳定而优惠的经销渠道，增进周围地区对组织的了解。

5．教育引导

公共关系的教育引导职能主要反映在两个方面。一是对组织员工素质的培育和提高。公共关系的一个职能就是传播公关意识，传播公共关系的思想和技巧，进行知识更新。通过公共关系活动，可以培养和提高员工各方面的素质和才能。二是对公众进行教育和引导。人们常说“公众永远是对的”，这是从服务的角度将“正确”让给对方，但客观地讲，公众不可能永远正确，而是需要加以引导的。这种引导主要体现在公共关系活动对社会互动环境和社会心理环境的优化上。

案例1.2　“两会”新发现

纵观2013年的“两会”，我们有新发现。

第一，2013年“两会”会风用三个字概括：减、俭、简。今年的“两会”与往年不同，会场上少了鲜花、礼仪、大横幅；会序从简，会期压缩，甚至委员、代表翻阅的文字材料也变成了“瘦身”版；代表委员们出行，一律不封路，不带道，统一乘坐客车，坚持“与民同道”；用餐从简，不设“饭局”，把“光盘计划”节省的时间用在议案、提案上。一位代表说：“就应该这样，代表委员应把更多时间精力放在谈发展、议民生上，才对得起人民。”

第二，在2013年的“两会”上，我们不难发现“四多”现象：脱稿讲话多，对话共鸣多，实质问题多，探讨民生多。“两会”期间，代表们关心“医疗改革、保障房、养老保险双轨制、教育改革”；代表帮老百姓把最关心的“事儿”问个明白；分团讨论中，面红耳赤的“激辩”，无论是“结构性减税”还是“户籍改革”，百姓需要的就是这样能发出群众呼声的代表、委员；网民与代表们的“交锋”，则代表了不同年龄、不同职业、不同身份的平民百姓，也能参与“两会”之中。随着时代的发展，群众越来越反感套话、官话，“肯定一下”、“学习一番”这些空洞无物的话语只能将群众与“父母官”的距离越拉越远，而来自基层、发自内心的参政议政则是群众欢迎的“好声音”。

第三，从大会报告到代表委员发言，无不追求文字凝练、内容实在。文以“实”为贵，

2013 年的《政府工作报告》以翔实的数据和凝练的表述对过去五年进行了总结，用老百姓能听得懂、读得懂的语言对未来提出了展望。我们发现各项报告、决议、草案等材料均被“瘦身”了，然而，重点更加突出了。代表委员的发言直奔主题、言简意赅。据全国政协筹备委员会统计，仅纸质印刷品一项就节省了 200 万元会议开支。

俗话说“火车跑得快要靠车头带”，党风、政风、民风就看“上头”吹啥风。相信全国“两会”这场清风必会吹向全国，用老百姓看得见、摸得着的新作风赢得群众满意。

［资料来源：祖翠娟．“两会”新发现．公关世界，2013，326（3）］

【案例讨论】

请从公关的角度分析“两会”的新发现。

1.1.5 公共关系的界定

虽然公共关系传入我国已有 20 多年的历史，但许多人对它的性质、功能、手段等还只是一知半解，因此在使用公共关系这一概念或开展公共关系工作时，往往会出现许多偏差和错误，所以有必要将公共关系和与其相关的其他社会现象进行区分，才能使公共关系朝着正确的方向发展。

1．公共关系与宣传

宣传是社会组织为了取得公众对其实施的政策、行动的理解和支持而采取的一系列活动。公共关系要塑造组织形象，扩大组织影响，引起公众的注意并进而引导公众的行为，也要开展宣传活动，并要利用人们在宣传活动中积累的各种理论、经验、技术和技巧；同样，宣传活动为了适应现代社会的发展，也要不断吸收公共关系的新内容、新方法，才能把宣传工作建立在更加科学的基础上，才能不断提高宣传效果。两者的区别有以下四点。

（1）形成历史不同。宣传活动是伴随着古代文明社会的产生而出现的一种社会行为；公共关系则是现代社会的产物。

（2）活动内容不同。宣传活动的全部工作都围绕“说”字下功夫；公共关系的全部工作不仅在“说”字上下功夫，而且更重视在“做”字上下功夫。

（3）工作准则不同。宣传活动既可奉行实事求是的准则，也可奉行唯宣传者主观需要为是的准则；公共关系则只能奉行尊重事实，实事求是的准则。

（4）行为特征不同。宣传活动偏重于单方面诱导式的影响、灌输；公共关系则必须注重双向的交流和沟通。

2．公共关系与广告

广告是通过付费购买或使用传播媒介，以对产品、服务及某项行动的意见和想法进行推销宣传的活动。公共关系常常借助广告的形式实现信息的传播，在建立组织形象职能时，广告常常借助公共关系去增强它的说服力，但公共关系绝不等同于广告。

（1）行为导向不同。广告以销售产品、服务，引起公众的购买行动为导向，它注重的是产品、服务的介绍和宣传；公共关系以实现组织与公众的双向交流和沟通为导向，它注重的是组织形象的介绍和宣传。

（2）使用范围和活动领域不同。广告一般只在工商企业组织中得到采用，而且在工商企业中，是属于销售经营的局部性工作；公共关系可以在各类组织中得到采用，并且是涉及组织各个环节的全局性管理工作。

（3）传播信息的原则和特征不同。广告传播信息的原则是引人注目，形成轰动效应，为此它往往进行不加掩饰的自我宣传，具有明显的倾向性、渲染性和夸张性；公共关系传播信息的原则是客观真实，实事求是，为此它强调要在信息传播中体现真情、真意，以客观、公正的态度向公众介绍组织的情况和面貌。

公关链接　　广告是风，公关是太阳

关于公共关系与广告的区别，《公关第一，广告第二》（*The Fall of Advertising & The Rise of PR*）中列举了14条：

（1）广告是风，公关是太阳；

（2）广告是三维的，公关是线性的；

（3）广告采用大爆炸的方式，公关采用缓慢建立的方式；

（4）广告是可视的，公关是语言的；

（5）广告影响所有人，公关影响某些人；

（6）广告是指向自身的，公关是指向他人的；

（7）广告消亡，公关永生；

（8）广告是昂贵的，公关并不昂贵；

（9）广告偏爱延伸产品，公关偏爱新品牌；

（10）广告喜欢旧名字，公关喜欢新名字；

（11）广告是滑稽的，公关是严肃的；

（12）广告是没有创意的，公关是有创意的；

（13）广告是不可信的，公关是可信的；

（14）广告是品牌维护，公关是品牌塑造。

（资料来源：［美国］阿尔·里斯等著. 公关第一，广告第二. 上海：上海人民出版社，2004）

3. 公共关系与市场营销

市场营销是指工商企业为满足消费者的要求，把商品和服务从生产领域和流通领域转移到消费者手中的一切经营管理活动。在实践中，许多企业将公共关系作为重要的促销策略，借助公共关系与消费者进行情感沟通，使得传统的“硬性推销”向现代的“软性推销”转变；同时，公共关系的许多具体活动形式也要与营销的具体活动结合在一起。例如，组织形象的宣传往往与组织生产经营的商品和服务的宣传联系在一起，组织与公众的良好关系往往要通过组织向公众提供的优质的商品和服务才能得以实现。但公共关系与市场营销之间有明显的区别。

（1）应用范围不同。公共关系的应用范围比市场营销要广得多。市场营销是企业独有的一种经济活动，而公共关系应用于包括企业在内的一切组织。在企业中，市场营销只是企业经营管理的一个方面，而公共关系贯穿于企业管理的全方位、全过程；市场营销的对象主要是消费者，而公共关系的公众对象除消费者之外，还有政府公众、社区公众，等等。

（2）任务不同。市场营销的任务只是销售商品和服务；公共关系的任务则是协调组织与公众的关系。

（3）着眼点不同。市场营销的着眼点主要是组织的经济效益；公共关系的着眼点既有组织的经济效益，又有组织的社会效益。当这两种效益暂时发生冲突时，公共关系从组织的长远着眼，往往更注重组织的社会效益。

4．公共关系与人际关系

人际关系是依赖某种媒介并通过个体交往而形成的人与人之间的关系。公共关系与人际关系联系紧密。因为组织内部的联系，主要是个人与个人之间的联系；组织与组织之间的联系，也往往表现为一个组织中的若干人与另一个组织中的若干人之间的联系。公共关系实务工作除了运用大众传播的手段，还常常通过人际关系的人际沟通来进行。公共关系是以人际关系为基础的，良好的人际关系有助于组织内部环境和外部环境的和谐与发展。但公共关系与人际关系是有明显的区别的。

（1）目的不同。公共关系的目的是为组织在社会公众中树立良好的形象，建立组织与社会公众之间的良好合作关系；人际关系的目的是为个人结良缘、交朋友，是为了实现个人的心理需要，建立个人与个人之间和谐的人际环境。

（2）结构不同。公共关系的主体是社会组织，在组织与公众的交往中实现的是组织的宗旨，体现的是组织的价值观念、行为规范。其客体对象公众也是一个整体概念，即使是通过人际交往的形式来实现的公共关系，构成关系的主客体仍然是两个集合体。人际关系则是个人与个人之间的关系，关系的主体与客体都是个体，实现的是个人的意愿、个人的目的，体现的是个人的价值观念和行为规范。

（3）沟通方法不同。公共关系尽管也需要人际沟通的手段，但它主要是运用大众传播和群体传播的技术和方法，如报纸、电视、广播，或召开记者招待会、大型集会，等等。人际关系则以自己的言语举止为媒介，采用个人之间面对面的直接交谈，或借助电话、书信等技术和方法。

总之，公共关系不是人际关系，它要比人际关系复杂得多。因此，在开展公关工作时，不能把它当作人际关系来处理；即使是以个人身份出现，也必须增强自己的角色意识，要透过个人之间的关系，将组织与公众联系起来。

【课堂讨论】

举例说明公共关系与人际关系的区别。

5．公共关系与庸俗关系

所谓“庸俗关系”，是一种不健康的、被扭曲了的、庸俗化的社会人际关系，也就是人们通常所讲的“走后门”、“拉关系”之类。公共关系与庸俗关系有着本质的区别。

（1）产生的基础不同。公共关系是以商品经济、民主政治和大众传播媒介高度发达为特征的开放型社会的产物；而庸俗关系是以自然经济、集权政治和信息闭塞为特征的封闭型社会的产物。

（2）本质和目的不同。公共关系追求社会组织与其公众利益的一致化和均衡化，强调社会组织与社会公众的互惠互利，共同发展，目的是争取社会公众的理解、信任和支持，树立社会组织的良好形象；而庸俗关系通常是通过损害国家、集体和社会公众的利益，不惜违法乱纪，以谋取个人和小团体的私利。

（3）使用的手段和方式不同。公共关系主要利用各种传播媒介，尤其是大众传播媒介，光明正大、实事求是地开展工作；而庸俗关系利用职权、人情、物质利益等不正当手段，以权谋私、以情谋私、以钱谋私，因而只能采取偷偷摸摸、躲躲闪闪的方式进行暗中交易。

（4）社会效果不同。公共关系有助于社会树立一种以诚相待的合作风气，有助于形成和谐、友善、健康、正常的人际关系，有助于提高社会的文明程度，对社会发展起促进作用；而庸俗关系则会给社会带来各种各样的矛盾，严重污染社会风气，破坏正常的人际关系，宏观上带来社会文明程度的下降，是阻碍社会进步的绊脚石，为人们深恶痛绝。

从整个社会环境来看，公共关系的气氛浓烈，庸俗关系的市场就会缩小甚至消失。开展公共关系工作是削弱庸俗关系市场、纠正不正之风的有效途径。

【课堂讨论】

结合实际分析庸俗关系大行其道对公共关系工作的不良影响。

1.2 公共关系的产生与发展

1.2.1 公共关系的萌芽

公共关系的源流可追溯到古代社会。西方的一些公共关系学者认为，公共关系开始于古希腊。早在2300多年前，古希腊的著名学者亚里士多德在其《修辞学》一书中就强调语言修辞在人际交往和宣讲中的重要性，并提出修辞是争取和影响听众思想与行为的艺术。为此，西方的一些公共关系学者认为《修辞学》一书是人类历史上最古老的公共关系经典之作。另外，当时有钱的王公贵族为了树立自己的形象，雇用诗人给他们写赞美诗，这种行为实际上就是一种公关活动，而诗人则可以被看作是古代的公共关系人员。在古罗马，人们还巧妙地把诗歌运用到宣传政府的政策之中。著名诗人维吉尔的《田园诗》，从表面看只是赞美乡村生活，实际上是受政府委托而作，目的是减轻城市人口过多给政府带来的压力。而恺撒的《高卢战记》则被有些学者认为是古代一流的公共关系著作。恺撒为了实现个人的政治目的，在被派往高卢去统率军队期间，把他本人和军队的情况写成报告送往罗马。这些报告通俗易懂、生动活泼，被人们广为传诵，影响很大。因此，当他率部凯旋而归后，人们拥护他当了皇帝。这一系列的策划和运作，也被认为是古代公共关系活动的典型例证。

我国的一些公共关系学者认为，中国公共关系的萌芽早于古希腊和古罗马。在春秋战国时期，诸子百家争鸣，他们从各自学派的立场出发，提出了许多类似于公共关系思想的论述。例如，孔子主张“己所不欲，勿施于人”，表达了一种为他人着想的原则，并认为“人无信不立”，“人而无信，不知其可也”，这与公共关系中讲求诚信的原则也是一致的。孟子提出“仁信不如仁声之入人心也，善政不如善友之得民也”，强调了舆论传播的重要性。墨子主张“兼爱”、“非攻”、“与人为善”的交往原则。除了这些思想认识外，还有大量的类似于公共关系的实践活动。例如，战国时期苏秦、张仪的游说活动；秦末刘邦攻入咸阳后与百姓的“约法三章”；汉代张骞出使西域等，都是古代公共关系活动的例证。

综上所述，无论古今中外，都有许多类似现代公共关系的认识和活动。但是，我们绝不能把这些认识和活动与现代意义的公共关系等同起来。作为一种社会分工、一种独立职业、一门独立学科的现代公共关系，发端于19世纪末20世纪初的美国。

1.2.2　现代公共关系的产生与发展

现代公共关系在特定的社会政治、经济、文化、科技等条件下产生，并随着这些社会历史条件的变化而不断发展。现代公共关系的发展大致经历了以下四个历史时期。

1．巴纳姆时期

有组织的公共关系活动发端于19世纪中叶在美国风行一时的报刊宣传代理活动。当时的一些政治组织和公司企业发现利用报刊宣传自己的主张、美化自己的形象有意想不到的效果，于是纷纷雇用一些能在报刊上发表文章的记者和与新闻界有关系的人员为本组织展开宣传，挖空心思“制造新闻”。报刊为了扩大发行量，也推波助澜，以“制造”的“新闻”吸引读者，以离奇的故事引起公众的好奇和对自己的注意。在这方面最为突出的人物是报刊宣传员费尼斯•巴纳姆。应该说巴纳姆是一个新闻传播方面的行家里手，他具有卓越的吸引公众的才能，但是他为了能赚到更多的钱，经常无中生有，制造神话。他的工作信条是“凡宣传皆好事”，完全不把公众放在眼里。因此，巴纳姆非但没有给公共关系增进正面影响，反而败坏报刊宣传人员的声誉，滥用公众信任的大众传播手段。这种做法与公共关系职业的基本要求和道德准则相去甚远。因此，这就使整个巴纳姆时期在公共关系的历史上成了一个不太光彩的时期，有人称之为“公众受愚弄”的时期。但这一时期的报刊宣传活动已带有一定的组织性和较为明确的目的性，其范围也从政治领域、思想宣传领域扩大到经济领域。

2. 艾维·李时期

19 世纪末，美国进入垄断资本主义时代，垄断财团占有着社会的绝大部分财富，但是，垄断财团及其巨头与社会公众之间的矛盾、冲突却与日俱增。于是，一些大财团和大公司公开雇用记者创办自己的报刊，仿效巴纳姆时期报刊宣传活动的手法，杜撰有利于工商巨子们的耸人听闻的“神话”和“新闻”，遮掩自己公司和企业中出现的种种问题。结果适得其反，公众对垄断财团的敌意倍增。于是，以“说真话”、“讲实情”来获得公众信任的主张被提了出来，并越来越得到工商界一些开明人士的赞同。艾维·李就是“说真话”这一公共关系社会思潮的主要代表人物。艾维·李认为，一个组织要获得良好的形象和声誉，不是依靠向公众封锁消息或以欺骗来愚弄公众，而是必须把真实情况披露于世，把与公众利益相关的所有情况都告诉公众，以此来争取公众对组织的理解和信任；一旦披露真实情况会对组织不利的话，那就应该调整组织的行为，而不是去极力遮盖实情；组织要想建立良好的公共关系，创造最佳的生存发展环境，其最根本的公共关系理念就是说真话。1903 年，艾维·李辞去新闻记者的工作，成立了一家正式的公共关系事务所，承接企业和其他组织所委托的业务，协调各方面的关系。艾维·李开创公共关系事务所后，成功地运用公共关系学原理处理了一些重大事件，在社会上产生热烈的反响，为他本人和公共关系学赢得巨大声誉，如帮助洛克菲勒财团摆脱困境。1904 年，洛克菲勒曾因科罗拉多州燃料公司和钢铁公司工人罢工而处于焦头烂额的境地。洛克菲勒在处理罢工事件时，态度强硬、不容妥协，对工人进行镇压，在公众中声誉极坏，被称为“强盗大王”。在一筹莫展的情况下，洛克菲勒求助于艾维·李。艾维·李接受使命后，采取了一些不同凡响的措施：调查事发原因并公之于众，聘请有声望的劳资关系专家来主持调查，以示公正；邀请工人代表参与商讨解决劳资纠纷的办法；建议增加工人福利和向慈善事业捐款，以改变形象。洛克菲勒迫于无奈采取了这些措施后，果然平息了事端，挽回了声誉。从此，艾维·李声望鹊起。艾维·李通过这样一系列卓有成效的公共关系实践活动，使公共关系工作在社会上产生了很大的影响并正式成为一门职业，他也被人们尊称为“公共关系之父”。

3. 爱德华·伯内斯时期

艾维·李虽然提出了一系列独创的公共关系思想，但是，由于当时历史条件的限制和个人精力的局限，还没有形成比较系统的公共关系理论，完成公共关系理论体系奠基任务的是美国著名公共关系顾问爱德华·伯内斯。1913 年，爱德华·伯内斯受聘于美国福特汽车公司，担任该公司公共关系部经理，为塑造福特公司在公众心目中的良好形象，促进福特公司迅速发展立下了汗马功劳。第一次世界大战结束后，他和夫人在纽约开办了一家公共关系公司，并开始致力于公共关系的理论研究。1923 年，出版了他的第一部公共关系学专著《公众舆论之凝结》。同年，他在纽约大学首次讲授公共关系课程。1925 年，他出版了教科书《公共关系学》，1928 年出版《舆论》，从而使公共关系的基本理论和方法形成为一个较为完整的休系。爱德华·伯内斯公共关系思想的核心是“投公众所好”。他认为，以公众为中心，了解公众的喜好，掌握公众对组织的期待与要求的态度，确定公众的价值观念应该是公共关系的基础工作，然后按照公众的意愿进行宣传工作，才能做好公共关系工作。爱德华·伯内斯的理论探讨和实践活动为公共关系的职业化、科学化，为公共关系教育的发展做出了重要贡献，使他享有公共关系先驱者之一的美誉。

4．卡特利普和森特时期

第二次世界大战以后，国际间的经济、技术和劳务合作日趋频繁和紧密。但由于不同民族和国家之间在交往过程中存在语言文字、思想文化、社会制度和风俗习惯等方面的障碍，客观上要求必须有一批公共关系的专业人员从中斡旋，进行有效的沟通与协调。一个社会组织要想能够在世界范围内有所发展，必须要和发生利益关系的一方相互了解、相互信任、相互支持，最终才能共同发展。在这样的社会背景条件下，美国著名的公共关系专家斯科特·卡特利普和艾伦·森特在他们的代表作《有效公共关系》中提出了"双向对称"的公共关系模式，成为当代公共关系的重要标志。该模式的基本思想包括：一方面要把组织的想法和信息向公众进行传播和解释；另一方面又要把公众的想法和信息向组织进行传播和解释，目的是使组织与公众结成一种双向沟通和对称和谐的关系。根据"双向对称"模式，公共关系必须有选择地注意那些对组织有影响的公众或者组织政策所涉及的公众。这不仅需要确定目标受众，还要运用研究技术，在协调组织本身的同时协调公众。"双向对称"公共关系模式还具有在组织内部促进正确行为产生的能力和指导进行影响公众知识结构、观点与行为的工作能力。在这种模式中，对于公众的知识结构、观点与行为所施加的影响，是为了实现和维持组织目标，但这一目标又是组织与公众双方的共同利益。

【课堂讨论】

现代公共关系为什么会先在美国产生？

1.2.3 当代公共关系的发展趋势

纵观当今世界公共关系的发展状况，其发展的基本趋势主要表现在以下六个方面。

1．公共关系的职业化和行业化

公共关系在美国初兴时，还未能从根本上摆脱新闻业的范畴，有着明显的附属性。即使艾维·李的公关活动，也带有浓厚的新闻色彩。只是到了伯内斯以后，公共关系才逐步从新闻界分离出来。即便如此，当时以公共关系为职业的人仍是极少数，还不能在社会上真正形成一门独立的职业。而当今的公共关系则大不相同了，它作为一门全新而独特的社会职业得到了蓬勃发展。以美国为例，现在美国公共关系协会在全国拥有会员 1.1 万多人，全国专业公关从业人员达 20 万人，这些人员的待遇及收入与大学教授、律师、工程师、物理学家等接近。在美国，较大的公共关系公司就有 2 000 多家，从总统到平民都求助于公共关系公司。不仅美国，世界许多国家的公共关系都呈迅猛发展的势头，从业人员、设立机构、活动经费等年年递增。公共关系已发展成为一种被社会广泛承认的很有前途的行业。

2．公共关系的规范化和国际化

公共关系兴起时，对这一活动的具体称呼并无定规，更不用说在活动范围、方式、对象、原则等方面有一个统一的标准，谈不上规范化。加上当时的公共关系活动主要在美国展开，也谈不上国际化。但随着第二次世界大战后整个世界范围内公共关系学科的普及推广与公共关系活动的广泛开展，公共关系的理论体系与操作体系日益走上规范化、国际化的轨道。1955 年，国际公共关系协会成立；1955 年，欧洲公共关系联盟组织问世；在此前后，比利时、意大利、法国、瑞士、日本等国的公共关系协会也相继成立。我国也于 1987 年成立了“中国公共关系协会”，并于 1994 年成立了“中国国际公共关系协会”。所有这些组织尽管规章条文各异，但都有一个共同的宗旨，那就是促进公共关系活动的规范化，促进各组织以及成员之间联系交流的定期化、网络化。目前，公共关系的规范化与国际化目标已基本达到。

3．公共关系活动主体与功能的多元化

早期的公共关系活动主体是企业和公司，其社会功能还仅限于经济领域。当今的公共关系活动已大不相同。首先是公共关系主体的多元化，充当这一活动的主体不仅仅是企业、公司，它已经扩大到政府、事业团体、军事单位、宗教部门等各类社会组织。同时，主体的多元化也带来了功能的多元化。目前，公共关系的社会功能早已超越了单一的经济领域，而在社会的其他领域和各种非营利性组织中发挥着重要作用。

4．公共关系活动技术手段的现代化

早期的公共关系活动的传播手段主要是利用报纸、杂志的新闻宣传，这种单一的文字语言传播，必然使公共关系活动受到一定的限制。随着科学技术的迅猛发展，公共关系活动的技术手段也日益现代化，比如，广播、电影、电视的推广运用，卫星空间传播工程的兴起，计算机的广泛使用，科学的调查研究方法的不断出现等，不仅扩大了公共关系活动的范围，也大大增强了公共关系活动的效果。特别是随着互联网络的迅速发展，为公共关系提供了新的传播渠道，公共关系网络化随之出现。

网络化公共关系与传统的公共关系（这里指通过报纸、杂志、广播、电视等大众媒体进行的公共关系传播）相比有较多优势。第一，由于网络互动的特点，传者与受众的界限变得模糊不清了。只要进入网络，传者与受众是互动的，既可以是传者，也可以是受众。这样，公众有可能了解更多的信息，有更多的机会发表自己的意见，参与社会互动或传播。第二，由于互动传播，使组织能把握公共关系的主动权，能够在对其公众（客体）产生直接影响的同时与新闻记者建立良好的关系。第三，在传统的公共关系传播中，编辑、记者、导演等人充当“守门员”的角色。他们决定组织的新闻消息是否发布和以什么风格发布，而网络化使组织直接面向公众发布新闻而不需要媒体的中介成为可能。网上组织通常是通过网络论坛、BBS、新闻组、E-mail 及其他方法直接发布组织新闻，完全符合网络礼仪。第四，不像报纸或杂志每天或每月发布一次新闻消息，在网上可以全天 24 小时随时发布新闻，消息一有更新即可播出，而不限制每天只播一次。这种改变对公共关系人员来说既

是机会也是挑战。记者们需要更多的信息，组织新闻发布的机会也增加了，同时那种慢节奏的公共关系工作方式也不复存在。第五，由于 E-mail 即时互动的特性，使网络化公共关系还具有创建组织与公众“一对一”亲和关系的优势。第六，网络化公共关系具有裂变式、爆炸式的特点，一旦出现负面信息，即使在源头能删除，但是其以“秒”为单位的传播速度所产生的辐射力已经产生。

公关链接　**微博公关营销的特征**

（1）企业和 CEO 要有官方微博；
（2）为公关活动可以设专门的官方微博；
（3）推广的产品或企业应该尽可能接近网友偏好；
（4）充分挖掘品牌故事并制造容易引起关注的话题；
（5）设计的活动互动性强，线上线下结合；
（6）活动周期要短；
（7）在不同阶段有奖品，刺激网友不断参与，并不断公布获奖信息，树立公信力；
（8）“意见领袖”参与；
（9）整合热点营销手段，如秒杀、团购等；
（10）安排专人，及时解答网友疑问。

（资料来源：中国公共关系网 http://www.17pr.com）

5. 公共关系实务运作整合化

随着公共关系实务运作的深入，人们越来越发现原来人们理解和实施的公共关系是一些局部的、零星的、散乱的、单个的活动。如开业典礼、迎来送往、记者招待会、产品展销会等，这些从战术角度认识和运用的公共关系很难适应公共关系实践的需要，于是，公共关系的社会实践向人们提出了整合化公共关系的课题。

公共关系实践显示：公共关系在组织中能够发挥它的各种主要职能，而不能偏颇任何一个方面。它的主要职能应包括搜集信息、分析环境、决策咨询、研究计划、传播设计、形象塑造、协调沟通、宣传推广、策划活动、教育引导、辅助服务、危机管理，等等。各种职能不应“各自为政”、“各自为战”，而应该相互协调与整合。公共关系实务运作整合化，还表现在策略公共关系与战略公共关系的有机整合。在战略公共关系方面，公共关系要支持本组织总部的整体经营管理战略，其要点是高层协调、配合默契和有效沟通。策略公共关系要远离本组织总部，到基层去，要接近公众，进入具体技术操作层面，这样，战略公共关系才有生存发展的根基，其战略决策才会正确无误。

6. 公共关系文化思想立体化

公共关系自诞生以来，就不断吸纳、融会诸多社会科学和人文科学的最新成果，具有多学科交叉综合的特征，使得公共关系理论在趋于丰富中形成一种立体的文化思想。这种公共关系文化思想的立体化将在三个层面影响、推动人类的社会生活。

（1）在高层上。公共关系的理论思想将成为国际组织、各国政府协调国际关系、实施民主政治、优化人类生存环境、推进社会文明的重要思想武器。联合国的宗旨及其行动就是一种公共关系原则在国际合作中的一些准则及其事务的进行，同样也是一种公共关系。

（2）在中间层面上。公共关系具有优化组织行为、塑造组织形象、协调组织内外部环境等功能，也促使各组织的管理者把原来视为临时抱佛脚的“小玩具”、“小点子”看作经营管理必不可少的管理哲学，赋予其组织运作战略思想的色彩。最近，欧美的一些企业已实现了“公关进入董事会”的重大转变，公共关系的作用从参与决策提升到成为决策的一部分。

（3）在基础层面上。公共关系作为一种现代人的基本意识与能力而在全民中得到普及。公共关系的一些基本常识已成为现代社会常识化的文化知识，“公共关系”已不是新鲜的词汇，由于公共关系运用的普遍性，它将无所不在，甚至将淡化自身的学科性，而成为浑然无迹的社会文化。任何一个现代人，倘无公共关系的文化知识与相应的素质能力，他将无法与他人相处、合作，也就无法生存、发展。因此，公共关系已经真正成为一种普及性的文化思想。

【课堂讨论】

如果不从事公共关系职业，是否需要学习公共关系？为什么？

1.2.4 公共关系在中国的发展

1. 公共关系在中国的发展过程

现代公共关系思想和实践进入中国，应以20世纪60年代中国香港、台湾地区的公共关系的引进为发端。公共关系作为一种新的经营管理思想和技术传入中国大陆，则始于20世纪80年代。随着中国实行对外开放政策，公共关系很快呈现出由南向北、由东向西，由服务行业向工业企业，由外资企业向国有企业，由企业组织向政府组织逐步发展的格局。公共关系在中国的发展过程大致经历了以下三个阶段。

（1）导入阶段（20世纪80年代初中期）。随着改革开放的发展，在深圳、广州等地的一些中外合资企业和外商独资企业按照海外的管理模式，出现了公共关系活动，最早设立了公共关系部。在这些公共关系部中，多数由在海外受过公共关系训练的人担任经理。1980年中港合资的深圳蛇口华森建筑设计顾问公司率先成立，这是我国第一家公共关系性质的专业公司，它主要是适应特区建设的需要，提供经验与技术。1982年深圳竹园宾馆成立公共关系部，开展以招徕顾客为目标的扩大影响的服务性公共关系活动。1983年中外合资的北京长城饭店成立公共关系部。1984年广州中国大酒店等宾馆、酒家和服务部门设立公共关系部。后来，广东电视台以这批宾馆酒楼的公共关系活动为背景拍摄了第一部反映公共关系理论与实践的电视连续剧《公关小姐》。该剧在全国放映后，影响了千家万户，使公共关系为亿万中国人所知晓。1984年9月，我国国有企业第一家公共关系部——广州白云山制药厂公共关系部正式成立。1984年11月《经济日报》发表长篇通讯《如虎添翼——记广州白云山制药厂的公共关系工作》，并配发重要社论《认真研究社会主义公共关系》，对公共关系的引进和发展阐述了原则性的看法和指导性的意见。这标志着现代公共关系在中国已得到确立。导入阶段的公共关系主要是把国外的公共关系运作模式、运作程序、管理经验及具体做法引入中国。由于当初人们对公共关系缺乏认识和了解，公共关系的运用多采取简单搬用或模仿外国公共关系的做法。即便如此，对改革开放的中国人来说，能以新的思想观念接受外国的经验技术，已经是一个了不起的进步了。

（2）迅速发展时期（20世纪80年代中后期）。这期间，中国呈现第一个“公关潮”。其标志是专业公共关系公司、公共关系协会、公共关系教育及公共关系理论研究迅速发展起来。1985年，两家世界上最有影响的公共关系公司——伟达公司和博雅公司先后进入我国。其中，博雅公司与中国新闻发展公司达成协议，成立中国第一家公共关系公司——中国环球公共关系公司。1986年12月，上海成立全国第一家省级公共关系协会。1987年5月，全国权威性的公共关系社团组织——中国公共关系协会在北京正式成立。此后，全国各省、直辖市、自治区以及若干大中城市相继成立地方性公共关系协会或学会。许多企业内部的公共关系部开始运作，并取得了较大的实践成果。“健力宝”等企业的公共关系活动在全国范围内产生轰动效应。1985年1月，深圳市总工会举办全国第一个公共关系培训班。在此前后，深圳大学、中山大学、复旦大学、清华大学、中国人民大学等相继讲授公共关系课或开办公共关系专业。1986年2月，王乐夫、廖为建等人的公共关系专著问世。同年11月，中国社科院编著的《塑造形象的艺术——公共关系学概论》正式出版。从1988年起，全国公共关系组织联席会议相继在杭州、西安、广州等地召开。1989年，全国高校第一届公共关系教学研讨会召开。弗兰克·杰夫金斯著的《公共关系学》，斯科特·卡特利普等著的《有效公共关系》等国外公共关系著作在中国内地翻译出版。1988年1月，中国第一家公共关系专业报纸——《公共关系报》在杭州创刊，面向全国发行。1989年1月，中国第一份对国内外公开发行的公共公共关系杂志——《公共关系》在西安创刊。公共关系的理论研究十分活跃，理论成果十分丰富。据不完全统计，在发展时期公共关系专著、译著、教材公开出版发行近100部。在第一次“公关潮”时期，虽然仍有机械模仿、层次较低、良莠不齐、鱼龙混杂等情况，但理论上和实践上的“百家争鸣，百花齐放”的格局却为下一时期的公共关系发展打下了较好的基础。

（3）成熟稳定发展时期（20世纪90年代至今）。其标志如下：第一，中国的公共关系得到党和国家领导人的关注。1991年5月，中国公共关系协会在北京召开全国公共关系工作会议。党和国家领导人在给会议的贺词中充分肯定了中国公共关系事业的发展方向和根本任务。这在全国产生了重要影响。第二，公共关系的教育和理论研究日趋成熟。1994年4月，中国国际公共关系协会成立，促进了中国公共关系理论研究与社会实践的国际化，推动了公共关系事业的进一步发展。1994年中山大学被教育部批准开办部属院校第一个公共关系本科专业，随后在一些名牌学府开始尝试招收公共关系方向的硕士生、博士生。至今，所有的本科院校全部开设了公共关系课，约有20多所各类学校开设了大专公共关系专业。全国公开出版的公共关系专著、教材、译著、工具书等已超过1 000种。1990年，中国公共关系协会在河北召开全国第一届公共关系理论研讨会。之后在上海、福州、杭州、石家庄、大连等地召开第二届至第六届全国公共关系理论研讨会，极大地推进了中国公共关系的理论研究进程。在这一时期，学术研究较为活跃。一些学术流派的产生，比如形象学派、协调学派、传播学派、管理学派等，细化了对公共关系的研究。第三，公共关系的实践活动从自发走向自为，从盲目走向自觉，从照搬走向自主创造，全国有一大批公共关系专家、学者分别主持策划操作企业公共关系、企业CIS、政府公共关系或CIS和形象建设。第四，1998 年，经国家劳动和社会保障部批准，公共关系职业载入“国家职业分类大典”，公共关系职业纳入国家正式行列。1999年国家职业资格工作委员会专门设立公共关系专业委员会。这标志着我国公共关系职业化迈出了关键一步。

案例1.3 中国进入国家公关时代

2010 年 10 月，由国务院新闻办发起制作的国家形象系列宣传片在 CNN、BBC 等国际媒体上隆重亮相。其中的15分钟专题片（角度篇），以“以人为本、科学发展”的理念为核心，涉及政治、经济、社会、民族等多个领域，多角度、全景式地展示当代中国的建设成就。30 秒钟广告短片（人物篇）集中了各行各业享有国际盛誉的中国精英，力图展现当代中国生机勃勃的国家形象。这是中国第一次以国家公关的名义，如此自信而全面地把镜头对准自己。这或许意味着，以该宣传片的制作和推广为标志，中国正在全面进入国家公关时代。

一部宣传片能够立竿见影地改善国家形象吗？网络上，对此次宣传片的怀疑声不难理解。因为公关毕竟是个互动的过程，而非单方努力就能达到的。形象宣传片的受众在哪里？怎么看中国？了解这些，对把握国家公关的方向很有必要。

2009 年 2 月～2010 年 4 月，中共中央党校国际战略研究所副教授赵磊先后赴加拿大、英国、比利时等国家进行有关中国形象的国际调研。从北美到欧洲，赵磊深切感受到了中国形象的复杂性以及提升中国形象的迫切性。“目前，中国国家形象存在的主要问题之一，是中国与世界的认识鸿沟。中国人对自己的看法和世界对中国的看法之间存在巨大差距。在很多情况下，中国认为自己是在行善积德，而国际社会却认为中国是别有用心。比如，中国的维和人员主要部署在条件十分艰苦的非洲，然而国际社会却猜测中国是为了获取石油资源。”赵磊在《对中国形象复杂认知以及应对之策》一文中表示。

如何才能有针对性地做工作、切实提升国家形象？赵磊认为，要做的工作有很多。“比如刷新国家形象，为中国解密。长期以来，中国在对外宣传上，过于强调中国的历史久远、博大精深、神秘古老，这会给外国人造成中国属于另一个世界的印象。神秘化就意味着会被边缘化。”

应该说，中国国家公关依然任重而道远。国家形象宣传片的播出仅仅是解密中国、拉近中国与世界距离的开始。但是，如何让世界了解到一个真实的中国，不仅在于他们怎么看和我们怎么说，更在于我们怎么做。

（资料来源：http://news.163.com/10/1013/11/6ISFGONO00014AED.html）

2. 中国公共关系事业的发展趋势

（1）中国的公关市场将是最具潜力、发展最快的市场。因为中国的市场环境越来越开放，国外企业将继续保持在中国市场的高速投资步伐，中国本土企业将越来越与国际惯例接轨，一批具有国际眼光的企业家将成为未来中国经济的主导力量，进而带动公关需求量的增加。

（2）公关市场竞争的国际化。国际公关公司将取得国民待遇，发展的种种限制将被打破，并以其品牌、技术、历史赢得市场。中国本土企业将以其对国情的熟悉、创新能力、灵活性赢得市场。在这种竞争中，本土企业将继续学习国际公关公司先进的技术和管理经验，并研究适合中国国情的市场战略和公关服务手段，使自己走向国际化。

（3）高科技将普遍应用于公关事业。新经济在中国的迅猛发展，使信息技术、传播技术广泛应用于公关业，媒体多元化、互动化、信息个性化为公关业务的创新发展提供了机遇。

（4）竞争将产生优胜劣汰，效益向有品牌、有规模的公司集中。一些著名国际公关公司将继续加大投入，努力扩大公关市场的占有率；一批与国际接轨、具有专业公关水平的中国公关公司将会迅速成长起来。

案例1.4　汶川大地震营救的启示

2008年5月12日14时28分，四川汶川发生了8级特大地震，造成巨大的人员伤亡和财产损失。这场特大地震，揪痛了13亿中国人民的心，也震撼了全世界。面对空前的灾难，中国有史以来最迅速、最有效、最大规模的抗震救灾，在人们的泪水中、勇敢坚韧中、全民大营救中空前地展开了。在党中央、国务院、中央军委和各级地方政府的领导与支持下，我们的救援创造了一个又一个奇迹，向全世界充分地展示了中华民族的顽强精神、崇高美德和高度的责任感，赢得了各国政府、人民以及各大媒体的一致称赞。这次危机公关的伟大创举和宝贵经验，不仅对中国，而且对全世界产生了巨大的影响和持久的作用。

【案例讨论】

请进一步收集有关资料并加以分析，在这场中国式的危机公关大营救工作中，究竟有哪些成功的思维理念、经验措施、决策谋略、信息传递与情感沟通等经验值得发扬光大。

本章小结

公共关系是社会组织通过形象塑造、传播管理、利益协调等方法，提高认知度、美誉度、和谐度，促成社会组织与其相关公众良好合作并和谐发展的科学和艺术。

公共关系的三个构成要素是社会组织、媒介和公众。公共关系工作的目标是提高认知度、美誉度、和谐度。公共关系的基本工作方法是形象塑造、传播管理、利益协调。公共关系具有客观性、公开性、艺术性、情感性、战略性五个基本特征。公共关系还具有真实性、平等互利、双向沟通、整体一致、全员公关、长期坚持等工作原则。公共关系与宣传、广告、市场营销、人际关系、庸俗关系等既有联系又有区别。

公共关系的职能是调动一切可以调动的力量，运用各种手段，塑造良好的组织形象，赢得良好的生存环境，促进组织的生存发展，使组织在激烈的竞争中取胜。具体职能可概括为收集信息、咨询建议、沟通协调、塑造形象和教育引导。

现代公共关系在特定的社会政治、经济、文化、科技等条件下产生，并随着这些社会历史条件的变化而不断发展。其发展大致经历了巴纳姆时期、艾维·李时期、爱德华·伯内斯时期、卡特利普和森特时期。

当代公共关系的发展趋势表现在六个方面：公共关系的职业化和行业化、公共关系的规范化和国际化、公共关系活动主体与功能的多元化、公共关系活动技术手段的现代化、公共关系实务运作整合化、公共关系文化思想立体化。

思考与练习1

一、选择题

1．公共关系协调中最基本、最关键的内容是（　　）。

A．利益协调　　B．态度协调　　C．行为协调

2．公共关系工作，不仅要依靠公关专门机构和专职公关人员的努力，还有赖于组织各部门的密切配合和全体员工的共同关心与参与。这说明公共关系要遵循的原则是（　　）。

A．平等互利　　B．整体一致　　C．全员公关

3．有“公共关系之父”之称的是（　　）。

A．费尼斯·巴纳姆　　B．艾维·李　　C．爱德华·伯内斯

4．斯科特·卡特利普和艾伦·森特在他们的代表作《有效公共关系》中提出的主要观点是（　　）。

A．说真话　　B．投公众所好　　C．双向对称

二、填空题

1．公共关系的三大构成要素是__________、__________、__________。

2．公共关系工作的三大目标是__________、__________、__________。

3．公共关系的基本特征有客观性、公开性、________、________、________。

4．公共关系的主要职能有收集信息、_______、________、________和教育引导。

5．1984年9月，我国第一家设立公共关系部的国有企业是__________________。

三、简答题

1．简述公共关系的主要工作内容有哪些。

2．简述公共关系与市场营销的区别与联系。

3．简述公共关系与人际关系的区别与联系。

4．简述当代公共关系的主要特点。

课后实训1

1．请3～5位同学上台讲一两个符合或违背公共关系原则的事例，并结合所学知识进行分析。

2．观察你所在学校的领导或老师一天的工作，分析他（她）的哪些工作属于公共关系工作。

3．以小组为单位采访某一家企业，了解企业的公共关系工作情况。

第2章

公共关系构成要素

课前思考

★ 开展公共关系活动的主体有哪些？不同主体在开展公共关系工作时有哪些不同？

★ 组织所面对的公众有哪些特点？对组织开展公共关系会有什么影响？

★ 如何把握传播原理，提高传播效果？

学习目标

● 社会组织的特征、类型与环境

● 不同公共关系机构的特点、类型与工作内容

● 公共关系人员的素质要求及职业准则

● 公众的特征、分类与心理

● 传播的要素、模式与类型

公共关系是社会组织运用各种传播手段，来维持和发展与公众之间良好关系的互动过程。公共关系由社会组织、媒介、公众三个要素构成，其中公共关系的主体要素是社会组织，客体要素是社会公众，联结主体与客体之间的媒介是信息传播。这三个要素构成了公共关系的基本范畴。公共关系的理论研究、实际操作和运行发展都围绕这三者的关系展开。科学地把握各个要素的含义、特征、类型和在公共关系活动中的地位与作用，对有效开展公共关系实践活动具有指导作用，是有效开展公关活动的前提。

2.1 公共关系主体

公共关系主体是指在公共关系活动中处在主导地位的各类社会组织机构，是公共关系活动的策划者和组织实施者。在公共关系中，社会组织对公关活动起到决策、发动、组织、实施、控制、管理等决定性作用。具体地说，它有三个层次：社会组织；代表社会组织行使公共关系职能的公共关系机构；代表社会组织具体执行公共关系职能的公共关系人员。

2.1.1 社会组织

1. 社会组织的特征

社会组织是指为达到某种共同的目标，通过对人员进行不同的分工，使之发挥不同的功能，并利用不同的权力和职责合理地协调群体活动的体系。社会组织是公共关系的第一构成要素，是公共关系的主导，它决定了公共关系的状态、活动、发展方向。在协调公众关系、改善公众环境中，在树立自身形象、提高社会信誉中，在内外沟通联络、谋求合作发展中，社会组织都是总体的控制者和组织者，处于公共关系的主动地位。

社会组织有其鲜明的特征，具体表现在以下几个方面。

（1）社会组织的目标性。任何社会组织都是为了实现一定的目标而建立起来的，组织目标是辨别组织的性质、类别、职能的基本标志，也是确定组织原则、组织宗旨、组织章程、组织计划的基础，对组织的活动起着指导和制约作用。任何社会组织的建立都有明确的社会目的，都有本身的目标追求，确定目标是建立社会组织的最重要的条件。共同目标是维系社会组织的基础；组织是由生活在同一社会背景中的多数人的集合体；不同的组织有不同的目标。因此社会组织虽然形式多样，内容各异，但它们的活动都是围绕着自身的共同目标而展开的。如学校的目标是培养人才，医院的目标是救死扶伤，工厂的目标是生产产品等。

(2)社会组织的系统性。社会组织是由其下属的各部门按一定的结构组合而成的整体。社会组织及其内部的公关部门和从业人员负责行使组织的公关职能；组织为他们提供开展公关活动的条件进行思想指导。社会组织是按照系统方式构建的，首先组织系统内部各部分之间是相互联系、相互制约的，其中任何一个部分发生变化都会影响整体变化。从内部结构看，组织成员按一定的人事关系形成系统，从外部环境来讲，社会是一个多层次的复杂的大系统。社会组织存在于一定的社会环境之中，组织系统与外部大系统都发生相互联系。因此，组织以系统的方式来进行构建才能最佳地发挥组织的独特功能。

（3）社会组织的开放性。任何社会组织都在一定的社会环境之中，与环境不断进行精神、物质、信息和能量的交流，以适应和影响变化着的环境。显然，社会组织是一个开放性系统。社会组织的生存与发展离不开环境，它既要受环境的影响，又要对环境产生作用。一方面组织要有适应性，根据环境输入的物质、能量、信息而调整自己的结构或功能；另一方面组织又要发挥自身的能动性，以自己的功能影响或改变与组织发生联系的环境。

（4）社会组织的变动性。社会组织生存在社会环境之中，社会发展及其社会环境的变化对社会组织的生存与发展必然产生一定的影响。组织的新生与消亡，在某种程度上也往往要取决于社会环境的变化。组织的变动性具体指两方面：一是社会环境是不断变化的，要适应这一变化，社会组织就应适时地进行目标、功能、机构及人员的调整；二是社会组织本身也会不断发展变化，在不同的发展阶段，组织的形象目标也会有所不同，随着环境的变化，组织也要不断修正、调整自身及其公关工作的目标、职能、机构、运作方式以及对人员的要求等，以提高和加强自己的应变能力，创造更有利于组织生存和发展的条件。

2. 社会组织的类型

不同类型的社会组织的性质、目标、职能、结构形式和活动方式不同，其公关工作的重点、具体对象、实务活动和运作方法也不同。这就要求我们掌握社会组织的有关知识，以便更有针对性地开展公共关系工作。对社会组织进行分类，是为了在开展公关工作时，能够比较准确地判断其组织性质、任务，进而把握其公共关系行为和公众类型，为以后的公共关系工作寻找策划运作的依据。

（1）按组织的社会职能分类。按组织的社会职能，可以把社会组织划分成以下五种类型。

① 经济组织。经济组织是最基本的社会组织。它担负着向人们提供衣、食、住、行和文化娱乐等物质资料的任务，并要实现其所有者和经营者的利益。其特点是，从事经济活动，具有经济职能。它包括工商企业、金融组织、交通运输组织、服务性组织等。经济组织公共关系的主要任务就是要建立一个良好的生产经营者形象，争取更多的顾客、消费者和其他公众的支持，以使本组织在发展中不断增强竞争力。

② 政治组织。政治组织是为某种政治目的而组建的。它包括政党组织、国家政权组织、国家力量组织、国家司法组织等。它负责代表占统治地位的阶级的利益和意志，为其提出奋斗目标、制定方针政策、组织社会的经济建设、保卫国家政权、处理与他国的关系等。政治组织公共关系的主要任务是在人民中树立其良好的领导者、管理者、保卫者、服务者形象，得到广大人民群众的拥护、理解和支持，完成其政治职能。

③ 文化组织。文化组织以满足人们的文化和精神需求为目标，以从事精神文化活动为任务，如文化艺术团体、教育科研单位、博物馆、文化馆、体育馆、俱乐部、医疗卫生部门等。这类组织公共关系的主要任务是，塑造优秀的精神文明建设者和文化教育卫生事业的服务者的形象，争取社会各方面和尽可能多的人民群众的支持、关心、参与。

④ 群众组织。群众组织是由具有共同利益和共同志趣的个体组织起来的群体。它包括群众性协会、团体、学术性组织等。在我国，工会、共青团、妇联、青联、文联、作协、科协及其他专业学会、协会等都是群众组织。这类组织公共关系的主要任务是，在人民群众中树立起社会利益和群众利益的捍卫者、呼吁者形象，取得社会各方和人民群众的支持，

为群体和广大人民群众服务。

⑤ 宗教组织。宗教组织是由具有共同宗教信仰的人们所组合起来的。我国的佛教协会、道教协会、伊斯兰教协会、天主教爱国会等都是宗教组织。其公共关系的主要任务是，在信教群众和宗教界人士中树立一个组织者的形象，与有不同信仰的人和平共处，争取得到信教群众和宗教界人士的拥护和爱戴。

（2）按组织目标与受益者的关系分类。按组织的目标与受益者的关系，通常将社会组织分为以下四种类型。

① 营利性组织。营利性组织，例如，工商企业、服务行业、金融机构、旅游服务性单位、宾馆等，其公关工作的一个重要任务是如何为组织增进效益。营利性组织侧重开展促销型公共关系活动。

② 服务性组织。服务性组织以服务对象的利益为目标，为服务对象谋求利益，不以营利为目标。这类组织有学校、医院、慈善机构、社会公共事业机构等。这类组织公关工作的重要任务是提高服务质量，以质量求信誉、求生存，通过提供各种高质量的服务显示组织诚意和品位，密切与公众的关系。服务性组织侧重开展公益服务型、实力展示型的公共关系活动。

③ 互益性组织。互益性组织以组织内部成员之间互相获得利益为目标，即组织内各成员之间相互都有好处，如党派、群众团体、宗教等组织。互益性组织侧重开展内部沟通型、社会公益型公共关系活动。

④ 公益性组织。公益性组织是以国家和社会利益为目标，如政府、军队、治安机关。公益性组织侧重于开展公益服务型公共关系活动。

（3）按组织是否营利和竞争分类。根据社会组织是营利还是非营利、竞争还是独占两大因素，可以把社会组织划分为以下四种类型。

① 竞争性的营利组织。竞争性的营利组织既有明显的经济利益驱动，又在激烈竞争中争取公众支持。因此，这类社会组织的公共关系意识较强，公共关系行为也较自觉和主动。工商企业就属于这类社会组织，他们十分注重对消费者的公共关系，因为消费者是他们实现自身利润目标，求得发展的根本。这类社会组织一般容易偏重于对那些与市场活动直接相关的公众进行公共关系。

② 竞争性的非营利组织。竞争性的非营利组织不以经济利益为根本追求，但由于他们需要在竞争中赢得舆论的理解和公众的支持。因此，也会十分重视自己的公共关系工作，尽可能广泛地建立和发展自己的公共关系。学校、医院等就属于这类社会组织。

③ 独占性的非营利组织。独占性的非营利组织不仅没有经济利益的驱动，还缺乏竞争压力。因此，他们往往会忽略自己的公众，其公共关系工作一般是比较薄弱的。诸如公安机关、法院等社会组织，其内部的成员有时不很重视公共关系行为，容易与公众脱离，产生误解和不理解，影响到自己的形象和信誉。

④ 独占性的营利组织。独占性的营利组织对其产品或服务具有垄断性，即使自己与公众关系不好或自身形象不良时也能营利。另外，由于这类组织的特殊性，在管理机制上不容易输入公众的信息，但又有其营利的动机，因此，这类组织比较容易产生违反公众利益的行为，如垄断的电力部门、自来水公司、煤气公司、邮政局等。

【课堂讨论】

不同类型的社会组织其公共关系状态和公共关系活动有什么特点？

3．社会组织的环境

社会组织存在于复杂的宏观和微观环境之中，其存在和发展必然要受到环境的制约和影响。一方面，社会组织的运作方式要同一定的社会环境相适应，组织成员要通过对环境的监测和把握来选择，确定合适的运行方式和管理方法；另一方面，组织成员必须想方设法地创造有利的环境以实现组织的目标。因此，对所处环境的调节与控制，也自然成为社会组织公共关系工作的一项重要内容。

社会组织的环境大致分为两个方面：一是组织的内部环境，二是组织的外部环境。这两者构成了社会组织的环境系统。

（1）社会组织的内部环境。社会组织的内部环境，包括组织内部的人际关系环境、组织内部的管理环境及组织外观环境，其中人际关系环境是社会组织内部最普遍、最重要的内部环境。做好组织内部公共关系工作是组织搞好内部环境建设的重点。

在现代社会，一个组织要想生存发展，必须具有较强的竞争力，而健全的运行机制、高效的工作业绩以及全体成员的精诚合作是一个组织立于不败之地的根本保证。现代社会组织往往是由相互依存、相互联系的若干要素组合而成的一个复杂的系统。组织内部各职能部门之间能否密切配合、步调一致，组织成员是否爱岗敬业、士气高昂，反映着这个组织是否具有生存和发展所必需的生机与活力。一个组织的公共关系目标能否得以顺利实现，首先也要取决于组织内部公众是否真诚接纳。因此，协调组织内部各个部门、各个科室之间的关系，使组织内部上上下下的全体成员都为组织目标的实现献计献策，这是组织内部环境建设的重要任务。

（2）社会组织的外部环境。社会组织的外部环境，主要是指组织的生态环境、社会文化环境、政治环境和经济环境等。如果说组织的内部环境重在影响组织本身的运作过程，那么，组织的外部环境则重在制约组织的运行方向和目标。社会组织生存于确定的社会环境之中，其形象的塑造与推出必须要考虑环境的要求并与之相适应，否则，再好的公共关系方案也不可能取得预期的效果。

① 生态环境。生态环境是指社会组织所处的自然环境，包括土壤、气候、地理位置等。自然环境一般相对稳定。

② 社会文化环境。社会文化环境包括人口数量、年龄构成、人口的生理状况、文化水平等。社会文化环境影响着社会组织成员的思想、观念和认识方法，同时也决定着对社会组织所开展的公共关系工作的评价。富有创意的公共关系活动，如果得不到外界公众的认可也是徒劳的。

③ 政治环境。政治环境是与经济环境相互关联的、具有重要作用的外部环境因素。政治环境主要是指对社会组织的活动有制约作用的社会政治制度、政治结构及政治关系等因素。它主要通过组织体系的合理化和有效的权利分配状态与机制对社会组织产生影响。政治关系则表明一定社会中的各种社会角色在政治体系运行中所形成的关系。这种关系往

往影响着社会组织公共关系目标的选择和实现的程度。

④ 经济环境。经济环境是影响社会组织生存与发展最基本的因素，经济环境主要是指特定的经济制度和结构、经济实力和发展水平等相关因素。这些因素无论对社会组织的形态特征，还是制度特征或行为特征都有强硬的制约作用。当然，对不同性质、不同规模的社会组织而言，环境因素的影响力和制约作用也会有所不同。正因为如此，组织决策者对不同环境因素的重视程度也会有一定的差异。

【课堂讨论】

同一社会组织处于不同的内外环境中，其公共关系活动会有什么不同？

2.1.2 公共关系机构

公共关系机构是组织内部从事公关工作的部门和社会上提供公关服务和代理的组织的总称，就目前的情况看，公共关系机构主要分三类：一是社会组织内部设立的公共关系部；二是社会上成立的公共关系公司；三是公共关系界成立的公共关系协会。

1. 公共关系部

公共关系部是社会组织内部自行设立的专门负责处理公共关系事务的部门或机构。公共关系部是社会组织公关职能部门常用的名称。从事公共关系工作的部门也多称之为公共关系部、公共事务部、公共广告部、对外关系部、信息广告部、社区关系部、市场推广部等名称。

（1）公共关系部的类型。通常可将公关部分为以下几种类型。

① 部门所属型。部门所属型的公关部通常附属于行政部门、销售部门，或广告宣传部门。其地位不是很突出，公关工作只是一种偶然性的活动，一般适合小型企业或组织采用。

② 部门直属型。部门直属型公关部与企业其他的销售、财务、人事、技术各部门处于同一层次，是二级部门，地位十分突出，当然要成功地开展工作，就要积极与其他部门密切配合。

③ 领导直属型。领导直属型的公关部从组织系统和组织地位来看，属于第三级机构，公关部归属于部门经理负责领导，是一个有相当自主权的职能机构。这种设置类型综合以上两种类型的优点，有利于公关工作灵活、全面地开展。

④ 职能分散型。在许多企业的机构设置系列中，不设公共关系部，但可将公共关系的职能分解在其他部门。例如，有的企业在营销部门中设有专门从事企业及产品形象宣传和调研工作的人员，在宣传部门中设有专门负责与新闻媒介联系的工作人员，等等。

（2）公共关系部的作用。公关部的作用如下。

① 信息调研。公关部收集的信息主要包括：组织向社会提供的产品或服务的形象信息；关于组织自身总体形象的信息；关于社区的民意和舆论情况。公关部要积极收集来自内外公众的各种信息及意见。收到大量信息后，要进行处理，去粗取精，去伪存真，以便感知和预测影响组织目标实现的公众态度及社会环境的变化。公关部要及时、准确地向组

织提供环境变化的信息，帮助组织准确分析并预测环境的变化，从而进行适当的行为和目标的调整。这要依靠完善的信息网络和广泛的信息沟通渠道。

② 决策咨询。在采集、整理、分析信息的基础上，应为组织目标的实现提供选择的决策方案，或对已有的决策方案提出咨询的意见，协助组织决策者进行科学决策。公关部的作用包括：协调组织决策者分析、权衡各种决策方案的利弊，预测组织决策所产生的社会后果；提示组织决策者修正不利于组织长远发展的政策与行为等。

③ 协调沟通。协调沟通是指借助各种媒介有效地与公众进行信息交流，获得公众的理解和信任、支持与合作。组织内部的公关机构要不断地向公众宣传组织的政策及行为，增加组织的透明度。现代组织是一个开放的系统，它必须与公众实现有效的沟通。因此，传播信息、增强组织的知名度、美誉度是其重要职能，它还应通过对外联络，为组织广结良缘、发展友谊、化解矛盾、协调关系创造一个"人和"的环境，对外赢得公众，对内增强组织的凝聚力。

（3）公共关系部的工作内容。公关部的工作主要包括对外关系协调、对内关系协调和专业技术等三方面。

① 从事外部关系的协调。外部关系主要涉及媒介关系、政府关系、社区关系等。其具体工作包括：负责同新闻媒介、出版机构的合作关系；负责同政府有关部门的联系；负责与社区的联系；对消费者进行产品促销活动；进行各种礼宾接待工作等。

② 从事内部关系的协调。内部关系包括员工关系、部门关系、股东关系、干群关系等。其具体工作有，与员工沟通；教育引导组织的员工增加公关意识，真正实现"全员公关"；编辑、出版内部刊物；收集组织内部员工的各种意见；参加董事会及生产、销售及其他主要部门的会议；为领导层确定公共关系目标提供方案，并为其他决策提供咨询；培训公共关系工作人员等。

③ 专业技术工作。其具体工作有，组织安排社会组织的庆典活动；组织安排开（闭）幕仪式；策划和组织纪念活动；举办记者招待会；安排社会组织领导人与新闻媒介的接触；举办展览会；举办参观活动；开展广告业务；负责图片、摄影等技术性工作；民意测验，进行舆论意见研究、制作等。

（4）公共关系部的人员配置。公关部的人员配置应视社会组织的规模和公关部的工作量而定，当然也要本着机构精简、人员精干的原则来考虑。根据公关部的工作要求，通常需要配备以下五类人员。

① 调查分析人员。公共关系调查分析工作，是开展公关工作的前提和基础。调研信息的质量关系公关工作的成败，作为一名调查分析人员应具有市场学、社会学、社会心理学等方面的知识和各种社会调查的经验。

② 策划人员。公共关系部为实现社会组织的某种目的，进行一系列的公共关系活动。要想使这些活动取得良好的效果，就需要有高水平的策划人员，有创新思想，才能策划出优秀的公关案例，如白沙集团借助亚洲飞人刘翔所开展的公关活动就较为成功。

③ 编辑、撰稿人员。这类人员的主要任务是采写新闻，撰写各种报告、请示，编辑各种刊物、年度报告、年鉴等。这类人员需要有新闻写作的知识和经验。

④ 组织人员。其任务主要是具体组织、管理公共关系活动。他们一方面要充分了解

公共关系实务的工作原则、方法和技巧；另一方面，还要有组织管理能力及处理日常事务的能力。

⑤ 其他专门技术人员，如摄影师、印刷设计师、法律顾问等。这些专门的技术人员也是不可缺少的。

公关链接　**企业公共关系部的职能**

企业公共关系部应发挥一种管理职能，即对企业的形象和声誉实施战略管理。企业公共关系部门所行使的职能，主要有以下七个方面。

（1）积极组织和开展有关调查工作，监测舆论环境，分析各种信息，为企业发展战略和相关工作计划的制订提供依据。

（2）对企业形象的定位、设计等事关企业形象整体建设方面的问题进行统筹考虑，并向决策层提出切实可行的建议方案。

（3）作为企业的新闻发言人，或是新闻发言人的支持部门，深入把握企业情况，及时向社会公众提供企业的各种信息。

（4）制订整体传播计划，通过策划和实施各种新闻发布活动或公共关系专题活动，有效地传播企业或品牌的良好形象。

（5）积极、主动地与企业运营有关的社会公众进行沟通，并协调和拓展这些关系，为企业发展营造一个良好的环境。

（6）协助企业决策层建立科学、务实的危机管理机制，并负责日常危机信息的收集以及危机预警（防范）方面的工作。

（7）具体应对并妥善处理企业随时有可能面临的各种突发性的危机事件，切实维护企业或品牌的社会声誉和良好形象。

（资料来源：叶茂康．企业公共关系部职能——定位和迷失．企博网，2008-08-15）

【课堂讨论】

举例说明某一社会组织中公共关系部的工作范围。如果该社会组织中没有公共关系部，分析其哪一部门的工作职能接近公共关系部，并分析与公共关系部的职能有什么不同。

2．公共关系公司

公共关系公司又称公关咨询公司、公关顾问公司、公关事务所，是指由公关专家和专业人员组成，独立于社会组织之外，以提供公关咨询服务为主要工作内容的知识密集型的专业机构。公共关系公司的业务范围很广，能参与任何方面的公共关系事务并提出建议，提供服务。公共关系公司的基本职能是对客户的一切影响公众利益的活动予以指导、建议和监督，帮助客户与社会公众之间实现双向信息交流和沟通，为客户建立美好的声誉和形象。公共关系公司的工作实际上是公共关系部工作的社会化。

（1）公共关系公司的类型。依据不同的划分方式，公共关系公司有多种类型。从国际上看，公共关系公司大致有以下几种类型。

① 综合服务咨询公司。这类公共关系公司以分类公共关系专家（如媒介关系专家、消费者关系专家、社区关系专家、员工关系专家等）和公共关系技术专家（如演说专家、出版物专家、民意测验专家、宣传资料专家等）为主体组成。这类公司经济实力较为雄厚，业务范围广泛，能为客户提供多方面的综合性服务。

② 专项业务服务公司。即以各种专业人才、技术和设备为客户专门提供各种公共关系技术服务的公司。如为客户专门提供广告设计服务或专为客户提供形象调查服务等。

③ 特定行业服务公司。这类公共关系公司是为特定行业提供公共关系服务的公司。如帮助工商企业推广业务、促进经营、维护合法权益和树立良好形象的公共关系公司。

（2）公共关系公司的工作模式。工作模式主要包括以下三点。

① 提供公关业务咨询。就客户提出的公关问题，提供建议和咨询，提供某方面的信息等，供客户决策层参考。

② 策划实施公关活动。受客户委托，全权负责某项专题公关活动，如市场调查、公众调查，大型活动方案的制订和执行，充当客户的引见人和调解人等。

③ 代理客户的公关工作。受客户的长期聘请，包揽客户的全部公关工作或指派公关专家做客户的长期公关顾问。

（3）公共关系公司的工作内容。公共关系公司的业务可分为咨询业务和代理业务，具体工作内容涉及以下几个方面。

① 确立公共关系目标。通过协助客户开展调查研究，分析原因，提出解决问题的办法，进而确立公共关系目标。

② 制订实施计划。根据已确定的公共关系目标，以及客户存在的实际问题，帮助客户制订出有效的公共关系计划，并协助客户实施公共关系计划。

③ 培训人员。接受客户委托训练公共关系人员，以提高他们的业务水平和工作能力。

④ 编制预算，帮助客户编制公共关系预算。

⑤ 协助客户开展内部公共关系工作。

⑥ 协助客户处理社会性事件，消除不良影响。

⑦ 帮助客户进行公共关系计划实施效果的评估。

⑧ 为社会组织提供一般公共关系关键设备，如企业中的公共关系机构如何设置，公共关系人员如何培训，某个公共关系难题如何处理等。

⑨ 为客户提供公共关系一般业务服务，如帮助客户联系新闻媒介，策划专题活动，组织大型会议，撰写稿件等。

（4）公共关系公司的工作程序。公共关系公司的工作程序一般分为以下几个步骤。

① 接受客户委托并签订协议书。协议书的签订表明委托关系的正式形成。这种委托的形成既可以由客户主动提出，也可以由公共关系公司主动联系。

② 调查研究与分析。针对客户的公共关系目标，对公共关系现状和影响公共关系目标实现的因素进行调查分析。

③ 撰写委托报告书。根据调查研究的结果，向客户提交委托开展公共关系事务的详细方案报告。

④ 进行可行性论证。主要对委托报告书中的方案是否能够达到公共关系目标，以及

是否具备实施的条件进行论证。可行性论证要有客户代表参加，若被通过，可进行下一步骤；若未能通过，则重新进行调查研究与分析。

⑤ 实施工作计划。在这个过程中，公共关系公司应接受客户的检查和监督，如发现问题及时采取措施解决。

⑥ 效果检测评估。评估的结果作为公共关系公司此次工作业绩优劣的衡量标准。

（5）公共关系公司的机构设置。公共关系公司的内部机构一般由以下三个部分构成。

① 行政部门。行政部门通常包括总经理、副总经理和一定数量的业务经理人员，其中业务经理人员的主要工作是具体组织、制定和实施为客户服务的公共关系项目。

② 审计部门。审计部门一般由业务经理人员、业务部门负责人和公共关系专家组成。其任务是在公司承办的各项业务开始时或实施过程中，审查项目的可行性、效益高低和监督实施情况，并负责统筹安排人力、物力、财力，及时为各个项目提供指导和咨询，避免事故发生，保证质量。

③ 专业部门。专业部门是根据公司的业务范围和专业特色设置的具体业务部门，一般又可细分为以下部门：财政关系部、形象服务部、调研预测部、公共事务部、产品宣传部、项目研究部、美工影像部、顾客服务部、外事联络部、教育培训部等。

公关链接　　博雅公关公司的服务内容

创建于1952年的博雅公关公司总部设在美国纽约，1992年成立广东博雅公共关系有限公司，公司的专业服务内容如下。

（1）企业传播：企业定位、企业沟通、大型活动策划及组织、建立与媒体的关系。

（2）市场传播：产品及服务定位、市场营销支持、消费者权益保护、消费者普及、教育活动、建立与传媒的关系。

（3）公共事务：政府关系、社会热点问题监控、社会公益及慈善活动。

（4）危机管理：危机预警及传播系统的建立、现场危机处理、建立与媒体的关系。

（5）医疗传播：医疗产品及服务定位与推广、医疗保健知识普及、患者咨询活动。

（6）企业改进沟通：企业文化融合、员工关系、社区关系。

（7）财经传播：企业上市传播、金融机构企业形象传播。

（8）新媒体传播：提供网络、多媒体等新兴媒体传播手段和技术支持。

（9）传播技巧培训：为企业负责人进行公共关系、媒体传播、公开演讲等与传播有关的技能训练。

【课堂讨论】

请比较分析公共关系部与公共关系公司的区别与联系。

3. 公共关系协会

公共关系协会是从事公关理论研究和实务工作的人按照一定的规章制度自发组织起来的民间群众团体，其宗旨是团结公关界同人，研究公关理论，交流公关信息，开展公关咨询服务和公关培训，促进公关事业发展。

（1）公共关系协会的特征。

① 人员的广泛性。公关社团的会员，由热心公共关系事业的各行各业人士组成，既包括其所在地区的企业、新闻、科技、文教法律、党政机关等单位的人士，又包括社团所属行业中有代表性的单位，具有行业的广泛性和人员构成多层次，职业的差异性等特点。通过这种组织，可以形成四通八达的信息联络网，广采信息，广交朋友，广辟渠道，广泛合作。

② 组织的松散性。公共关系社团没有统一的组织活动，组织内部结构根据组织自身需要而灵活设置，其成员都对公共关系有兴趣。

③ 工作的服务性。公共关系社团聚集了一批懂理论、重实践的专家学者和实际工作者，利用这一优势，可以为社会提供信息咨询服务。服务是公共关系社团的宗旨。一切活动都应以服务为准则，服务的质量是其生命力所在。通过提供及时、实用、优质、高效的服务，既可满足社会对公共关系的需求，又可提高社团的知名度、信誉度和权威度。

④ 经费的自筹性。作为民间的自发团体，公关社团的活动经费主要靠自筹，包括团体会员和个人会员的会费，为社会开展咨询策划活动、公关培训工作所取得的服务费、学费，以及所属经济实体的营业收入和企业赞助等。

（2）公共关系协会的类型。

① 综合型协会。这类组织主要指公关协会。目前，我国已有两家全国性的公关协会：中国公共关系协会和中国国际公关协会。大多数省、直辖市、自治区和众多的地区都有自己的公关协会，综合型社团多为民办官助，会员主要来自不同行业，协会领导多由离退休官员及在任官员担任，具有广泛性、代表性、权威性，其主要任务是为政府部门、企事业单位提供咨询服务，协助有关部门和单位开展大型活动。

② 学术型协会。这类组织主要指各类公关学会、公关研究会等，如中国高等教育学会公共关系教育研究会。会员主要来自大中专院校、科研机构，是个知识分子群体，学术性比较强，其主要任务是进行学术研究、探讨，交流公共关系理论，从事公关培训，指导公关实践，把握公共关系发展的趋势。

③ 行业型协会。这类组织是一种行业公共关系组织。不同的行业开展公关工作，有不同的特点。随着公共关系的深入发展，公关组织的行业化势在必行，发达国家许多行业都有了自己的公关组织。

④ 联谊型协会。这类组织没有严密的组织机构和规章制度，形式松散，常见的名称有公关俱乐部、公关沙龙、公关联谊会等，其主要活动方式是定期、不定期举办一些沙龙聚会，在成员之间沟通信息，联络感情，建立良好的人际关系。

（3）公共关系协会的职责。公共关系协会是一种特殊的公共关系组织，它既是广大公共关系专家、学者及公共关系爱好者组成的民间团体，同时又是公关界与政府、工商企业及其他组织相互联系的纽带与桥梁，其宗旨是宣传公共关系思想，普及公共关系知识，协调公共关系活动，其具体职责体现在以下几个方面。

① 发展和联络会员。

② 宣传普及公共关系知识。

③ 组织公共关系专业人员的培训工作。

④ 制定公共关系职业道德规范。

⑤ 交流公共关系信息，开展公共关系咨询服务。

⑥ 编辑、出版刊物。

公关链接　**中国公共关系协会简介**

中国公共关系协会成立于1987年，由公共关系专业机构、新闻媒体、教育、科研机构、政府有关机构和企业界人士等自愿组成，是经国家民政部批准成立的，全国性、学术性、广泛性的非营利性社会团体组织。协会的宗旨是遵守中华人民共和国宪法、法律、法规、政策，遵守社会道德风尚，促进中国公共关系事业的发展，努力为会员、企业和政府服务，为完善社会主义市场经济，实现中华民族伟大复兴做出应有的贡献。

协会自成立以来，致力于开拓和发展中国的公共关系事业，积极参与国际公共关系活动，弘扬中华民族文化，积极开展行业自律、资源整合、国际交流与合作、人才培训、理论研究等方面的工作，对促进公共关系事业的发展起到了重要的推动作用。协会拥有众多国内外资深教授和业界专家队伍，与国内外相关组织、著名院校合作，举办职业认证和专业培训等；编著业界专业书籍、教材，提供各类国家权威培训，促进行业整体素质提高。协会通过举办各类讲座、论坛，为会员和行业提供及时的信息服务；通过举办各类活动，为不同行业之间、企业之间、国内与国际之间增进相互了解；为中国企业走向世界，为海外信息、人才、技术、资金进入中国提供服务。

2.1.3　公共关系人员

公共关系人员指专门从事组织机构公众信息传播、关系协调与形象管理事务的调查、咨询、策划和实施的人员。从狭义上讲是指以公关为职业的专职人员，包括组织内公关职能部门工作人员和社会上公关公司专业人员。从广义上讲是指从事与公关相关工作的专、兼职人员。从事公关工作的人员应该具备强烈的公关意识、良好的心理素质、全面的知识能力等基本素质，遵守公关职业道德准则。

1. 公关人员的基本素质

（1）强烈的公关意识。公共关系意识也被称为“公共关系思想”、“公共关系观念”，是指一种尊重公众，自觉致力于塑造组织形象、传播沟通、争取公众理解与支持的观念和指导思想；是对公关知识的凝练，公关实践的升华，对公关实践有指导作用。公共关系意识是组织建立良好公共关系的必要前提，是组织公共关系工作人员必备基本素质的核心。公关意识包括以下内容。

① 服务公众意识。公共关系也称公众关系，公关就是在做公众工作，公关人员必须有尊重和服务公众的意识，一切公关工作都要从维护公众利益出发，满足公众各方面的需

求，投公众所好，为公众提供周到的服务。

② 塑造形象意识。组织形象是公关传播工作的核心，社会组织都能认识到组织的形象、品牌、知晓度、美誉度对其生存发展的价值，良好的组织形象是组织最重要的无形资产。公关意识中最重要的就是珍惜信誉、重视形象。良好的组织形象，是从事公共关系工作的最终目的，公关人员要懂得知名度、美誉度对组织的价值，努力塑造、维护或矫正组织形象。

③ 协调沟通意识。传播沟通的意识强调重视信息传播沟通，是一种平等民主、真诚互惠的意识。公关工作是一个系统工程，需要协调各方面关系。公关人员应该具备良好的协调意识，要遵循双向对称原则，平等竞争、公平合作，在沟通中寻求理解与支持，来增强组织内部的凝聚力和外部的和谐力，在沟通中谋求和谐发展。

④ 立足长远意识。立足长远的意识是塑造组织形象稳定性的要求，也是其艰苦性的表现。一个形象一旦传播出去、树立起来，就具备了相对稳定性。与公众建立良好的关系，不可能一蹴而就，需要经过努力，不断积累，才能成功。为此，公关人员要有长远眼光，既要立足于公关活动的经济效益，更要着眼于长期的公关战略目标；既要追求公关活动的经济效益，更要注重公关活动的社会效益。

（2）良好的心理素质。主要包括以下内容。

① 充满自信。自信是指当面对现实或所要解决的问题时，能经过冷静的分析并进而产生的相信自己的乐观心态。公关工作复杂难办，只有充满自信，公关人员才能有强烈的事业心，意志坚强，创造性地开展工作。

② 有开放的心态。公共关系工作是一项开放性的事业，具有开放心理的人才能热情宽容地与各类性格的人相处，并能建立良好的关系。开放的心理表现为接受新鲜事物，学习别人的长处，不断解放思想，更新观念，在工作中能够大胆开拓创新，积极探索。

③ 有热情乐观的心态。热情乐观的心理能使公共关系从业人员充满想象力和创造力，保持广泛的兴趣，用真诚的热情和乐观的精神去与人打交道，帮助和感染对方，这样才能结交众多的朋友，更好地完成公关工作。

（3）知识全面。公共关系既是一门多学科的理论，也是一门实践性较强的实务，作为公关从业人员，必须掌握多方面的知识，具体知识包括：公关理论知识、经营管理知识、传播沟通知识、社会交往知识。

（4）操作能力强。公关工作要求从业人员具有较全面的操作能力，如人际交往能力、组织协调能力、表达写作能力、创新策划能力等。此外，随着国际交往的加强，公关人员还应熟练地掌握一门或多门外语。

案例2.1　一次公关部长的聘任考试

一家公司准备聘用一名公关部长，经笔试筛选后，只剩8名应试者等待面试。面试限定他们每人在两分钟内对主考官的提问做出回答。当每位应试者进入考场时，主考官说的是同一句话：“请您把大衣放好，在我面前坐下。”

然而，在进行面试的房间中，除了主考官使用的一张桌子和一把椅子外，什么东西也没有。有两名应试者听到主考官的话以后，不知所措，另有两名急得直掉眼泪；还有一名听到提问后，脱下自己的大衣，搁在主考官的桌子上，然后说了句："还有什么问题？"结果，这五名应试者全部被淘汰了。

剩下的三名应试者，一名听到主考官发问后，先是一愣，随即脱下大衣，往右手上一搭，躬身致礼，轻轻地说道："这里没有椅子，我可以站着回答您的问题吗？"公司对这个人的评语是："有一定的应变能力，但创新开拓不足。彬彬有礼，能适应严格的管理制度，可用于财务和秘书部门。"另一名应试者听到问题后，马上回答道："既然没有椅子，就不用坐了。谢谢您的关心，我愿听候下一个问题。"公司对此人的评语是："守中略有攻，可先培养用于对内，然后再对外。"最后一名考生的反应是，听到主考官的发问后，他眼睛一眨，随即出门去，把候考时坐过的椅子搬进来，放在离主考官侧前约一米处，然后脱下自己的大衣，折好后放在椅子背后，自己就在椅子上端坐着。当"时间到"的铃声一响，他马上站起来，欠身一礼，说了声"谢谢"，便退出考试房间，把门轻轻地关上，公司对此人的评语是："不着一词而巧妙地回答了问题；性格富有开拓精神，加上笔试成绩佳，可以录用为公关部长。"

（资料来源：http://blog.163.com）

【案例讨论】

结合案例，谈谈一名优秀的公共关系人员应有哪些素质方面的要求。

2．公关人员的职业准则

各国公共关系职业道德准则的具体条文虽然不尽相同，但都可归纳为以下三个方面。

（1）遵纪守法，不损害社会道德和他人正当权益。任何一个国家的公共关系人员，或者在任何一国进行公共关系活动的人员，必须遵守该国基本的法律、法规和社会公认的道德规范，这是公共关系人员最基本的职业准则。在公共关系实践中，某一组织的个体利益与社会整体利益有可能发生冲突，公共关系人员在这种情况下必须牺牲组织的个体利益，不能采取不正当的手段和方式，不能违法乱纪损害社会整体利益或其他组织的利益。

（2）忠于职守，自觉维护组织信誉。公共关系人员是代表某一组织进行公共关系工作的，应忠于职守，避免使用含糊或可能引起误解的语言；对当前和以往的客户或雇主都始终忠诚如一；在任何场合均应在行动中表现出他对所服务的机构和公众双方的正当权益的尊重，以赢得有关方面的信赖；不能借用公共关系的名义从事任何有损所属组织或公共关系信誉的活动。

（3）公正诚实，不传播虚假信息。公共关系人员在进行公共关系活动中，不能传播没有确凿依据的信息，或者为了个体利益故意传播虚假的或使人误解的信息。做好这一点既是公共关系人员对公众权益的尊重，也是从根本上长久维护组织良好信誉的保证。

公关链接　中国公共关系协会发布的公关员职业守则

（1）奉公守法，遵守公德；

(2) 敬业爱岗，忠于职责；
(3) 坚持原则，处事公正；
(4) 求真务实，高效勤奋；
(5) 顾全大局，严守机密；
(6) 维护信誉，诚实有信；
(7) 服务公众，贡献社会；
(8) 精研业务，锐意创新。

案例2.2 时尚公关人的一天

7:00

被闹钟叫醒。因为昨天加班到12点，所以取消了平时6:00的晨跑，想想这已经是这个月的第9次了。

7:30

化妆。已经盖了三层粉，看起来还是很憔悴。

8:00

出家门，在上班的路上解决早餐问题。

9:00

到达公司。

9:15

看邮件、回邮件、删邮件。

9:30

做上周的简报。

9:45

接到某时尚杂志记者来电，约当晚与报社总编吃饭。短信通知各方晚餐的时间和地点。

10:00

列席3小时会议，讨论某活动的邀请名单。

13:00

时尚公关人白天是可以不吃饭的。开完会厕所都来不及上，就跟领导去见客户。

13:40

接到外地媒体记者来电，来本地出差，约喝下午茶联络感情。

14:00

接到同事转来客户投诉邮件。客户在海外见到上篇竞争对手的报道，进行质问，表示不满意我们的媒体监测水平和服务。立即组织该客户团队开会，听取媒体报道情况和监测不力的原因，布置进行该篇媒体报道情况小结，了解竞争对手的背景，了解该篇报道涉及对手其他的公关活动。

14:45

看邮件、回邮件。接某报记者来电，约定在咖啡馆见面。匆匆吃了个面包算是午饭。

15:10

在网络上搜索报道和对手背景。

15:30

接到同事电话，告知晚上活动有位重要嘉宾不能出席。马上翻阅通讯录找人替补。

16:00

在咖啡馆与记者见面，了解采访背景和采访问题，讨论采访安排和采访内容。

17:00

与设计师商量下周明星拍照的造型，并致电经纪人再次确定拍照时间。

17:20

赶赴活动现场，和同事做最后的准备。

18:30

活动正式开始，与各路人士周旋。

20:00

活动顺利结束。和同事一起做善后工作。

22:00

回家。看产品介绍、PPT 方案和各种测评。

23:00

准备明天出差的行李。

24:00

睡觉。

[资料来源：祖翠娟．时尚公关人的别样生活．公关世界，2013，327（4）]

【案例讨论】

结合案例，分析公关人的工作特点。

2.2 公共关系客体

公共关系的工作对象是社会公众。公众的支持和信任是组织生存的基础，公关的工作对象和中心任务就是处理和协调好社会组织所面临的各类公众，在公众心目中树立良好的组织形象，营造一个和谐合作的公众环境。公共关系实际上就是公众关系。

2.2.1 公众的特征

公众是指与特定的公共关系主体发生相互联系和相互影响的群体、组织和个人，是公共关系工作对象的总称。公众的基本特征如下。

1．层次性

组织所面临的相关公众环境是由若干个人、群体和社会团体组合而成的，具有多层次的主体结构。组织的公众从外到内都是复杂的、多样的。要用全面系统的观点来分析自己面临的公众。不同的群体和不同的层次形成不同的公众：紧密程度比较高的社会组织；比较松散的群体组合；更为松散的初级群体。他们可以属于三个层次：内部公众、外部有组织的公众和外部无组织的公众。

2．相关性

一个人或一个群体和组织能够成为某一组织的公众，是因为他们与该组织存在着一定的相关性。组织的行动和政策对公众会产生影响，同时公众的言行和态度对组织的存在与发展也会产生影响。社会群体，由于共同的需求和目的而成为某一组织的相关公众。相关公众是具有某种内在共同性的群体，例如职务、年龄、工作、性别不同的消费者，由于购买了某一品牌的产品，就成为该企业的公众，形成了利益共同体，他们的态度、行为就能对该企业产生影响。公关工作首先就是要寻找自己的目标，才能有针对性地开展工作。

3．互动性

互动性是指某些公众的意见、观点和行为同组织相关且相互作用。公众对组织的目标和发展具有实际或潜在的影响力、制约力，甚至可以决定组织的成败。同样，组织的决策和行为对它的公众也具有实际或潜在的影响，制约着公众所面临问题的解决及需求的满足。

4．多变性

公众与社会组织之间的联系及相互作用总是处在不断变化和发展过程中。首先，表现为公众性质的变化性，如相关公众变成无关群体，潜在公众变成行动公众，次要公众变成主要公众，协作关系转化为竞争关系等；其次，公众数量也是随时变化的，如用户增多或减少等；最后，内部员工也经常处于变化之中，如员工的吸纳与解雇等。根据公众的多变性，公关工作要随时调整自己的方针政策。

2.2.2 公众的类型

组织所面临的公众是复杂多样的，为了更好地了解自己的公众，提高公关工作的针对性和目的性，要根据不同的需要，从不同的角度，对公众进行科学的分类和细分，把握其内在的规律性，有利于公关工作的开展。划分类型的标准如下。

1．按公众的隶属关系分类

按公众的隶属关系不同，公众可分为内部公众和外部公众。

（1）内部公众。内部公众一般与组织有归属关系，是组织的构成部分，它包括组织的职工、员工、股东及家属等。这类公众与组织有着密切的关系，他们的意见、态度、情感等对组织的生存与发展会产生直接影响，同时组织的境况也直接决定着他们的利益，他们是组织最重要的公众，协调好内部公众的关系，是公关工作中最重要的任务，是组织内求团结、外树形象的保障。

（2）外部公众。外部公众是指那些与组织没有归属关系的公众，是组织面临的外部微观环境，包括政府公众、社区公众、媒介公众、消费者公众、同行公众、社会名流公众等。本节后面内容中会有详细的叙述。

2. 按公众的重要程度分类

按公众的重要程度不同，公众可分为首要公众和次要公众。

（1）首要公众。首要公众是指对组织的生存和发展能够产生重大影响，甚至具有决定性意义的公众，如政府要人、社会名流、新闻记者、意见领袖等。

（2）次要公众。次要公众是指那些对组织的生存和发展有影响，但影响程度不大的公众，如普通消费者。

一般来说，首要公众是少数的，而次要公众往往是大量的。对于首要公众组织应投入大量的人力、物力和时间，将其作为公关工作的重点。对次要公众要注意其群体倾向，注意引导、转化。首要公众和次要公众是相对的，两者之间可以转化。

3. 按公众对组织的态度分类

按公众对组织的态度不同，公众可分为顺意公众、逆意公众和边缘公众。

（1）顺意公众。顺意公众是指那些对组织的政策、行为持赞成意向和支持态度的公众。

（2）逆意公众。逆意公众是指对组织的政策、行为持否定意向和反对态度的公众。

（3）边缘公众。边缘公众又称独立公众，是指对组织持中间态度，尚未表明观点或意向不明朗的公众。

顺意公众和逆意公众往往只占少数，边缘公众则是大量的。公关工作注意稳定和扩大顺意公众，不断加强与他们的联系，减少逆意公众，做好逆意公众的转化，重点争取边缘公众，引导他们成为顺意公众，防止他们成为逆意公众。

4. 按公众构成的稳定性程度分类

按公众构成的稳定性程度不同，公众可分为临时公众、周期公众和稳定公众。

（1）临时公众。临时公众是指因某一突发事件、偶然因素或专题活动而形成的公众，如示威游行的队伍，展览会、音乐会的观众等。突发性事件往往难以预测，处理不好会影响公关工作。因此，平时要注意“防患于未然”，提高应对突发事件的能力。

（2）周期公众。周期公众是指按一定规律和周期出现的公众，比如节假日的游客，他们的出现是有规律的、可以预测的。商家经常利用“五一”或“十一”黄金周开展促销活动。

（3）稳定公众。稳定公众即比较稳定的公众，如老主顾、常客、社区人士等。稳定公众是组织的基本公众，数量的多少是衡量一个组织公关工作的重要标志。企业如果有大量的铁杆忠诚者，企业的发展就更有保障。

5．按组织对公众的态度分类

按组织对公众的态度不同，公众可分为受欢迎的公众、不受欢迎的公众和被追求的公众。

（1）受欢迎的公众。受欢迎的公众是指那些主动接近组织，扶持组织，有利于组织生存和发展的公众，如赞助者、投资者、慕名前来的顾客等，对这类公众应给予一定的回报。

（2）不受欢迎的公众。不受欢迎的公众是指那些违背组织意愿，对组织构成潜在或现实威胁，并损害组织利益的公众，如持不友好态度的记者，索取赞助的团体或个人，乱收费的政府部门等。这类公众虽然不受欢迎，但也不能不理不睬，而应实事求是地说明情况，争取他们的理解，防止双方对立。

（3）被追求的公众。被追求的公众是指能够给组织带来有利影响，但又对组织不了解或不感兴趣的公众，如著名的记者、社会名流等。对这类公众，要设法接近，与他们建立起密切关系。

【课堂讨论】

对公众进行科学的分类对有效开展公共关系活动有哪些帮助？

6．按公众发展的过程阶段分类

按公众发展过程的阶段不同，公众可分为非公众、潜在公众、知晓公众和行动公众。

（1）非公众。非公众是指与本组织无关，其观点、态度和行为不受该组织影响的公众。明确了组织的非公众，可以减小公关工作的盲目性，避免不必要的浪费。

（2）潜在公众。当某一社会群体或个人与组织发生利益关系时，这个组织的行为可能会引起某个共同问题。由于这些问题尚未暴露或这些公众还未意识到问题的存在，这些公众就成为组织的潜在公众。因此，及早发现潜在问题及其可能出现的后果，着手采取行动，是最佳的公关方案。

（3）知晓公众。知晓公众是由潜在公众发展而来的。当潜在公众意识到自己面临的问题就发展成为知晓公众。这时，就要积极沟通，主动传播控制，引导局面。

（4）行动公众。行动公众是由知晓公众发展而来的。当知晓公众采取实际行动或准备采取实际行动来解决所面临的问题时，他们就成为行动公众。对于行动公众要冷静处理，防止事态扩大化，使问题得到妥善的解决。

2.2.3 公众的心理

1．公众的心理倾向

公众并非被动地接收组织的信息，而是具有主观能动性的。公众的这种能动性发挥得越好，他们参与意识和实际介入程度越高，公关活动也就越容易成功。公众的参与和介入通常有五方面：喜欢与否、需要与否、值得与否、能够与否、实行与否。而这五方面与下列五种心理倾向有着密切的联系。

（1）公众的兴趣。兴趣是人脑对特定事物的特定反映，它表现为个人渴望深入探究某种事物，并力求参与该种活动的意向。兴趣对一个人的动机和行为模式有重要的影响，在某种程度上可以指导一个人的行为。正如孔子所说：“知之者不如好之者，好之者不如乐之者。”公关人员要善于观察、发现不同公众在不同时间和地点的不同兴趣和爱好，投其所好才有利于提高公关活动的效果。

（2）公众的需要。需要是人们对某种目标的渴望和个体的欲望，是人缺乏某种东西或受到某种刺激时产生的一种主观状态。不同的人有不同的需要，同一个人在不同的时间和场合也有不同的需要。美国心理学家马斯洛的“需求层次理论”，将人类的需要由低到高分为五个层次：生理需要、安全需要、社交需要、尊重需要和自我实现的需要。但是人类的需要是发展的，不一定严格按照这种顺序。在现实生活中，随着社会的进步，每个人的需要是千差万别的，但在某一特定时期里，每个人都会有他最迫切的需要，我们称其为优势需要，作为公关人员要及时了解和满足公众的优势需要，以赢得公众的支持和依赖。

（3）公众的价值观。价值观是一个人对周围事物的是非、好坏、善恶和重要性的评价，它是决定人的态度和行为的心理基础。国家和民族不同，宗教信仰或社会制度不同，往往会产生不同的价值观。在相同的客观条件下，价值观不同的人会产生不同的行为。在开展公关活动时，要注意针对性。我国加入WTO后，组织要在国际范围内，与更多的人打交道，所面临的环境更为复杂。因此，公关人员要加强学习，只有具备了全面的知识面，学会与不同价值观的人打交道，求同存异，才能取得更多公众的支持。

（4）公众的自我倾向。公众中有的是主观自我倾向占主导地位，有的则是客观的自我倾向占主导地位。主观自我倾向就是强调自身的主体地位，经常考虑“我想怎样”、“我要怎样”；而客观的自我倾向则更多地强调环境的制约作用，“我应该怎样”、“我能怎样”。这两种自我意识因人而异，因时间和地点不同而异。而公众的这两种自我意识都可以通过对某件事的认识、评价，以及他们的态度反映出来。作为公关人员，要了解公众的自我倾向，还要努力引导公众，使公众的态度与评价向着有利于组织的生存与发展的方向转化，通过与消极态度的公众沟通与交往，化干戈为玉帛。

（5）公众的决策倾向。不同的人，以及同一个人在不同的场合，对于某件事的决策也会表现出不同的特点。以顾客的购买行为为例，有理智型、冲动型、习惯型、不定型等几种决策倾向。作为经营者，要与各种各样的顾客打交道，如果能及时、准确地判断出顾客的购买行为，则有利于交易的成功，提高营销活动的效率。从公关角度看，作为公关主体的社会组织，应该针对不同的收入阶层，不同的职业和文化水平，以及不同的性别和年龄段的消费者，采取积极主动的公关策略，不失时机地引导和推动消费者的需求。

案例2.3　为什么我们相信“谣盐”

2011年3月16日以来，由于日本震后核危机加剧，以及传言食用碘盐可以防核辐射，加之民众担心核辐射未来波及中国沿海，进而污染海水产品及食用盐等，中国一些地方出现了抢购食盐的情况。3月17日，武汉也像全国其他城市一样，陷入“恐慌性抢购食盐”旋涡。以下是楚天金报记者18日报道的部分内容：

昨日，武汉的大型商场和超市，几乎都是人山人海，排队买盐。记者看到，手里提着四五十袋盐的人不在少数，抱着100袋盐去结账的市民也频频出现。

记者问为何要来抢购食盐？不少市民并不能回答出个所以然。“朋友们一早都打来电话，叫来买盐，来超市一看，大家都在买，自己也不得不买了。”有的市民则担心：“听说日本海水遭到污染，要向中国抢购食盐，到时候盐会涨价，所以提前囤盐。”还有市民称：“听说食用碘盐可以防核辐射。”

记者注意到，在武商量贩水果湖店，平常1.4元一袋的普通碘盐，早已卖光。不得已，超市从仓库中拿出平日卖得不怎么好的2.5元一袋的精制碘盐，市民竟然也排出了50多米长的队伍，纷纷抢购。不一会儿，仓库里的盐就卖光了。

昨日，武汉大小商超食盐价格基本保持稳定，不过在某些街头小卖部，一些不法商人纷纷高价卖盐，赚取不义之财。

在武汉青山厂前地区，一市民打电话给本报投诉，小区小卖部的盐卖到了5元钱一袋。而在汉口将军路的一家小型超市里，十多个市民排队买盐，一袋盐的价格竟卖到了30元，价格奇高，但因为恐慌情绪蔓延，市民仍然是大包大包地购买。

以上资料告诉我们应关注谣言以及公众的从众行为对企业经营产生的影响，同时我们也应进一步从公共关系的角度反思一些小卖部与小超市的涨价行为。

（资料来源：http://news.163.com）

【案例讨论】

结合案例，分析公众的心理特点。

2．公众的心理定式

公众的心理定式，是指在一定社会条件下，由人与环境相互作用而出现的公众对于某一对象（人、事、物等）的共同的心理状态与一致的行为倾向。

心理定式有时会产生积极作用，但很多情况下会造成消极的影响。在公关活动中，在与人交往的过程中，如何利用心理定式，如何对待和处理公众的心理定式，具有十分重要的意义。

（1）首因效应。首因效应（首次效应）就是“第一印象”的意思。在公关活动中，公关人员与人打交道要十分注意自己的仪表和形象，给人以良好的“第一印象”，这是很有必要的；反之，与人交往，又不能犯“第一印象”的认识偏差，避免“第一印象”可能造成的错误判断。首因效应不仅仅来自直接的接触，很多情况下也来自传播媒介的间接影响。显然，开展公关活动，还应注意传播媒介的特殊功能。应从一开始就注意，让自己的组织在各种媒体上树立起一个良好的形象，因为很多媒介的传播速度快、覆盖面广。

（2）近因效应。近因效应是指最后给人留下的印象往往会形成的影响。如文艺演出，放在最后的一个节目往往是最好的，也是最能吸引观众的，俗话叫“压轴戏”。同样道理，搞公关活动，在活动结束时，要搞得别具一格，气氛浓烈一些，就要注意结尾的高潮部分，一项公关活动如果“虎头蛇尾”，那往往会失败。与首因效应一个道理，了解公众也不能受近因效应的过分影响。

（3）晕轮效应。在刮风天气之前的晚间，月亮周围会出现一个大圆环，称为月晕，又称晕轮。月晕是月光照在带水分的空气上造成的一种特殊的光学效应。由于这种效应，使人们看不清月亮本来的面目。“晕轮效应”就是由此引申过来的，用以表示主体对认知对象的一种认知偏差倾向。这主要表现为“以木为林”，以偏概全的心理定式。“晕轮效应”也有正面和负面两个方面的影响。作为公关人员，完全可以利用人们这种认知偏差，策划并开展一些公关活动，如北京的一些仿膳饭店，强调的是“皇帝吃过的饭菜”，使顾客形成一种强烈的先入为主的印象，认为皇帝吃过的饭菜肯定不会错，因此吸引了大批的中外游客前来品尝。

（4）社会刻板印象。由于地理、政治、经济、文化等条件不同，人们往往对不同的人群形成一种较为固定的看法，这种判断未必有充分的理由，但却在很多场合左右着人们对不同人群的评价和人格判断。这就是社会刻板印象。

社会刻板印象也是一种以偏概全的思想方法，因为它只凭一些过去的经验，或是沿袭下来的看法，以有限的信息得出较为普遍的结论，当然容易出现偏差。由于刻板印象的存在，阻碍了人与人之间的正常沟通。因此，公关人员与人打交道时，好以学历高低为根据去判断人的水平高低。切忌只凭职业、地区、性别等方面的已知经验，把人分为豪爽、细腻、粗鲁、诚实等品质类型。

（5）定型效应。定型效应也称定型作用或经验效应，是指公众个体要对对象进行认知时，总是凭借自己的经验对对象进行认识、判断、归类的心理定式。也就是说，人们在认识他人或他物时，会自觉不自觉地根据自己的经验产生一种心理准备状态，这种准备状态使他对对象会做定型或定式分析。由于定型效应在公关活动中广泛存在，所以公关人员应注意利用定型效应：一是要利用公众的定型效应来巩固自己组织在公众中的良好形象；二是要注意一旦因为某事或某人使自己组织在公众心目中的形象受损，就要改变人们的定型模式。

（6）移情效应。移情效应是指人们在对对象形成深刻印象时，当时的情绪状态会影响他对对象本身及其关系者（人或物）的评价的一种心理倾向，即把对特定对象的情感迁移到与该对象相关的人或事物上，引起他人的同类心理效应。移情效应首先表现在“人情效应”方面，即以人为情感对象，并将自己的情感迁移到他人身上的效应。还表现为由人情而达到的“爱屋及乌”，即由于爱某人而爱及他的一切。同时还突出地表现在人们之间的情绪感染方面，即人的喜怒哀乐等情绪往往会影响其周围的人，从而产生情绪迁移。例如，现代广告的“名人效应”就是一种移情效应的运用。乔丹为耐克鞋做了代言人以后，乔丹的粉丝们都争相购买耐克鞋。由于移情效应的作用越来越大，所以公关人员要自觉利用移情效应，充分调动公众的良好的情感体验，有效地开展公关活动。

【课堂讨论】

通过公众心理有关内容的学习，分析企业应用明星代言产品有哪些好处。

2.3 公共关系媒介

连接公共关系主体与客体之间的媒介是信息传播。信息传播是指一定的社会组织在特定的时空范围内，将自身产生的或业已吸收的信息，通过一定的编码处理，借助于一定的信息传输通道，按照预定的目标，向有关公众进行传播的一种组织信息传播活动。要使信息传播真正有效，就必须首先了解传播的有关知识。

2.3.1 传播的要素

传播是人们在交往过程中将信息进行传递、接收、共享和沟通的过程。传播要素是构成传播活动的必要条件。构成信息传播的要素有哪些，学术界至今还没有完全统一的意见，有人认为是四个要素，即传播者、信息、途径、受传者；有人认为是六个要素，即传播主体、传播内容、传播媒介、传播对象、传播效果和传播反馈。我们认为，信息传播由五个要素构成，即信源、信宿、信息、信道、反馈。它们之间相互联系、相互制约，并且处于不断循环的过程。

1. 信息发生源——信源

信息发生源是信息交流的基础，即传播者。在传播过程中，传播者处于积极、主动的地位。它确定传播的内容，选择传播的形式、方法。信源影响和制约着整个信息传播的全过程：传播什么、向谁传播、什么时候传播、什么地点传播、通过什么渠道传播、要达到什么目的等，都是由它所确定的。因此信息发生源是信息传播中最关键的因素。

2. 信息接收源——信宿

信息接收源就是信息接收者，实际上就是公众，是信息到达的地方，即接收并利用信息的一方，又称受传者或受众。受众是传播的目标和归宿，在传播活动中虽然处于被动地位，但在对信息的接收上则有决定权。信息源从类型上来说，他们可以是个体、群体，也可以是各种社会组织。信息传播只有尊重公众的需要，反映公众的要求，并从传播内容上确保公众接收的可能性，才能使公众真正接收和分享组织传来的信息，取得良好的传播效果。

3. 信息内容——信息

信息是可以被感知、采集、储存和传递的，它是信息传播中具体传播的原材料，是传播得以存在的基础。信息内容包括信息的实质内容及其表现形式。信息传播的内容一般包括：组织基本情况、组织实力情况、组织产品与服务情况、组织生产与工作情况、组织管理与组织文化建设情况、组织的重要活动情况、组织的荣誉和社会影响情况、公众对组织的评价和反应情况等。选择与加工出质高量足的信息内容，也是确保信息传播有效性的关键之一。

4．信息通道——信道

信息传播通道，是指信息从发生源传输到接收源的过程中所经过的途径，也称媒介，媒介是信息传送的载体或渠道，用于记录、保存、传递、反馈信息，如语言媒介、文字媒介、实物媒介等。在信息传播中，信息从发生源到接收源总是要经过一定通道的，大致有六种类型，即人际信息传输通道、组织信息传输通道、大众信息传输通道、邮电信息传输通道、信息网络传输通道、专题活动传输通道，它们在功能和作用方面，彼此之间可以相互交叉和相互借用。

5．信息反向传播——反馈

在信息传播系统中，信息的发出者将信息传输给接收者，接收者将接收和应用的效果和有关问题作为信息反向传输的内容传输给发出者，以便发出者了解传播效果以及为下一次的传播活动决策提供依据，这种信息的逆向传输过程，就是信息反馈。在传播过程中，传播者可根据受众对信息的反馈来调整自己的传播行为。也就是说，信息反馈使信息传播构成了一个闭环控制系统，真正实现了信息传播的双向交流特性，有利于提高信息传播的质量和信息传播的效益。

2.3.2 传播的模式

1．拉斯韦尔模式

美国传播学家拉斯韦尔将传播的过程归纳为五个方面，即 who（谁——传播者）、what（说什么——传播内容）、which channel（通过何种渠道——传播媒介）、whom（对谁说——传播对象）和 what effects（达到什么目的——传播效果）。因为这五个方面的英文字头都带有 W，所以又称 5W 模式。5W 模式忽视了信息反馈，是单向的信息传播，所以，也称为线性传播模式。拉斯韦尔模式虽然有不少缺陷，但仍为人们提供了非常有用的线索，帮助人们把错综复杂的传播过程理出头绪来，使人们弄清楚，影响传播效果的因素究竟有哪些，如图 2.1 所示。

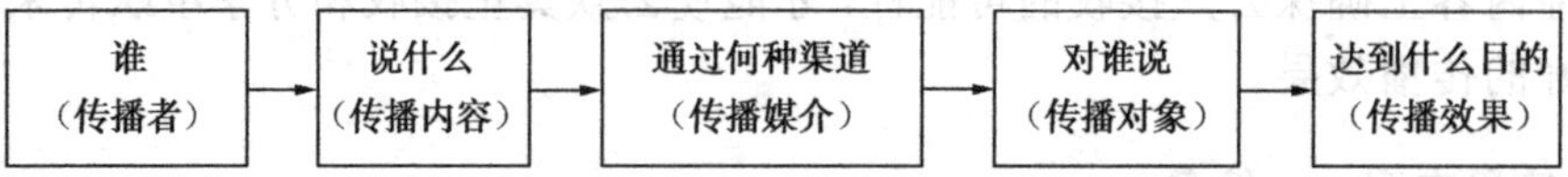

图 2.1 拉斯韦尔模式

2．香农-韦弗模式

香农-韦弗模式是美国贝尔电话实验室工程师香农和韦弗在研究如何获得传播的最好效果时，从信息论角度提出的传播模式，如图 2.2 所示。

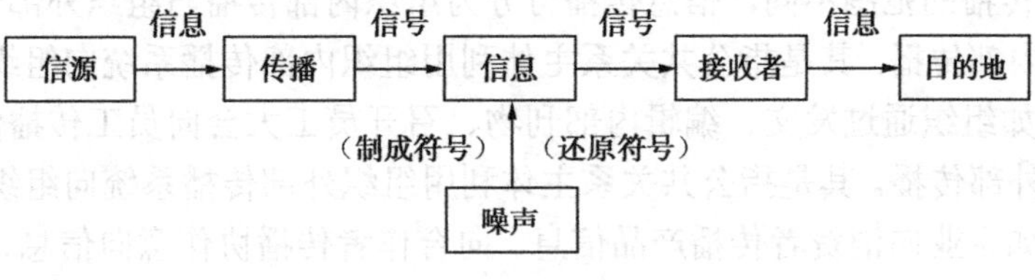

图 2.2　香农-韦弗模式

香农-韦弗模式的特点是包含了“制成符号”和“还原符号”，特别是提到了“噪声”，表明信息在传播过程中会受到干扰，从而可能引起信息的失真。

但这种模式仍属于一种单向直线传播模式，后来的研究者们认为，只考虑到噪声还不够，传播中的信息反馈过程更能反映出其实质。后来的研究者在研究传播模式时，都在尽可能的范围中充分体现接收者的反馈作用，施拉姆模式就是这种模式。

3．施拉姆模式

施拉姆是美国的大众传播学权威，他提出的传播模式又称控制论传播模式，如图 2.3 所示。

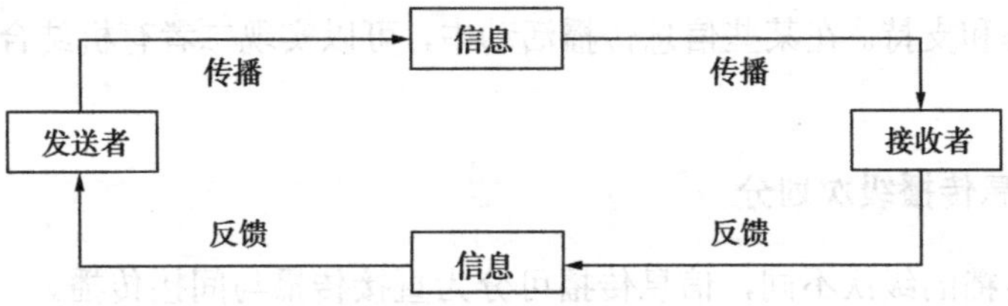

图 2.3　施拉姆模式

施拉姆模式是一种双向的循环式运行过程，它与传统线性传播模式的根本区别在于它引进了反馈机制。

以上三种模式，分别代表了不同时期人们对传播过程的不同理解，体现了人们对传播认识的不断深化。

【课堂讨论】

分析三种不同的传播模式分别对我们提高传播效果有什么帮助。

2.3.3　传播的类型

信息传播类型不同，其特点、适用范围、实施过程和具体要求也不尽相同。在信息传播中，明确地区分信息传播的类型，有利于正确地选用信息传播方法，以使组织取得良好的公关效果。在此，我们从不同角度介绍信息传播的一些主要类型。

1. 按照信息传播范围划分

按照信息传播的范围不同，信息传播可分为组织内部传播与组织外部传播。

（1）组织内部传播。其是指公共关系主体利用组织内部传播系统向组织内部公众进行的信息传播。如组织通过发文、编辑内部刊物、召开员工大会向员工传播信息等。

（2）组织外部传播。其是指公共关系主体利用组织外部传播系统向组织外部公众进行的信息传播。如企业向消费者传播产品信息、向合作者传播协作意向信息、向新闻媒介发布新闻信息等。

信息在组织内部范围的传播和在组织外部范围的传播应有所不同，在技术方法和内容上也要内外有别。

2. 按照信息传播目标对象划分

按照信息传播的目标对象不同，信息传播可分为单向传播与多向传播。

（1）单向传播。其是指公共关系主体将信息按某一方向单纯地向某一类公众传播，如企业向政府部门汇报工作、报告经营情况、为个别消费者回答咨询问题等。其传播的目的是集中影响或服务于某一类特定的公众，以求得某一类特定公众对组织的深入了解和理解。

（2）多向传播。其是指公共关系主体将信息向多种公众传播，如企业的宣传广告、新闻报道、开业典礼等。其传播的目的是扩大影响和服务的公众范围，以求得更多的公众对社会组织的了解和支持。在某些信息传播活动中，可以实现二者有机结合，以求得信息传播的最佳效益。

3. 按照信息传播级次划分

按照信息传播的级次不同，信息传播可分为直接传播与间接传播。

（1）直接传播。直接传播又称单级传播，是指信息由信息发生源直接向信息的接收利用者传播，中间不经过其他人员或组织的传播。例如，企业之间的业务磋商、公关谈判、企业领导与员工谈心等。其传播特点为传播途径短，信息易为公众接收，但在某些信息传播中影响力会受到限制。

（2）间接传播。间接传播又称多级传播，最典型的是两级传播，是指信息从发生源发出后，经过某些作为中介的人员或组织，间接地把信息传达到目标受众的信息传播。其传播特点为在公共关系主体和目标受众之间插入了其他的媒介，信息的影响力增大，容易唤起公众的注意。

4. 按照信息传播媒介的特征划分

按照信息传播媒介的特征不同，信息传播可分为人员传播与非人员传播。

（1）人员传播。其是指通过人员途径把信息传向目标受众的传播。通常的传播人员有公关人员、业务人员、社会名流等。其传播特点为灵活机动、富有感情色彩，便于进行双向沟通，可以适时回答接收者提出的问题，及时调整传播策略。特别是借助于社会名流进行传播，还能使信息产生更大的影响力。因而，人员传播是信息传播的一种有效形式。

（2）非人员传播。其是指不直接通过人员途径，而是通过其他媒介把信息传向目标受众的传播。常见的传播媒介有大众传播媒介、邮电通信媒介、实物媒介、书面传播媒介等。其传播特点为传播信息数量大、时空扩散范围广、社会影响较深远。在现代公共关系工作中，非人员传播被日益广泛地采用。两者的有机结合能更好地传播公关信息。

5. 按照信息传播渠道的特征划分

按照信息传播渠道的特征不同，信息传播可分为正式渠道传播与非正式渠道传播。

（1）正式渠道传播。其是指借助于组织可控的传播渠道和传播路线进行的信息传播。其传播特点为组织所要传播的信息内容，传播信息渠道、路线、方向、范围，以及传播的时空都是可控的。正式渠道是信息传播的主渠道。任何有组织、有计划、有目标、有规范程序的信息传播活动都可以看作正式渠道传播。

（2）非正式渠道传播。其是指通过不受组织正式控制或无法由组织正式控制的传播路线进行的信息传播。其传播特点为信息传播迅速。公共关系人员应重视利用，以借助于非正式渠道快速地、扩散性地传播信息。但是，信息内容时常被严重地歪曲，为此公共关系人员应采取一定的措施迅速做出反应，如对其不准确的传闻或被歪曲的信息内容采取辟谣、解释等，以使不当的非正式渠道传播中断或不确切的信息内容得以纠正。

6. 按照信息传播的数量与集中程度划分

按照信息传播的数量与集中程度不同，信息传播可分为集中性传播与连续性传播。

（1）集中性传播。其是指在一定时间内、一次性地集中传播一定数量的信息的传播。其传播特点为传播的信息量较大，能比较系统、全面地反映一定时期内某一事物的发展状况及其特征，且传播活动时间集中，影响力度大，特别适用于组织发展有重大进展或组织公共关系状态因某种原因而发生较大变化的情况，如企业通过 ISO 认证、企业重组等。

（2）连续性传播。其是指在日常公关事务中，以连续的形式不断地向公众传播信息。其传播特点为一次传播的信息量较少，但因其及时、客观、真实地连续传播，能使公众从不同角度了解组织，特别适用于日常信息传播和维系型公共关系工作的开展。

7. 按照传播方式划分

按照传播的方式不同，信息传播可分为自身传播、人际传播、组织传播和大众传播。

（1）自身传播。自身传播以自我为传播对象，是每个人几乎每时每刻都在进行的一种内在传播活动。其传播特点为传播量大，在人自身意识中进行，是外在交流的基础。

（2）人际传播。人际传播是指人们之间通过语言、动作和表情、电话、书信等媒介进行交流的传播方式。它是最常见、最广泛的一种传播方式。其传播特点为情感性和隐私性强，对象明确、有限，近距离直接传播，信息反馈及时，简便易行，但传播范围小。因此它的使用广泛、频繁，是增进相互情感的有效手段。

（3）组织传播。组织传播是指组织与其内部公众之间进行的信息沟通交流活动，传播主体是一级组织，传播对象是内部成员，可根据信息的内容在一定范围、一定级别内进行传播。其传播特点为具有层次性，可控性、保密性强，且传播范围小，一般限于组织成员。其传播方法主要有会议、座谈、谈话、板报、广播等。组织传播是增强组织凝聚力、密切员工关系、提高工作效率的有效手段。

（4）大众传播。大众传播是通过大众传播媒介向大量的、不特定的社会公众进行信息传播的过程。大众传播媒介有两大类型：一类是印刷类的大众传播媒介，如报纸、刊物；另一类是电子类的大众传播媒介，如电视、广播和互联网，其优点是传播范围广、影响力大、可信度高，但技术要求高，信息反馈慢。大众传播是提高组织知名度、美誉度的有效手段，是现代公共关系主要借助的传播工具。其传播特点为受者广泛、分散，传播者职业化，借助外在传播媒介，内容丰富，形式多样。

【课堂讨论】

简单介绍某一组织的某一传播活动，分析其传播类型。

8．按照理论研究和实务活动划分

按照公共关系理论研究和实务活动的不同，信息传播可分为新闻宣传型传播、公共信息型传播、双向非对称型传播和双向对称型传播。

（1）新闻宣传型传播。新闻宣传型公共关系传播的目的是进行宣传。公共关系人员依照直觉展开活动，向社会提供不完整的、歪曲的或半真半假的信息。因此，新闻宣传型的信息传播是单向的，公共关系人员不具有倾听来自公众信息的意识，而且对企业完整形象的介绍也缺乏兴趣。

（2）公共信息型传播。公共信息型公共关系传播的目的是传播信息，而不是进行诱导。公共关系人员一般由新闻记者担任，其工作是向公众客观地提供组织的信息，但不注意倾听来自公众的信息。可见，公共信息型的信息传播也是单向的，但是公关人员比较注意对企业完整形象的介绍。

（3）双向非对称型传播。双向非对称型公共关系传播的目的是进行科学的劝导。公共关系人员向社会公众传播组织的态度和行为，诱导公众接受组织的观点。双向非对称型的信息传播是双向的，公关人员既向公众传递信息，也了解公众的意见，只不过非对称型的传播要求有利于组织，并且不打算根据公众的信息反馈改变自己，而是希望通过组织传播信息来影响或改变公众的态度和行为。可见，它是一种以社会组织为主的非对称传播，有时甚至是单向传播。

（4）双向对称型传播。双向对称型公共关系传播的目的是促进和加深组织与其公众之间的相互理解。公共关系人员通常利用社会科学中的传播理论和方法，而不是诱导理论来规划和评估公共关系。双向对称型的信息传播是双向，而且组织与其公众的对话地位是平等的，双方可以对等地影响对方，组织通过传播信息影响或改变公众的态度和行为，同时组织也要根据公众的信息反馈改变自己的态度和行为。通过公共关系传播活动后，双方实现了沟通和理解，因此真正实现了双向交流与沟通，组织与社会公众之间是互动的过程。

案例2.4　周恩来的"代表作"

1971年春，美国乒乓球队与其他4个国家的乒乓球队应邀来华访问。

周恩来与美国代表团成员一一握手后，做了讲话："你们作为前来中华人民共和国访问的第一个美国代表团，打开了两国人民友好往来的大门……"周恩来问大家："你们住得怎么样？习惯中国菜的口味吗？还有什么问题要提？"

科恩（19岁，洛杉矶圣莫尼卡大学二年级学生）倏地站了起来，他穿了件西装，没打领带，长发披肩。科恩略微欠欠身子，大声说："总理先生，我想知道您对美国嬉皮士的看法。"

大厅里静静的，人们都关心地望着周恩来。周恩来看了看科恩那飘垂的长发，说："看样子您也是一个嬉皮士。"

周恩来继而把眼光转向大家："世界上有的年轻人对现状不满，正在寻求真理，在思想变化的过程中，在这种变化成型以前，这是可以允许的。我们年轻的时候，也曾经为寻求真理尝试过各种各样的途径。"

科恩是大学二年级学生，学的是历史和政治学。他原以为在这个最革命的国家，听总理评价嬉皮士，一定会听到那种"资产阶级"、"颓废的"、"没落的生活方式"之类的训词，结果出人预料，周恩来并没有用革命大道理训人，还表示十分理解当代青年的思想。科恩不由自主地为周恩来所折服，敬佩而信服地听着。

周恩来又将眼光转向科恩："要是在自己做了以后，发现这样做不正确，那就应该改变，你说是吗？"

科恩耸耸肩，友好而诚恳地笑着点点头。

周恩来略略停顿，又补充一句："这是我的意见，只是一个建议而已。"

周恩来这番话，在第二天（1971年4月15日）几乎被所有的世界大报与通讯社报道。4月16日，科恩的母亲从美国加州威斯沃德托人将一束深红色的玫瑰花送给周恩来总理，感谢周恩来对她的儿子讲了一番语重心长的话。

事后，基辛格评价说："这整个事情是周恩来的代表作。"

【案例讨论】

结合传播的有关原理，说明基辛格为什么高度评价周恩来。

本章小结

公共关系由社会组织、媒介、公众三个要素构成。其中公共关系的主体要素是社会组织，客体要素是社会公众，联结主体与客体之间的媒介是信息传播。

社会组织一般具有目标性、系统性、开放性和变动性四个特征。但应注意不同类型的社会组织，其公关工作的重点、具体对象、实务活动和运作方法也不同。

公共关系机构主要分三类：一是社会组织内部设立的公共关系部；二是社会上成立的公共关系公司；三是公共关系界成立的公共关系协会。它们分别有不同的业务范围和工作职责。

从事公关工作的人员应该具备公关意识、良好的心理素质、全面的知识能力和较强的操作能力等基本素质，遵守公关职业道德准则。

公众是指与特定的公共关系主体发生相互联系和相互影响的群体、组织和个人。公众的基本特征有层次性、相关性、互动性、多变性。为了提高公关工作的针对性和目的性，应对公众进行科学的分类，同时还应把握公众的心理。

传播是人们在交往过程中将信息进行传递、接收、共享和沟通的过程，由传播者、接收者和传播媒介等要素构成。常见的传播模式有拉斯韦尔模式、香农-韦弗模式和施拉姆模式。明确区分传播的类型，有利于正确地选用传播方法，使组织取得良好的公关效果。

思考与练习 2

一、选择题

1．金融机构属于（　　）。

A．文化组织　　B．公益性组织　　C．竞争性的营利组织

2．根据公众的（　　），公关工作要随时调整自己的方针政策。

A．层次性　　B．多变性　　C．互动性

3．按（　　），可将公众分为非公众、潜在公众、知晓公众和行动公众。

A．公众发展过程的阶段

B．公众构成的稳定性程度

C．组织对公众的态度

4．人们在对对象形成深刻印象时，当时的情绪状态会影响他对对象本身及其关系者（人或物）的评价的一种心理倾向是（　　）。

A．晕轮效应　　B．定型效应　　C．移情效应

5．表明信息在传播过程中会受到干扰，从而可能引起信息失真的模式是（　　）。

A．拉斯韦尔模式　　B．香农-韦弗模式　　C．施拉姆模式

二、填空题

1．公共关系机构主要有__________、__________、__________三种类型。

2．公关人员应有的公关意识有服务公众意识、__________、__________、__________。

3．按照传播媒介的特征不同，信息传播可分为__________与__________。

4. 按照传播的方式不同，信息传播可分为自身传播、________、________、________。

三、简答题

1. 简述公共关系部的主要工作有哪些。
2. 简述在公关活动中应注意公众哪些心理定式。
3. 简述信息传播一般由哪些要素构成。

课后实训2

1. 请到一家设有公共关系部的企业进行了解，分析社会到底需要什么样的公关人才。
2. 假如你是一家公司的公关部部长，你将如何组建一个公关部？选拔公关部成员的标准是什么？
3. 请为你所熟悉的组织列举出3种不同类型的公众。
4. 根据自己的身份、经历，列出你曾经是哪些组织、哪几种类别的公众。
5. 要求学生到公共场所与3个以上的陌生人沟通，然后结合传播原理相互交流感受。

第3章

公共关系工作程序

课前思考

★ 开展公共关系工作应采取哪些步骤？它们之间的关系怎样？

★ 公共关系调查有什么特点？组织在开展公共关系调查时应注意什么？

★ 策划公共关系活动时应掌握哪些技巧？

学习目标

- 公共关系工作的程序
- 公共关系调查的程序、内容和方法
- 公共关系策划的程序及方法
- 调查报告及策划书的撰写
- 公共关系实施的注意事项
- 公共关系评估的主要内容及基本方法

为了使公共关系活动顺利地开展，必须对公共关系工作进行全面策划，制订一套完整的实施方案，保证公共关系工作遵循一定的程序有条不紊地进行，其基本程序可分为公共关系调查、公共关系策划、公共关系实施和公共关系评估四个步骤，通常称之为公共关系的“四步工作法”。在公关工作的四步循环程序中，公关调查是起点，是基础；公关策划是关键，是公关实施的指南和效果评估的标准，离开了公关策划，公关工作就会漫无目标，不得要领，难以协调统一，成效甚微；公关实施是核心，是执行公关策划，取得公关成效的具体行动，离开了公关实施，再好的策划也只是纸上谈兵；效果评估是重要的反馈环节，也是下一轮公关活动的起点。

3.1 公共关系调查

公共关系调查是运用科学的方法，有计划、有步骤地收集相关信息，综合分析相关的因素及其相互关系，以考察组织的公共关系状态，了解组织面临的公共关系方面的实际问题，从而为组织的形象设计、公共关系活动的策划提供依据。

公共关系调查是公共关系工作的基础，它在整个公共关系活动中起到举足轻重的作用。通过公共关系调查，可以帮助组织了解其在公众心目中的形象和地位，开展公关工作的条件、困难及竞争对手的情况，实现目标的可能性等，为组织决策提供科学依据，从而增强公关活动的针对性，提高公关活动的成效。

3.1.1 公共关系调查的内容

公共关系调查的内容非常广泛，具体可分为以下两大方面。

1. 组织形象调查

组织形象是指社会公众心目中对一个组织机构的全部看法和总体评价，亦即一个组织的实际表现在公众中的投影。对于组织而言，良好的社会形象是最重要的无形资产，拥有它，就会得道多助，兴旺发达。

组织形象的衡量是以组织的知名度和美誉度两项指标为依据的。知名度表示一个组织被公众所了解的程度，社会影响的广度和深度，是评价名气大小的客观尺度。美誉度表示一个组织获得社会公众的好感和赞美的程度，社会影响的美、丑、好、坏，是评价好坏程度的指标。

（1）组织形象调查类型。主要包括以下两方面。

① 组织内部形象调查。组织内部形象调查，主要是采集组织内部各层级员工对组织实际形象评价与期望形象要求的相关信息和数据。调查对象主要为组织领导层、中级干部层与操作员工层三级代表；调查课题主要包括：经营方针、经营政策、决策能力、计划能力、预算能力、信息通畅度、办公环境、生活环境、生产状况、技术优势、协同能力、财务状况、薪资福利、服务质量、发展前景、员工关系等；应认真听取、详细记录员工的意见和建议。

② 组织外部形象调查。组织外部形象调查，主要是采集组织外部各公众对组织实际形象评价与期望形象要求的相关信息和数据。调查对象主要为各外部公众一定数量的设定代表；调查课题主要包括：办公环境、生活环境、技术优势、品牌影响力、产品质量、包装形象、供货速度、服务态度、专业化水平、售后服务、信誉度、价格等；应认真听取、

详细记录外部公众的意见和建议。

（2）组织形象评价指标。组织实际形象的评价分析指标可以采用百分制，并通过计算平均值求得（参见表3.1）；或在每一个分析指标的正反两极之间设立若干档次，如非常、相当、稍微等5～7个档次，用以表示程度的差别，然后将该表发给各界公众以及顾客填写，最后统计汇总（参见表3.2）。

表3.1　组织内部实际形象评价表

评价项	评价比分									
	30	35	40	45	50	55	60	65	70	…	100
经营方针											
生活环境											
管理政策											
协同能力											
……											
合计											
说明：30～40分表示极差；41～50分表示较差；51～60分表示一般；61～70分表示良好；71～80分表示优；81分以上表示极优。											

（3）组织形象调查内容。对组织形象调查包括三个方面：自我形象测定、实际形象调查和形象差距比较分析。

① 自我形象测定。任何一个组织都有自我期望形象标准，自我期望形象越是完善，则标准越是严格，对组织自觉做出公共关系努力的可能性就越大。对组织的自我期望形象的设计，应通过对组织凝聚力、组织实际状态和基本条件以及组织的员工对组织形象的分析与评估这三个方面展开调查与分析，在组织自我期望与实际可能相结合的基础上，确定本组织的自我期望形象。

② 实际形象调查。实际形象调查是通过了解公众对组织知名度、美誉度的评估和分析，从而了解组织的实际社会形象。由于组织自我期望形象只是反映了组织对树立自身形象的主观要求，带有较强的主观性，这种形象与组织在公众中的实际印象会有差距。要使公众对组织的实际印象与组织所期望的印象一致，就必须通过实际形象调查，从而找出差距，以便有的放矢地制定改善公共关系状况的具体措施。

某家管理顾问公司针对100人进行其公司的组织形象调查，调查之后将所收集的信息制成的调查表如表3.2所示。

表3.2　组织形象要素调查表

单位：人

正评价 / 调查项目	非常	相当	稍微	中等	稍微	相当	非常	负评价 / 调查项目
经营方针正确		70	20	10				经营方针不正确
工作效率高			25	60	15			工作效率低

续表

正评价 调查项目	非常	相当	稍微	中等	稍微	相当	非常	负评价 调查项目
服务态度诚恳				20	15	65		服务态度不诚恳
管理手段有创新					20	15	65	管理手段缺乏创新
管理水平高						15	85	管理水平低
经营规模大					20	60	20	公司规模小

表3.2所显示的公司总形象是低知名度和低美誉度，具体表现为公司服务方针正直，但办事效率一般，服务态度欠诚恳，业务缺乏创新精神，企业管理没有名气，公司规模过小等。通过这个调查结果可以进一步用来分析组织形象差距及其原因，并且有必要针对这些原因去制订公共关系的计划和措施。

③ 形象差距比较分析。由于组织自我期望形象只是反映了组织对树立自身形象的主观要求，带有较强的主观性，这种形象与组织在公众中的实际印象会有差距。要使公众对组织的实际印象与组织所期望的印象一致，就必须通过比较组织的实际形象与组织的自我期望形象，找出两者的差距，以此作为组织公共关系应该努力的方向，从而帮助组织制订切实可行的工作计划。绘制"组织形象要素差距分析图"能比较直观地显示出这一差距。

组织形象要素差距分析图的绘制分三个步骤：第一步，将组织形象要素调查表中表示不同程度评价的7个档次数据化，使其成为数值标尺，图3.1中用实线表示的是组织的实际形象；第二步，将组织形象要素表中的自我期望形象的各要素也数据化，用虚线表示；第三步，将实线所表示的组织实际形象和用虚线表示的自我期望形象对照比较，就可以清楚地看出两者之间的明显差距，并从中得到一定的启示。

以上面提到管理顾问公司为例，其"形象要素差距分析图"如图3.1所示。

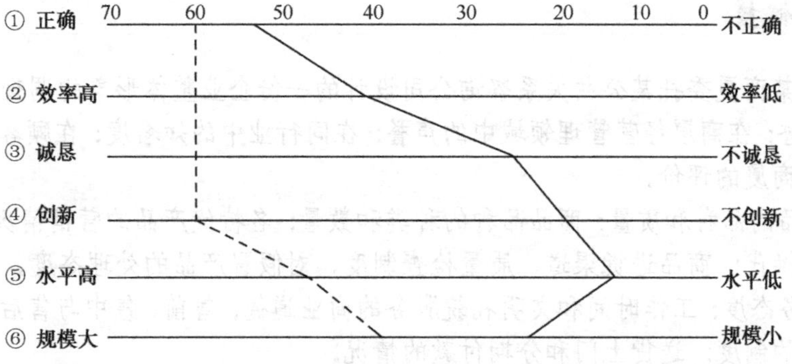

注1：———— 表示组织社会实际形象；------ 表示组织自我期望形象

注2：①——经营方针；②——工作效率；③——服务态度；④——管理手段；⑤——管理水平；⑥——经营规模

图3.1 组织形象要素差距分析图

2．组织所处的社会环境调查

社会环境是指与组织有关的各类公众和各种社会条件的总和，它影响着组织的生存和发展。社会环境主要包括组织的政治环境、经济环境、人文环境、技术环境、公众环境，等等。进行社会环境调查的目的是找出影响组织发展的主要因素，预测其变化规律，为组织的发展决策提供依据。

（1）政治环境调查。政治环境调查是指对现在和未来一定时期国内外的政治形势、政治制度及方针政策、法规、案例、规章制度等的调研，凡是同组织活动特别是同公共关系有关的政策法规都应纳入调研的内容。例如，经济合同法、环境保护法、劳动法、商标法，等等。

（2）经济环境调查。经济环境调查是指一个国家或地区的经济制度、经济结构、物质资源、经济发展水平、消费结构和消费水平以及未来的发展趋势等状况。经济环境的变化，影响和制约着组织公共关系的开展，只有把握国际国内经济形势，才能做出正确的经营决策，保证组织在错综复杂的经济环境中求得生存和发展。

（3）人文环境调查。人文环境调查是指一个国家和地区的人口结构、家庭状况、文化教育水平、生活习俗、社会规范和文化观念等因素的调研。其中最主要的是文化习俗方面，如民族的特点、区域文化的基本特征、目标消费者的宗教信仰及禁忌，等等。

（4）技术环境调查。技术环境调查主要调查目标市场的技术水平、技术特征、技术要求、技术标准、技术类型等，这种调查对于企业成功地占领目标市场、迅速打开销路是十分有效的。

（5）公众环境调查。公众环境调查主要指组织内部公众调查和组织外部公众调查两部分。组织内部公众调查已在组织基本情况中说明，下面仅介绍组织外部公众调查。外部公众包括消费者公众、媒介公众、社区公众、政府公众等，外部公众调查主要了解各类公众的特征、覆盖面、需求、对组织的评价等，以便针对不同公众开展有效的公关活动，协调组织与公众的关系，促进组织发展。

公关链接

以下是某商厦委托某公共关系咨询公司设计的一份企业整体形象的调查内容清单。

（1）信誉：在商厦经营管理领域中的声誉；在同行业中的知名度；在顾客中的支持率；上级组织对商厦的评价。

（2）商品的品种和质量：商品品种的种类和数量；名特优产品的营销情况；商品价格、包装与升级换代；商品进货渠道、质量检查制度、对假冒产品的处理态度。

（3）服务态度：工作时间和文明礼貌服务的商业道德；售前、售中与售后服务的措施；维修和退换的制度；送货上门和分期付款的情况。

（4）商厦的效益：营业额和上缴的利税；职工的工资、奖金和保险福利待遇；赞助社区建设和公益活动的项目；银行的贷款和发展的规模。

（5）商业文化：商厦的特色和标志；商厦的历史和传统；商厦的人文景观和美学透视；商厦的橱窗、柜台和铺面布置的文化色彩。

（6）商厦职工：职工人数、文化程度、岗位设置；职工的营业水平和服务技巧；职工中的先进典型和先进人物；职工的组织意识和主人翁思想。

（7）商厦的环境：商厦所处地点、入口、交通、文化氛围；商厦的社区公众；社区服务和社区建设；商厦的社会网络、消费者组织及监督机构；商厦的国际公众、对外贸易、跨国公司。

（8）商厦的硬件设施：商厦的内外装潢；商厦的传播设备与计算机管理；商厦的占地面积和横向联营；商厦硬件建设的经费与投资。

（9）商厦的经营管理：寻求新业务的迫切程度；价格表、说明书和组织的宣传材料情况；展览、示范、现场操作和导购人员的情况；现金、外币、转账、信用卡的支付方法；商厦内部的管理制度和岗位责任制。

（10）商厦的公共关系：商厦的公共关系部门、人员配备；商厦的公共关系技术运用情况；商厦接待、营销、广告中的公关技巧；商厦的公关专题活动开展情况。

【课堂训练】

请为你所在的学校设计一份组织整体形象的调查内容清单。

3.1.2 公共关系调查程序

为了使整个调查工作有计划、有步骤地进行，保证整个活动的科学性，公共关系调查应包括制订调查方案、收集调查资料、整理分析资料、撰写调查报告四个步骤。

1. 制订调查方案

在确定了调查课题以后，调查者必须根据调查的课题制订调查计划。一个完整的调查方案主要包括以下几方面。

（1）确定调查的目的。调查的目的是指调查所要解决的问题。明确调查目的是制订调查方案的关键所在。只有确定了调查目的，才能确定调查的范围、内容和方法，才能有针对性、有目的地进行公关调查，避免盲目行动导致的工作失误。

（2）确定调查对象。调查对象是根据调查目的、任务所确定的调查范围与调查单位。调查单位是构成调查对象中的一个个具体单位，是我们收集信息、分析信息的基本单位。在实际调查中，应注意选择调查对象的科学性，保证公众的代表性。社会组织的公众范围十分广泛，开展公共关系状态调查时，不可能也没有必要对所有的公众进行调查，只要注意选择公众工作的科学性，按照随机原则，通过抽样技术，就可以取得接近公众总体的资料。

（3）确定调查项目和调查表。调查项目是调查的具体内容，确定调查项目就是要明确向被调查者了解些什么问题，如消费调查中消费者的性别、民族、文化程度、年龄、收入、动机、态度等。对项目进行科学的分类、排列，以构成调查提纲和调查表。

（4）确定调查时间和地点。调查时间的确定应包括两个方面：一是要明确规定调查资料所反映的是调查对象从何时起到何时止的资料；二是规定调查工作的开始和结束时间。调查地点应与调查单位相统一。

（5）确定调查方式和方法。在调查方案中，应明确采用什么组织方式和方法取得调查资料。收集资料的方式有普查、重点调查、典型调查、抽样调查等多种方式。具体的调查方法有访谈法、观察法、问卷法和实验法等。调查采取的方式、方法不是固定和统一的，往往取决于调查对象和调研任务。大中型调研要注意多种方式和方法的结合运用。

（6）确定调查工作的组织实施。调查组织计划是指实施整个调查活动过程的具体工作计划，主要是指调查的组织领导、调查机构设置、人员的选拔和培训、调查工作步骤及其善后处理等。

（7）制定调查预算。在进行调查预算安排时，要尽可能全面考虑将可能需要的费用。一般来讲，调查经费预算应包括四个方面：调查方案设计及实施费用、调查资料整理分析费用、调查报告撰写费用以及相关办公费用等。

2．收集调查资料

收集资料的主要任务是按调查计划的要求与安排，系统地收集各种资料。

调查资料的收集可以从两方面进行：一方面是收集未做任何加工整理的原始资料，也称第一手资料或初级资料；另一方面是收集他人已调查整理过的资料，也称第二手资料或次级资料。

初级资料收集的方法包括访问法、观察法、实验法等。次级资料往往是已经公开出版或发表的资料，对这类资料的收集采取文案调查法。

3．整理分析资料

整理分析资料是指运用科学的方法，对调查所得的各种零散的资料进行审查、检验和综合加工，使之系统化和条理化，从而以集中、简明的方式反映调查对象总体情况的工作过程。资料的整理分析，通常包括下列工作。

（1）审查核实。在进行资料汇总前，首先对调查得到的资料进行审核，这是保证调查工作质量的关键。审核的内容主要是对其及时性、完整性和正确性的审核。

（2）分类汇编。资料经过检查核实后，为了便于归档查找和统计方便，还应按照调查的要求进行分类汇编。资料的分类是根据事物内在的特点和调查研究的要求，按某种标志将所研究现象的总体划分为若干组成部分，然后进行分类登录及归档，以备查阅。汇编是按照调查的目的和要求对分类后的数据和资料进行计算编辑和汇总，使之成为能反映调查对象客观情况的系统、完整、集中、简明的材料，为分析工作打下良好的基础。

（3）分析处理。资料的分析包括定性分析和定量分析。前者是以资料或经验为依据，主要运用演绎、归纳、比较、分类和矛盾分析的方法找出事物本质特征或属性的过程。后者是运用概率论和数理统计的测量、计算及分析技术，对社会现象的数量、特征、数学关系和事物发展过程中的数量变化等方面进行的描述。为了取得比较符合实际的结论，不仅要进行定性分析，而且要进行定量分析，要在定性的基础上尽量根据不同要求把资料量化，在此基础上编制成统计表或统计图，或计算百分比、平均值等，然后运用这些量化资料进行分析，并将分析所得的结论提供给相关的决策部门，作为策划的依据。

4．撰写调查报告

撰写调查报告是公关调查的最后程序。作为调查工作的结束，最终要形成一个调查报告。撰写调查报告的目的是对调查活动过程以及对调查数据分析整理的过程及其工作成果进行总结汇报，为制订科学的公共关系计划方案提供依据，为领导者决策提供参考，寻求领导的支持和帮助。

3.1.3 公共关系调查的方法

公共关系调查的方法很多，根据不同的分类方法可以把它们分成不同的类别。在进行公关调查时，应根据调查研究的目的、意义、规模、对象、范围的不同，选择适当的方法来进行。

1. 按获取调查资料的方法分类

根据所要获取调查资料的方法不同，公关调查可以分为第一手资料的调查和第二手资料的调查，如图 3.2 所示。

公关调查方法
- 观察法、询问法、实验法——第一手资料的调查
- 文案调查——第二手资料的调查

图 3.2 公关调查方法分类

（1）观察法。观察法是指调查者深入现场，通过直接观察、跟踪和记录被调查者的情况来收集第一手资料的一种调查方法。这种方法具有目的性、计划性和系统性，要求调查者事先做出观察的计划，事后要对所观察到的事实做出实质性的结论。采用这种方法时，调查者既可以直接参加他所观察的活动，以一个参与者的身份来观察，也可以作为一个旁观者置身于他所观察的情景之外进行观察。

（2）询问法。询问法亦称访问法，是调查者通过面谈、电讯或邮寄等方式向被调查者进行调查的一种调查方法。面谈又可分为个别面谈和集体面谈，个别面谈灵活方便，彼此容易沟通，情况了解深入，可多方面收集资料；集体面谈（座谈会）能集思广益。电话访问可跨越空间距离障碍，但只适用于有电话的场合。信函调查是将设计好的调查表邮寄给被调查者，由被调查者根据要求填好后寄还的一种调查方法，这种方法对于居住分散的调查对象最为适用，不仅成本较低，而且可使被调查者有充分时间考虑作答。

（3）实验法。实验法是在人为控制某种因素的前提下，通过做各种对比实验从而取得资料的方法，其结果较客观、准确、可靠，但往往费时、成本高，而且存在许多实际因素无法人为控制，从而导致实验结果可能出现误差。

（4）文案调查。文案调查也称历史法、文件法、文献调查法，是一种收集、分析、整理现成文献资料的调查研究方法。这是第一手资料不够用或不可能取得第一手资料时，利用第二手资料的方法。运用这种方法对于获取资料较为方便、容易，调查成本低，但所取得的资料可能在时间上、资料的完整性上具有一定的局限性。

2. 按调查对象的选择方法分类

根据调查对象的选择方法不同，公关调查可分为普查、重点调查、典型调查和抽样调查。

（1）普查。普查是将调查区域中的每个对象都列为调查对象，无一遗漏地逐个进行调

查。这样的调查比较全面，但是工作量大、成本高。普查的特点决定它一般在较小规模的公关调查中运用，较大规模的公关调查一般不采用普查方法。

（2）重点调查。重点调查是从调查总体中选出少数重点单位进行的调查。所谓重点单位，是指在总体中处于十分重要地位的单位，或者在总体某项标志总量中占较大比重的那些单位。重点调查的调查单位少，能够用较少的人力、物力、财力进行深入调查，从而能够较快地掌握调查对象的基本情况。

（3）典型调查。典型调查是指在调查总体中有意识地选择若干具有代表性的对象进行调查，达到推算一般的调查方法。典型调查由典型单位的情况可推断调查总体的情况，一般都比较接近实际。因此，典型调查适用于调查总体庞大，调查者对总体情况比较了解，能准确地选择有代表性的公众作为调查对象的情况。

（4）抽样调查。抽样调查是遵循一定的原则从调查区域中的所有调查对象中抽取一部分样本进行调查，以此推断总体特征的一种调查方法。这种调查方法由于针对性强、调查次数少，因此可以降低调查成本、提高调查效率，是公关调查经常采用的一种方法。抽样调查可分为随机抽样和非随机抽样两种。随机抽样是在若干个平等的调查对象中随机地选择几个作为调查对象，具体抽样方法包括单纯随机抽样、分层随机抽样和分群随机抽样。非随机抽样是在若干个调查对象中主观地选择几个作为调查对象，具体抽样方式可分为便利抽样、判断抽样和配额抽样三种。

就各种调查方式与调查形式来看，各有自己的长处和不足。因此，为保证公关调查所收集的资料的可靠性、准确性和科学性，在选择调查方法时，应注意多种调查方法、技术的综合使用，集中各种调查方法的优势，充分而准确地收集信息资料。

【课堂讨论】

不同的公共关系调查方法有何特点？

3.1.4 公共关系调查问卷和调查报告

1. 公共关系调查问卷

调查问卷是进行直接调查的重要工具，在采用访问法进行公关调查时，往往需要使用一定的调查表或问卷来收集资料。调查问卷一般分为自填问卷和访问问卷。自填问卷即由被调查者自己填答的问卷，访问问卷则是由访问员根据被调查者的口头回答来填写的问卷。自填问卷依据发送的方式又可分为邮寄问卷和发送问卷两种。邮寄问卷通过邮局把问卷表寄到被调查者手中，被调查者填完后，仍通过邮局寄回；发送问卷则由调查员或其他人将问卷送到被调查者手中，回答者填完后，由调查员逐一收回。也有采用二者相结合方式发送的。

（1）调查问卷的结构。调查问卷的结构通常包括三部分：前言、主体和结束语。

① 前言。前言是对调查目的、意义及有关事项的说明。

② 主体。问卷的主体包括调查问题的内容和问题形式。

③ 结束语。结束语主要是用简短的语言对被调查者的合作表示感谢。

（2）调查问题的形式。调查问题的提出一般有两种形式。

① 第一种形式是封闭式问题。这种提出方式往往限制被调查者的回答，即限于已拟定的备选答案。设计较难而回答容易，便于统计分析，且资料较准确；但答案范围狭窄，往往不全面（不能穷尽各种情况）、不具体（如归入“其他”一项的）。封闭式问题的提出有多种形式，其中包括：

- 选择题——要求做是非（二项）选择，或列出多项答案，只选一个或选择多个；
- 比较题——要求进行一对一对比；
- 顺位题——要求排出先后顺序；
- 评判题——要求表示对某个问题的态度或认识程度。

② 第二种形式是开放式问题。这种提出方式能使被调查者自由回答，不受任何限制。设计容易回答难，答案过于分散，不易归纳，不利于统计分析，且资料不准确，易产生偏差；但可以让被调查者充分发表意见，从而得到足够全面、具体的答案。

开放性问题一般用于探索性的问题上，调查者对此问题不了解，需要收集原始资料时较多采用，它还常用于正式调查前的小规模调查，这样便于了解情况。

由于开放性问题和封闭性问题都有一些不足之处，因此，在一份问卷中，应该既有开放性问题，又有封闭性问题。

（3）调查问卷设计的原则。调查问卷的设计质量会直接影响到调查内容，关系到能否得到正确的答案。在设计问卷时，应遵循以下设计原则。

① 针对性和必要性。调查问卷的拟定与设计是为了取得满意的调查成果，因此，应严格按照调查目的设计提问，所有项目都是必需的，无关紧要的问题不应列入。

② 简明性和准确性。问题不应过多、过长、过散，以减轻被调查者负担和调查统计的工作量；所提问题力求明确，用词准确简洁，清楚具体，含义明晰单一，应避免词意含混、模棱两可的问题。

③ 客观性和可行性。提问避免带有倾向性、暗示性、引导性，保持中立态度，以求真实，以免造成调查的偏差；调查问卷的设计应注意适合被调查者的身份和水平，尽量避免提出一些被调查者难以回答的问题。

④ 系统性和艺术性。问卷设计应讲究艺术，问题排列有逻辑性和顺序性，思路清晰连贯，层次分明，由易到难，由简单到复杂，由浅入深，由近及远；提问亲切自然、有礼貌、有趣味，注意回答的心理或社会影响。

案例3.1　兰州市八大商场服务质量及公共关系形象调查问卷

亲爱的顾客：

您好！

为了促使兰州市商业系统服务质量的提高，为了您能享受到更好的服务，请您回答下列问题。答题时在您所选定的序号前面画“√”。第20题劳烦您简洁地写上几句。谢谢合作！

兰州大学公关研究中心

××年××月××日

您的基本情况：

1. 您是：A. 本地人　　B. 外地人

2. 性别：A. 男　　B. 女

3. 年龄：A. 22岁以下　B. 23～35岁　C. 36～49岁　D. 50岁以上

4. 文化程度：A. 小学　B. 初中　C. 高中　D. 大专以上

5. 家庭月人均收入：A. 500元以下　B. 501～800元　C. 801～1 000元　D. 1 001～1 500元　E. 1 500元以上

商场基本情况：

6. 您认为该商场外观设计及商品橱窗的装饰：
A. 很好　B. 较好　C. 一般　D. 不好　E. 很不好

7. 您认为该商场的内部布局：
A. 巧妙美观、井井有条　B. 没有特色、很一般　C. 乱七八糟

8. 您认为该商场的服务质量：
A. 很好　B. 较好　C. 一般　D. 不好　E. 很不好

9. 您认为该商场售货员的业务水平：
A. 很好　B. 较好　C. 一般　D. 不好　E. 很不好

10. 您在该商场曾经受到售货员的：
A. 热情接待　B. 较好接待　C. 一般接待　D. 不友好接待　E. 极差接待

11. 您认为该商场的售后服务：
A. 很好　B. 较好　C. 一般　D. 不好　E. 很不好

12. 您认为该商场的设备：
A. 很齐全　B. 比较齐全　C. 一般　D. 不齐全　E. 很不齐全

13. 您每年光顾该商场的次数为：
A. 10次以下　B. 11～20次　C. 21～30次　D. 31～40次　E. 40次以上

14. 您每年在该商场购物的总金额大约在：
A. 500元以下　B. 501～1 000元　C. 1 001～2 000元　D. 2 000元以上

15. 您认为该商场的商品质量：
A. 很好　B. 较好　C. 一般　D. 不好　E. 很不好

16. 您在该商场购得的商品不能令您满意时，一般来说：
A. 都能得到退换　B. 只有个别的能得到退换　C. 一个都不能退换

17. 在该商场买东西时，如果您的利益受到侵害，您是否想到去找消费者协会？
A. 想到过　B. 没有想到　C. 认为没有必要　D. 想找，但不知道到哪儿去找

18. 您认为该商场哪一类活动搞得最好？
A. 优质服务竞赛活动　B. 优惠展销　C. 有奖销售

19. 您认为该商场急需解决的问题是:

A. 提高服务质量　　B. 提高业务水平　　C. 改变内部布局

20. 您认为应怎样解决这一（些）急需解决的问题?

2. 公共关系调查报告

调查报告是对调查过程的回顾和调查成果的总结，调查报告撰写的好坏影响着调查结果在有关决策中的作用。撰写出一份具有说服力的好调查报告，是卓有成效地进行公关调查的一个不可忽视的方面。

（1）调查报告的内容。一般来说，调查报告主要包括以下内容。

① 序言。主要介绍研究课题的基本情况。

② 摘要。概括地说明调研活动所获得的主要成果。

③ 引言。介绍研究进行的背景和目的。

④ 正文。对调研方法、调研过程、调研结果以及所得结论和建议做详细的阐述。

⑤ 附录。呈现与正文相关的资料，以备读者参考。

（2）撰写调查报告的注意事项。调查报告是调查活动成果的体现，调查的成败以及调查结果的实际意义都表现在调查报告上。因此，撰写调查报告时，要特别认真细致，尤其应注意以下几个问题。

① 要考虑读者的观点、阅历，尽量使报告适合于读者阅读。

② 尽可能使报告简明扼要，不要拖泥带水。

③ 使用普通词汇，尽量避免行话、专用术语。

④ 务必使报告所包括的全部项目都与报告的宗旨有关，删除一切无关资料。

⑤ 务必使资料准确无误。

⑥ 充分利用统计图、统计表来说明和显示资料。

⑦ 务必使报告打印工整匀称、易于阅读。

3.2 公共关系策划

公共关系调查使组织获得了客观的社会形象地位，但从组织的发展来讲，组织应在社会公众中不断完善自身的形象和进一步提高自己的形象地位。这就需要根据公共关系存在的主要问题确定公共关系活动目标，制订公共关系活动方案，寻求解决问题的方法和途径，也就是需要开展公共关系策划工作。

策划一般可以理解为“出谋划策”。而公共关系策划就是指公关人员根据组织形象的现状和目标要求，分析现有条件，设计最佳活动方案的过程。公关策划的目的在于：通过科学的策划思想和方法，设计和选择出有效的公关活动方案，从而增强组织公关活动的目的性、计划性、有效性，提高组织开展公关活动的成功率，最终在社会公众中不断提高和完善组织的形象地位。

3.2.1 公共关系策划程序

在进行公共关系策划的过程中，公共关系人员首先要依据公关调查中所确定的组织形象的现状，提出新的形象、目标和要求，并据此设计公共关系活动的主题，然后，通过分析组织内外的人、财、物等具体条件，提出若干活动可行方案，并对这些活动方案进行比较、择优确定出能够达到公关目标要求的最适当、最有效的活动方案。因此，公共关系策划应包括六个工作步骤：确定公关目标、确定公众、设计主题、选择媒介、编制预算、审定方案。

1. 确定公关目标

公共关系目标是公共关系行为期望达到的成果。它是公共关系活动的方向，也是公共关系活动成功与否的衡量标准。

（1）公共关系目标的类型。根据公共关系沟通的内容，组织的公共关系目标一般有以下四种类型。

① 传播信息。向公众传播有关本组织的信息，让公众了解、信任、支持本组织。

② 联络感情。通过感情投资获得公众对组织的信任与爱戴。

③ 改变态度。让公众接受组织及其所提供的产品、服务、文化等。

④ 引起行为。诱导公众产生组织所希望的行为方式。

（2）确定公关目标的要求。确定一个公共关系目标，必须能够起到指导整体工作的作用。因此，要使目标能发挥其作用，在确定目标时应遵循以下四个原则。

① 一致性原则。目标应与组织的整体目标相一致，为组织整体目标服务。

② 具体性原则。目标应具体明确，含义单一，避免使人产生多种理解。

③ 可行性原则。目标应符合当时的内外部条件，通过努力可实现。

④ 可控性原则。目标必须具有一定的弹性，以备条件变化时仍能灵活应变。

2. 确定公众

公共关系是以不同的方式针对不同的公众展开的，而不是像广告那样主要通过大众传媒那样把各种信息传播给大众。要使活动能有效实施，需要确定组织决定作为自己公关活动主要对象的那一部分公众，即目标受众。

目标受众的确定，有利于选定具体公关方案的实施；有利于确定工作的重点，科学地分配力量；有利于更好地选择传播媒介和传播技巧等。

案例3.2　世嘉借网络剧开展情感营销

作为重要品牌的战略车型，世嘉自 2008 年上市以来，凭借 WRC 六冠王的纯正冠军基因和冠军操控、时尚的外观以及良好的性价比，获得市场认可，稳居家用中级车第一阵营；2010 年，东风雪铁龙与中国羽毛球队签署战略合作协议，成为其高级赞助商，世嘉成为中国羽毛球队的指定“冠军座驾”，世嘉品牌冠军形象得到进一步强化；2011 年，世嘉提出全新品牌理念——冠军是一种生活态度。

如何在世嘉上市三年之后，传递这一全新的品牌理念，进而提升世嘉品牌的知名度和影响力，成为策划之初的首要课题。与此同时，作为中国最大的门户网站，搜狐推出第二部门户剧《疯狂办公室》，这是一部集热血、青春、励志于一身的轻喜剧，是一群真正热血的、疯狂的追梦者的故事。

针对专业调查机构对世嘉部分用户及经销商的调研结果，制订了有针对性的解决方案。该调研结果显示，用户对于世嘉的安全性能和操控性能印象深刻，并具有较高的认同度，是有别于同级别车型的最大优势；在公关方面，希望能与他们有更多的情感沟通。而经销商对世嘉的产品质量与性价比较为满意，在营销方面希望能增加更多的体验式营销，提升用户与世嘉品牌的黏稠度。

为继续保持较高的关注度与强势产品力，结合世嘉深厚冠军血统的品牌背书，2011 年，灵思传播机构为世嘉制定了主打情感营销的公关策略，并推出了“冠军是一种生活态度”的品牌理念，倡导积极乐观、坚持自己的梦想，在自己喜欢的领域做到最好的冠军精神，以引起消费者的共鸣与认同，加强与消费者的情感沟通。

在此策略下，通过对媒体资源的排查，确定了与搜狐自制网络剧《疯狂办公室》的深入合作。为有效提升世嘉的关注度及传播世嘉“冠军是一种生活态度”的品牌理念，在剧集融入方面，采用产品与理念并行植入模式，不单纯将世嘉作为一个道具，更是在剧情设计中融入世嘉品牌理念，准确把握受众感性诉求，潜移默化地影响受众；在剧集推广方面，采用事件、公关、广告相结合的整合营销模式，以获得最广泛关注；在传播方面，对该剧进行全面的话题包装，在扩大关注度的同时更能与受众进行有效互动，将世嘉品牌理念进行深入渗透。

项目执行前期，以网剧开机仪式为契机，发布世嘉品牌理念，并对冠军的生活态度进行全面解读，同时融入娱乐营销模式，开放媒体探班、粉丝探班等活动，扩大关注；在网剧拍摄期间，通过制作大型网络专题发布拍摄进度、拍摄花絮等，并推出“疯狂路人甲”征集活动，引起网民持续关注与广泛参与；在网剧正式上线时，特别举办首映礼，邀请娱乐媒体进行明星访谈，邀请汽车媒体对东风雪铁龙高层领导进行专访，解读世嘉营销策略，同时包装“克瑞族”人群及开展 80 后梦想大调查，将世嘉品牌理念进行深入传递；在网剧上映后期，在各大视频网站进行网剧推广，邀请剧中明星对冠军生活态度进行诠释和解读，媒体、自由撰稿人、影评人士、营销专家均对该剧进行了多角度影评解析，反响热烈，形成长尾效应，为网剧进行了完美收官。

网剧营销项目持续近半年，网剧上映一个月后便突破 8 000 万点击量，网络专题、调查等互动活动均吸引了网友的广泛参与，媒体关注度也持续提升。在汽车类论坛、综合类论坛、微博、SNS 等平台上有关网剧内容的帖子、微博超过 300 个，覆盖网民达 240 万，各媒体、娱评人、影评人发表文章，相关新闻多达 1 220 篇，其中《〈疯狂办公室〉热播视频网站从买大片到拍大片》转载频次达 1 159 次。

另外，《疯狂办公室》大型图文专题浏览量达2 260万，视频专题浏览量达8 766万，80后梦想大调查浏览量195万，参与调查人数33 055人次。该网剧营销案例凭借开创性的营销模式及完善的公关策划荣膺“2011中国汽车营销创新大奖”，打响了2011年世嘉情感营销第一战。

（资料来源：http://www.chinapr.com.cn/templates/T_ListA/index.aspx?nodeid=42）

目标受众确定之后，公关人员还应对目标受众进行详细的了解和深入的研究，主要是分析目标受众的权利和要求。一般说来，不同的公众有不同的权利要求，了解目标的权利和要求，并将其与本组织的目标和利益加以权衡、比较，才能确定公关计划的基本要求。

3．设计主题

公共关系活动主题是对公共关系活动内容的高度概括，提纲挈领，对整个公共关系活动起着指导作用。任何一个成功的公共关系活动都是由一系列活动项目组成的系统工程。为避免活动项目过多给人杂乱无章的印象，需要设计出一个统一、鲜明的主题，以统领整个活动、连接各活动项目。

主题的表现方式多种多样，它可以是一个口号，也可以是一句陈述或一个表白。主题设计得是否精彩恰当，对公关活动的成效影响很大。要设计出一个好的主题，必须满足下列四个要求。

第一，公关主题必须与公关目标相一致，并能充分表现目标。

第二，公关主题要适应公众心理的需要，既要富有激情，又要使人感到亲切。

第三，公关主题应独特新颖，富有个性，突出活动的特色，给人留下深刻的长久印象。

第四，公关主题的表述应做到简短凝练，易于记忆和传播。

主题设计还要考虑到不同阶段公关目标的特点，使之具有针对性。

公关链接　**近30年各届奥运会的主题口号**

1984年洛杉矶：Play part in History（参与历史）；
1988年汉城：Harmony and Progress（和谐、进步）；
1992年巴塞罗那：Friends for life（永远的朋友）；
1996年亚特兰大：The celebration of the century（世纪庆典）；
1998年长野：From around the world to flower as one（让世界凝聚成一朵花）；
2000年悉尼：Share the spirit（分享奥林匹克精神）；
2002年盐湖城：Light the fire within（点燃心中之火）；
2004年雅典：Welcome Home（欢迎回家）；
2006年都灵：An Ever Burning Flame（永不熄灭的火焰）；
2008年北京：One world One dream（同一个世界，同一个梦想）；
2012年伦敦：Inspireageneration（激励一代人）。

案例3.3 不同阶段的公关主题设计

某保险公司制定了“在较短的时间内，使公众充分认识保险的重要意义，建立对保险公司的信任感，吸引更多的人参加保险”的公关目标。为此，他们按公关活动的阶段设立了三个不同的主题：

第一，“保险在我心中”。通过这个主题活动，让更多的公众认识到保险对保障社会生产和人民生活正常进行具有重要意义，它同人们的生产、生活息息相关。

第二，“保险解除我的后顾之忧”。通过这个主题活动，使公众从现实的事例中了解到，一个投保的组织或个人，在遭到意外损失时，能得到及时的补偿，迅速地恢复正常的生产和生活，从而解除了人们的后顾之忧。

第三，“我现在就去投保”。通过这个主题活动，使公众认识到保险具有诸多的好处，认识到“天有不测风云，人有旦夕祸福”，早投保比晚投保好，并把认识和决心付诸行动，立即投保，从而取得了较好的公关效果。

4．选择媒介

不同的传播媒介都有自身的特性，既各有所长又各有所短，只有选择合适的媒介，才能取得良好的传播效果。在选择传播媒介时，应注意以下几个方面。

（1）与公关目标相结合。各种传播媒介都有其特定的功能及优势，适合为公共关系的各种类型目标服务。选择传播媒介时应首先考虑组织的公关目标和要求。

（2）与传播内容相结合。不同的传播信息内容有着不同的特点，而不同传播形式也有着各自的特点和适用范围，在选择时应将所传播的信息内容的特点和传播媒介的优缺点结合起来综合考虑。

（3）与传播对象相结合。不同的公众对不同的传播方式和传播媒介的接受机会和感受是不同的，组织应根据目标受众的年龄结构、职业性质、生活方式、教育程度、接收信息的习惯等选择合适的传播方式来传播信息。

（4）与经费预算相结合。由于公共关系活动的经费是有限的，组织应根据自己的具体经济条件选择传播沟通媒介，尽可能用有限的经费和资源创造最大的效益。

5．编制预算

任何一项公关活动都需要花费一定的人力、物力和财力，通过编制预算，使公关人员预先了解活动的投入成本，做到心中有数并能在事前进行统筹兼顾的全面安排，保证公关工作正常开展，便于监督管理，堵塞漏洞。公关预算主要包括以下三个方面。

（1）经费预算。公共关系预算的经费大致可分为基本费用和活动费用。基本费用是指相对稳定的费用，包括人工报酬、办公费用、房租费和固定资产折旧费等。活动费用是指随某项公共关系活动的开展而形成的费用，包括专项设施材料费、调查研究费、专家咨询费、活动招待费、广告宣传费、赞助费等开支。

（2）人力预算。人力预算是指对实现既定公关目标所需的人才进行初步的估算，应落实公关计划的实施需要组织投入多少人力，什么样的人才结构，是否需要外借人员等。

（3）时间预算。时间预算是指为公关具体目标的实现制定一个时间进程表，规定出各阶段的具体工作内容以及所持续的时间，以便公关人员按部就班地进行工作。

公关链接　常见的公共关系预算表

1. 公共关系部年度预算表

工资：公共关系部经理、经理助理、组织自办杂志编辑、摄影师、秘书等；

一般费用：租金、房地产税金、照明费、取暖费、清洁费、电话安装费等；

折旧费：家具、打字机、复印机、传真机、计算机、照相机、办公室办公用具、运输工具等设备；

保险费：设备保险、私人财物等的保险金和抚恤金；

对外联络费：材料费、宴请费、邀请费等；

内、外部杂志费：编辑、设计、印刷、稿酬等费用；

幻灯片费：编辑、剧本、音乐、评论、材料、制作、招待等费用；

纪录影片费：编辑、剧本、演员、拍摄、音乐、材料、梗概介绍单等费用；

新闻发布费：写作、研究、邮运等费用；

专访文章费：调研、讨论、写作、邮运等费用；

新闻剪报收集费：原材料、工具、复印、装帧等费用；

情报管理费：收集、整理、归类、装订、材料和工具等费用；

制作录音费：访问、录制、设备、材料等费用；

录像制作费：材料、拍摄、设备、管理等费用；

印刷品费：说明书、宣传品、小册子、简报、墙画、日历、年度计划和工作报告等所需费用；

会议费：文字材料、宴请、膳食费、住宿、交通工具租金、旅游、参观等费用；

摄影费：胶卷、摄制、印制、放大所需费用；

外出访问费：车旅费、宴请费、资料费、租金等费用；

运输工具费：汽车等所需费用；

文具费：书信纸张、电话、办公用品、邮寄等费用；

旅行费：招待费、车旅费等；

不可预见费：10%；

总计：×××元。

年度预算表涉及的内容十分广泛，应把与公共关系工作有关的一切费用尽可能包括进去。编制年度预算十分重要的一点，是年度的实施计划与分项进度一定要与全年的经费预算一致。此外，一般都应有一定比例的不可预见费，以应对情况的变化。

2. 公共关系项目预算表

以某企业一次记者招待会预算为例。

场地租金费：×××元；

交通费：×××元；

宣传资料费：×××元；

产品实物费：×××元；

招待费：×××元；

印刷、电话、电报费：×××元；

文具费：×××元；

劳务费：×××元；

公共关系人员工资：×××元；

其他费用：×××元；

总计：×××元。

项目预算是针对一项公共关系活动编制的，所需经费的估算应比较具体、准确，所需费用应与活动项目的需求基本接近。

3. 接受公共关系咨询服务预算表

英国公共关系专家弗兰克·杰夫金斯曾绘制了一张模拟的公共关系咨询服务费用预算清单，可供参考。

12次例会：12×*x*小时×*x*镑；

12次新闻发布会：12×*x*小时×*x*镑；

总部的正式开业：*x*小时×*x*镑；

准备年度报告：*x*小时×*x*镑；

编辑和设计内部杂志：4×*x*小时×*x*镑；

4篇专访文章：4×*x*小时×*x*镑；

2盒提供电台的录音带：2×*x*小时×*x*镑；

额外费用：10%*x*小时×*x*镑；

小计：*x*镑；

所需的材料费：

发布新闻*x*镑；

印制年度报告*x*镑；

邮资、文具*x*镑；

磁带*x*镑；

总部正式开业的费用*x*镑；

额外费用10%*x*镑；

总计：*x*镑。

此清单是组织接受咨询服务时计算收费的方法，对客户来说是一种预算。表中所涉及的项目如下。

（1）新闻发布、总部开业、年度报告、专访文章、制作录音均指一个月内的工作量。

（2）额外费用专用于补充或协调因某些物品价格上涨造成经费不足或出现意外亏空的情况。

（3）作为接受咨询服务的组织来说，可以参照计算方法编制咨询预算。同时，也可以了解这笔支出的实际效用。

6. 审定方案

审定方案是公共关系策划的最后一项工作。公关人员根据组织的现状，提出各种不同的活动方案，每一个方案都是策划者智慧的结晶，但这些方案未必都适宜，也未必都能同时采用。因此，对这些方案进行优化和论证才能选定最终方案。审定方案工作可分为两个步骤。

第一步，优化方案。就是尽可能地将公关方案完善化、合理化，提高方案合理值，强化方案的可行性，降低活动耗费。通常可采用重点法、转变法、反向增益法、优点综合法等方法进行方案优化。

第二步，方案论证。一般由有关高层领导、专家和实际工作者对方案提出问题，由策划人员进行答辩论证。论证方案应满足系统性、权变性、效益性和可操作性等要求。

3.2.2 公共关系策划方法

公共关系是一门创造性的学问，这种创造性充分体现在公共关系策划中。公共关系策划的灵魂在于创新，所策划的公共关系活动越是新颖独特、出神入化，就越能吸引公众。但强调策划的创造性、新奇性，并不意味着策划越玄越好，策划尽管可以奇象环生、扑朔迷离，但它仍然有一定的规律。有效的公共关系策划离不开科学的策划思想和巧妙的策划艺术。离开了创造性思维，公关策划就会变得平淡乏味、苍白无力。公关策划的方法，其实就是创造性思维的方法。

案例3.4　　什么是策划

把一把梳子卖出去叫推销；
把一千把梳子卖出去叫营销；
把梳子卖给和尚的思维和办法是策划。
在大街上吆喝卖一瓶酒是推销；
在大街上卖一千瓶酒是营销；
在十条大街上各卖一千瓶酒的思维和办法是策划。

1. 常用的创造性思维

公共关系策划所依仗的完全是策划者的创造性素质，而这种创造性素质的核心无疑是创造性思维能力。因此，我们要探索策划的奥秘，进行成功的策划，就必须探究创造性思维。

所谓创造性思维，即思维主体借助逻辑推理与丰富的想象，对概念、表象等思维元素进行组合加工，从而产生创造性思维成果的过程。其一般具有积极的求异性、敏锐的洞察力、创造性的想象、独特的知识结构、活跃的灵感等特性。

成功的公共关系策划，离不开创造性思维。策划者有意无意地总在运用着各种各样的创造性思维方法。一般来说，常见的创造性思维方法有以下四种。

（1）头脑风暴法。公关策划中最常用的产生创意的方法就是“头脑风暴法”，又称“思维碰撞法”、“自由思考法”。头脑风暴法是利用群体共同探讨和研究，通过相互间的某些激励形式，以提供能够相互启发、引起联想的机会和条件，使大脑处于高度兴奋状态，不断地提出新奇的创意的思维方法。

（2）发散思维法。发散思维是从给定的信息中产生出新的信息，其侧重点是从同一来源中产生各种各样的为数众多的信息输出，并可能会发生转换作用。通俗地说，发散思维是针对一个问题，沿着各种不同的方向思考，从多方面提出解决问题的方案，寻求各种各样的解决办法，以求得最佳解决问题的答案的思维方法。

课堂训练　　发散思维的训练

1. 材料发散：尽可能多地说出石头的用途，尽可能多地说出书的用途。
2. 功能发散：怎样才能达到快乐的目的？ 怎样才能达到长寿的目的？
3. 结构发散：尽可能多地画出“球”结构的东西，并说出它们的名称；尽可能多地列出立方体结构的东西。
4. 形态发散：尽可能多地设想利用香味可做什么，尽可能多地设想利用光线可做什么。
5. 组合发散：尽可能多地说出某企业可以与哪些行业结合，尽可能多地说出某人与哪些人可组合形成新的关系。
6. 方法发散：尽可能多地列出用“吹”可以解决哪些问题。
7. 因果发散：尽可能多地列出手机普及的原因，尽可能多地列出成才的原因。
8. 关系发散：尽可能多地列出太阳与人类的关系，尽可能多地列出计算机给人类生活带来的变化。

（3）逆向思维法。公关策划中的逆向思维，就是要突破常规，突破习惯，以产生惊人之效果。即人们应从与习惯思路相反的角度，突破常规定式，作反向思维，以找到出奇制胜之道。这就是逆向思维法。在公共关系策划中，策划者就常常用到这种创造性思维方法。人们都熟悉的司马光砸缸的故事就是一个典型的逆向思维实例。一般儿童的思路是“人离井水”，而司马光的思路是“水离开人”，一反常规之思维，达到了出人意料的效果。我们说，逆向思维即突破常规、习惯的约束，从反面“倒着想问题”。

（4）联想思维法。联想思维是在原先并不相关的事物之间，搭起一座由此及彼的桥梁，将表面看来互不相关的事物联系起来，从而达到创造性思维的界域。这种联想思维，可以使自己以往的经验为新的创造性思维服务。在公关策划中，当我们为某个问题所困扰的时候，也可以受某一事物的启发而想到另一事物。这种联想的形式，或由于事物在时间上和空间上接近而形成，或由于事物具有相似的特点而形成，或由于对比关系、因果关系而形成。我们通常说的由此及彼、举一反三就是指的这种情形。

课堂训练　想象思维训练

1. 图形想象：尽可能多地列出与菱形相像的物品。
2. 假像性推测：假如世界没有电……
3. 缺点列举思维训练：尽可能多地列出皮鞋的缺点。
4. 愿望列举思维训练：尽可能多地列出年轻人的愿望。

2. 公共关系策划的原则

在进行公共关系策划时，应遵循以下原则。

（1）创新性原则。公共关系策划活动应该力求新奇、独特、精致、不落俗套。

（2）时效性原则。公共关系策划活动应该随着形势的变化，积极、主动、及时进行，方案的实施能够取得良好的效果。

（3）可行性原则。公共关系策划方案应该切实可行，没有可行性的方案，即使再漂亮的创意和文字，也不会有丝毫的意义。

案例3.5　老鼠和猫

传说有一群老鼠，它们为了降低被猫捕杀的机会，开了一个家族会议。会上，一个“聪明”的幼鼠提议在猫的脖子上挂一个铃铛，这样的话，一旦猫有动静，它们就会听到铃铛的响声，大家就可以“闻铃而逃”，不少老鼠对此建议表示赞同，认为这是一个再好不过的办法。但是，一只年长的老鼠的声音打断了它们的欢呼：“这个办法很好，但是由谁去挂这个铃铛呢？”众鼠哑然。是呀，谁去挂呢？

（4）整体性原则。公共关系策划活动应该考虑和顾全与策划项目相关的各个方面。

（5）道德性原则。公共关系策划活动应该符合社会道德要求，才能得到社会公众的接受和好评。

案例3.6　丰田汽车的“霸道”广告

2003年12月，《汽车之友》杂志刊登丰田汽车在中国推出的三款新车广告，即：“陆地巡洋舰”、“霸道”、“特锐”平面广告，意在中国传统节日——春节期间取得销售佳绩。未承想，雄心勃勃的广告推广活动最后演变成四处灭火救急的危机公关事件，让《汽车之友》、盛世长城广告公司、一汽丰田颜面无存。

在“霸道”的广告中，一辆“霸道”汽车从城市中驶过，其右上方正好设置了两尊石狮，一只呈俯首侧目状，而另一只夸张地举起右爪向“霸道”越野车敬礼，整幅广告的背景采用了没有明显建筑特征的城市建筑，根据外观大概可以猜出是上海、广州或香港，其相应的广告语为：“霸道，你不得不尊敬。”

在“陆地巡洋舰”的广告中，一辆丰田“陆地巡洋舰”越野车拉着一辆绿色的大卡车，广告左侧的图案显示那是一辆军用卡车，而广告诉求中透露出来的地点是可可西里，根据广告的综合信息分析，那辆军用卡车无疑是国产的“东风”汽车。

此两则广告一出，引起了轩然大波，读者的民族情结高涨，甚至提升到政治的高度。网友开始全面反击，制作丰田负面广告，最有代表性的有两则：两尊威风凛凛的石狮把夹在中间的“霸道车”翻了个面；一辆东风汽车装载着一辆丰田“陆地巡洋舰”，广告语为：“东风汽车为丰田陆地巡洋舰指定施救车。”

一汽丰田汽车广告的问题出在哪里呢？

这无疑是广告创意简单“直译”惹的祸。汽车品牌的推广包括四个层面的内容：产品品质、产品风格、人文背景以及独特的精神主张。一汽丰田的广告无疑想从这四方面对产品以及品牌作一个强势推广，“霸道”、“陆地巡洋舰”仅从产品副品牌来理解与美国的“悍马”、英国的“陆虎”一样，就极具杀伤力，而丰田的副品牌还要更加强悍，通过何种方式把这种产品风格恰如其分地表现出来，成为创意的核心思考内容。

盛世长城广告公司无疑采用了“直译”的办法，以强映强，找最有说服力的东西去表达一汽丰田的产品风格，石狮、东风汽车则成为理想的参照物。石狮在中国作为权力、地位、财富的象征，也是极具有民族特征的产物，石狮的屈服正体现了“霸道”的风格；东风汽车笨重，小个头“陆地巡洋舰”在斜坡上拉大块头的东风汽车是最好的强悍佐证。同时，石狮、东风汽车在消费者中认可度较高，石狮、东风汽车出现在广告中一方面很有中国特色，另一方面形成了良好的视觉冲击力。

然而广告商与广告主忽略了汽车品牌构成中的重要组成部分：人文背景。丰田作为日本的品牌与中国应该融入而不是征服。诚如众多网友评论：“霸道”广告中的石狮，让我想起卢沟桥的枪声。中、日关系因为历史的原因，造成了巨大的民族伤害，日本的汽车业在中国的发展还得认真研究中国的人文背景，一汽丰田在广告产品风格诉求以及人文背景的表达上无疑犯了一个大错误。

3．公共关系策划的技巧

公共关系策划是公共关系原则与创造性思维的碰撞结合，这种碰撞结合形成了一些相对稳定的思路和轨迹。公共关系策划的技巧很多，这里简要介绍几种方法，以给公共关系策划者们若干启发。

（1）制造新闻。制造新闻也称策划新闻，是指社会组织或个人在尊重事实、不损害公众利益的前提下，有目的地策划、组织、举办具有新闻价值的事件，制造新闻热点，争取报道机会，通过新闻媒介向社会传播，以达到吸引公众注意，扩大组织知名度和影响力的目的。它具有新、奇、特的特点，并必须符合新闻规律，要真实可靠，不允许编造事实、欺骗舆论。这是公共关系利用舆论的主要手段，也是与广告在传播上最大的不同。

案例3.7　　10万美元寻找主人

某公司宣传其新型保险柜的卓越功能，登出一则这样的广告：“10万美元寻找主人！本公司展厅保险柜里存放有10万美元，在不弄响警报器的前提下，各路豪杰可用任何手段拿出享用！”

广告一出，轰动全城。前往一试身手的人形形色色：有工人、学生、工程师、警察和侦探，甚至还有不露声色的小偷，但都没有人能够得手。各大报纸连续几天都为此事作免费报道，影响极大。这家公司的保险柜的声誉随之大增。

（资料来源：http://www.xuexiziliao.org/zikao/biji/365-ym4q01386_2.html）

（2）借冕增誉。借冕增誉是指社会组织在策划公共关系活动时，将组织及其产品与声望高、权威性强的名人、知名组织、有影响的事物事件联系起来，借助他们的名望、声望及权威来扩大组织的影响及知名度，从而达到事半功倍的效果。

（3）小题大做。小题大做是指在与公众交往中，社会组织要注重小节，在小事上发掘大道理，在小事上展示自己的大观念，从而有效地强化自己的形象。

（4）以攻为守。以攻为守是指当组织与社会环境发生矛盾，环境对组织的生存发展构成严重威胁时，社会组织不应消极观望等待，而应主动出击，对环境积极施加影响，从而变被动为主动，化不利为有利。

（5）以诚换诚。以诚换诚是指当公众对社会或个人产生不满、误解、抱怨时，社会组织或个人要首先摸清情况，对社会、公众做出善意的解释，提出相应措施，以实际行动换取公众的谅解。

（6）宁为鸡头。宁为鸡头是社会组织在进行形象定位和产品定位时所运用的一种策略，即在实施名牌战略时，企业要想方设法地使自己的产品成为世界一流的产品。

3.2.3 公共关系策划书的制作

公关活动方案经过论证后，必须形成书面报告——公共关系策划书。公共关系策划书是公关策划工作的表现总结，又是公关活动的实施指导、依据和规范。它为公共关系工作的开展提供了一个蓝本和标准。制定公共关系策划书的目的是方便计划制订者随时查看项目进展，管理层能够有效地对公关结果进行评估，以便获得更好的公关传播效果。

公共关系策划书可以分为长期战略规划、年度工作计划和专题活动计划，它们的基本结构和写作方法大致相同，但也有一些区别。一份标准的公关策划书通常包括以下五个部分。

1. 封面

封面是策划书的“脸面”，是对策划书的“第一印象”。因此，封面不能太随意，格式要规范；要大方、典雅；要求设计独到、紧扣主题，可以图文并茂，也可以用不同颜色、不同规格、不同字体的文字来设计。封面应注明以下内容。

（1）标题。标题应有制订计划的组织的名称、活动的内容、活动方式及文种，如：“美的 MPV 产品全国巡展策划书”。

（2）密级。密级可以分为秘密、机密、绝密或 A、AA、AAA。

（3）落款。落款中应注明制作策划书的单位名称及日期，并加盖公章。

2. 序文

序文是指把策划书内容概要加以整理，简明扼要，让人一目了然。序文一般不超过400字，视情况可加些说明，不过也不要超过500字。

3. 目录

目录务求使人读后能了解策划的全貌，它具有与序文相同的作用，十分重要。

4. 正文

这是策划书中最重要的部分。正文的内容因策划种类的不同而有所不同，但必须以让读者能一目了然为原则，切忌过分繁杂。正文的写作方式以文字为主，也可以配以表格或图示。内容层次一定要清楚、具体。

（1）背景分析。这部分的主要目的在于就公关传播中存在的问题进行陈述与分析，并阐明公关计划的首要目标。

（2）本次活动的主题词。用一句简练、新颖、独特、有感染力的语言概括本次活动的宗旨、目的、意义，使活动主题更加突出。

（3）本次活动的主办单位、协办单位、赞助单位及承办单位。主办单位、协办单位、赞助单位或承办单位，必须一一“对号入座”，切不可混淆不清而影响责、权、利的划分。

（4）本次活动的时间、地点、参加者及邀请者。应写明活动的时间、地点和参加者的来源、人数、具体落实的情况。

（5）本次活动的实施方案。这是策划书的核心和“重头戏”，也是本次公共关系专题活动的创意体现和水平检验。每项具体活动项目应包括：活动名称；活动目的及在整个活动中的地位、作用；活动主要内容、方式和基本要求；项目负责人、参与者及分工、项目完成时间及进度表；经费、设备总量和分配；所需的传播媒介及场地等。

（6）本次活动的成效检测标准及方法。应写出负责检测的主持者与参与者，检测的各项具体标准以及检测的多种方法，检测的程序。

5. 附件

附件主要是指策划的相关资料。这部分内容可附也可不附，只是给策划参与者提供参考。资料不能太多，择其要点而附之。

3.3 公共关系实施

正确地制订具有创意的公共关系计划方案固然重要，但更重要的是将公共关系计划付诸实施，才可能真正产生效用。公共关系实施是在公共关系计划方案确定后，将方案所确定的内容变为现实的过程，它是整个公共关系工作的中心环节。

3.3.1 公共关系实施原则

公共关系实施是一个复杂而科学的过程，客观上需要一整套科学的实施原则做指导。

1．准备充分原则

实施准备是公共关系实施成功的基础和前提。准备越充分，公共关系实施就越顺利，失误就越小。在正式实施策划方案之前，要用足够的时间做好各种实施准备工作。

2．目标导向原则

目标导向原则要求公共关系人员在公共关系方案的实施过程中，不断地利用目标对整个实施活动进行引导、制约和促进，以保证实施活动不偏离公关目标。

3．控制进度原则

控制进度原则就是根据公共关系计划中各项工作内容实施时间进度的要求，随时检查各项工作的进度速度，及时发现滞后（或超前）的情况，搞好协调与调度，使各项工作内容按计划协调、平衡地发展，并确保按时完成。

4．整体协调原则

整体协调原则是指在公共关系实施过程中，使工作所涉及的方方面面达到和谐、合理、配合、互补和统一的状态。

5．反馈调整原则

反馈调整原则是指通过监督控制机制及时发现公共关系实施中的方法偏差甚至错误，并及时进行调整与纠正，通过多次循环往复地反馈、调整，使实施不断完善，直到完成公关计划。

3.3.2 公共关系实施要求

要使公共关系的实施真正达到预期效果，在实施过程中应注意以下几点要求。

1．有效地排除实施中的障碍

虽然公共关系计划经过认真论证，但在实施过程中也难免遇到这样那样的障碍，这些障碍有内部的也有外部的，有主观造成的也有客观造成的。正视种种障碍并采取有效的措施予以排除，才能保证计划的有效实施。影响公共关系实施的障碍主要有以下几个方面。

（1）主体障碍。这类障碍主要产生于实施主体自身，包括组织的人员素质、管理水平、计划与论证存在问题与失误等，从而造成公关目标障碍、公关创意障碍、公关预算障碍等。这些障碍将会直接影响到实施的效果和目标的实现。

（2）沟通障碍。公关方案的实施目的在于实现组织和公众之间的双向沟通。但在沟通过程中有不少障碍因素，如语言障碍、习俗障碍、观念障碍、心理障碍、组织障碍等。这些障碍都会影响信息传播的真实性，使组织无法顺利实现与对象公众的沟通。

（3）环境障碍。公共关系实施环境障碍是来自于实施环境的各种制约因素、对抗因素、干扰因素。这些因素会从正面（促进）和反面（制约）影响实施工作的开展。

2．及时、妥善地处理实施过程中的突发事件

对公关方案的实施干扰最大的莫过于重大的突发事件。如果组织不能及时妥善地处理，不但使整个方案无法实施，甚至会给组织带来巨大的危机。产生突发事件的原因有多种，但不论何种原因导致的突发事件，最关键的做法是应当保持头脑冷静，防止感情用事，认真剖析原因，正确选择对策，以使对组织形象损失降到最低。

3．正确选择方案实施时机

正确选择时机是提高公关方案成功率的必要条件。如果在方案实施过程中，对于时机进行精心选择与安排，整个公关方案将会借助于恰当的时机而收到良好的效果。一般来讲，在实施公关方案时，正确选择时机应注意把握以下几点。

（1）要避开或者利用重大节日。凡是同重大节日没有任何联系的活动都应避开节日，以免被节日活动冲淡。凡是同重大节日有直接或者间接联系的公关活动方案则可考虑利用节日烘托气氛，扩大公关活动影响。

（2）要注意避开或者利用国内外重大事件。凡是需要广为宣传的公关活动都应避开国内外重大事件，以免被重大事件所冲淡。凡是需要为大众所知，又希望减小振动的活动则可选择重大事件发生之时。

（3）避免在同一天或同一段时间里同时开展两项重大的公共关系活动，以免其活动效果相互抵消。

案例3.8　美国凯洛哥公司的产品宣传

美国凯洛哥公司的“早餐有益”观念推广活动表明，如果企业只制订计划，却不策划相应的传播活动并认真组织实施，那么，无论多么完美的计划也毫无意义。凯洛哥公司是一家生产谷类食品的国际性公司，在世界许多国家和地区，“凯洛哥”几乎成了“早餐”的象征，它之所以获得这种形象，是该公司向世界各地推行“早餐有益”这种观念的结果。早在1961年，凯洛哥公司的人员发现，西方许多国家的早餐只是咖啡加面包，这很不利于人们的健康。于是，凯洛哥公司决定向销售本公司产品的所有国家开展一次大规模的传播活动，让这些国家的人们接受吃早餐有益于身体健康这一观念，并借机大规模地推销凯洛哥的产品。为了使这一传播计划得以顺利实施，凯洛哥公司主要做了以下三个方面的工作。

首先，凯洛哥公司在销售本公司产品的所有国家和地区成立了“凯洛哥营养委员会”，由当地的知名营养专家组成，其主要任务就是向广大消费者公众讲授有关营养的基本问题，编写有关营养方面的资料向当地媒介和消费者分发。

其次，凯洛哥公司指令该公司的公关协调人汤普森定期准备有关讨论营养问题的新闻稿，把它译为八国文字向不同国家的新闻媒介传递，并注意收集新闻媒介对新闻稿的反馈信息。

最后，凯洛哥公司制作了一部名为《向良好健康问早安》的影片，该影片被发往世界各地，估计观众已达数百万人。同时，凯洛哥公司又专门为青年人制作了一部名为《营养天地漫游》的影片，于1976年发行。发行两年间，观众就已达520万人。凯洛哥公司还同学校、医疗单位、青年团体、青年主妇协会、托儿所、政府机构以及一些以教育为主要内容的电视台联系，经常到他们那里去放映这两部影片。

经过以上这些大规模的宣传活动，“凯洛哥”终于实现了自己的公关目标——使许多人都相信，从营养学的角度看，吃好早餐，尤其是食用以谷类为主的各种早餐食品，是合理的。

3.4 公共关系评估

公共关系的评估是对公关计划实施工作的总结和最终效果的评价。它是公关活动的最后一个程序，也是下一轮策划的开始。通过公关评估，可以总结成功的经验，分析失败的教训，进一步提高公关活动的质量与水平；同时可以发现公共关系活动的缺陷与不足之处，为组织今后公共关系具体目标政策和行为调整的依据。因此，公共关系评估有其重要的作用。

3.4.1 公共关系评估标准

公共关系评估应从公共关系工作开展的准备过程、实施过程和实施效果三方面进行。因此，评估标准应包括这三个方面的标准。

1. 公共关系工作准备过程的评估标准

（1）背景材料是否充分。主要检验前几个程序中是否充分利用资料和分析判断的准确性。重点是及时发现在环境分析中被遗漏的、对项目有影响的因素。

（2）信息内容是否正确充实。主要检验所准备的信息资料是否符合问题本身、目标及媒介的要求。检验时强调的是信息内容的真实性与合理性。

（3）信息的表现形式是否恰当。检验有关传递的信息资料及宣传品设计在文字语言的运用、图表的设计、图片及展示方式的选择方面是否合理、新颖，是否能达到引人注目、给人以深刻印象的要求。

2．公共关系工作实施过程的评估标准

（1）发送信息的数量。评估在实施过程中在电视广播讲话的次数、发布信件及其他宣传材料以及新闻发布的数量，以及宣传性工作如展览等进行与否及其努力程度。

（2）信息被传播媒介所采用的数量。报刊索引和广播记录一直被用来作为查对传播媒介采用信息资料数量的依据。其他宣传活动（如展览、公开讲话等）的次数，也反映了组织为有效地利用各种可能渠道将信息传递给目标受众的努力程度。

（3）接收到信息的目标受众数量。将收到信息的各类公众进行分类统计，从中找出目标受众的数量及其结构。可以借助于报纸杂志的发行量、会议及展览的出席人数等作为评估的参考数据。

（4）注意到该信息的公众数量。了解传播信息的实际效果。

3．公共关系工作实施效果的评估标准

（1）了解信息内容的公众数量。

（2）改变观点、态度的公众数量。

（3）发生期望行为和重复期望行为的公众数量。

（4）达到的目标和解决的问题。

（5）对社会和文化的发展产生影响。这种影响同其他各种因素共同起作用，并在较长时间里以复杂的、综合的形式表现出来。

3.4.2 公共关系评估程序

一般地讲，评估工作可分为以下四个阶段。

1．评估准备阶段

在评估准备阶段中，应确定评估的目标和标准；安排评估的人员和时间进度。

2．全面评估阶段

全面评估阶段就是运用各种评估的具体方法，全面收集各种所需的评估资料和信息。

3．整理分析阶段

在整理分析阶段，应参考评估标准对所收集的各种资料或信息进行分析比较、统计对照，检查既定公共关系目标是否达到，检查预算执行情况与效果。在评估分析的基础上，提出计划实施中尚存在的没有解决或新发展的问题，并进一步分析产生这些问题的原因。

4. 撰写报告阶段

在全面检查、评估分析、提出问题的基础上，公共关系人员应根据情况和需要调整工作计划和目标，并向决策部门报告分析结果，以便领导者统筹考虑组织的目标和任务。同时，还要针对新问题并根据组织的总目标、总任务，设定公共关系下一个阶段目标。

3.4.3 公共关系评估内容

公共关系评估是公关活动的全方位的检测，组织希望得到的不仅是总体的印象评估，而且是非常具体的和准确的评估结果。一般而言，专项公共关系活动的全面评估内容主要包括以下几个方面。

1. 公共关系目标检验

评估总体目标是否正确？围绕这个目标的各种实施目标是否具体？检验目标是否成为现实，或者在多大程度上成为现实？组织内部成员对活动的目的是否透彻了解？组织内部各部门对活动是否积极合作和大力支持？

2. 公共关系计划检验

分析公共关系计划的可行性和计划的实现情况等，以便了解公共关系计划制订得是否正确、合理、周密？计划实现的程度、范围、效果怎样？计划实施方法、程序是否需要调整或修正？主体是否明确且富有号召力？计划预算是否适当？

3. 公共关系经济效益检验

通过评价公共关系活动，检验组织的产品销售量是否有所增长？增长了多少？

4. 公共关系社会效益检验

通过评估公共关系活动，检验组织的知名度和美誉度是否有所提高？提高了多少？

3.4.4 公共关系评估方法

公共关系评估的方法主要有以下五种。

1. 观察反馈法

观察反馈法是由评估人员直接参与实施过程，进行实地考察，记录各个环节实施的状况和顺序以及进展情况。

2. 目标管理法

目标管理法是以预先设定的目标作为评估分析的主要依据，根据实施效果和目标对照考核，进行衡量。

3．舆论和态度调查法

舆论和态度调查法是在公共关系活动的前后分别进行一次舆论调查，检查公共关系活动对公众的态度、动机、心理、舆论等方面的影响。通过舆论与态度调查，借助“组织形象地位图”，检查组织知名度和美誉度的改善情况；运用“组织形象要素调查表”，检查组织形象要素的具体构成有了哪些进步；通过“形象要素差距图”，检查组织实际形象与期望形象之间的形象差距有多少改善。

4．内部及外部评估法

内部及外部评估法根据组织内部各职能部门的资料和组织外部广大公众的信息反馈来评估。可以通过从不同渠道汇报上来的各种资料，如数据、图表、报告，作为评估的重要依据。

5．新闻报道分析法

新闻报道分析法是指根据组织在新闻媒体的见报情况来评估公共关系效果的方法。新闻舆论的敏感度很高，是反映组织形象的一面镜子。根据新闻传播的数量、传播的质量、传播的时间、传播媒介的影响力、新闻资料的使用等方法来进行评估，可获知本组织形象的状态。

上述各种评估方法都有自己的特点，不同组织可根据自身的实际情况具体选择和应用这些方法。也可以综合运用，通过几种方法相互比较、相互引证，得到一个全面的、综合性的评估结论。

3.4.5 公共关系评估报告的撰写

公共关系评估报告是评估工作的最终成果，它主要说明的是：“我们做得怎么样？为什么会这样？”评估工作实质上也是一种调查工作，是对整个公共关系活动的调查。因此，评估报告的格式与调查报告的格式相似，只是内容和针对性有所区别。一般包括以下内容。

（1）描述整个公关活动过程。

（2）简洁地概括活动所取得的主要结果及其存在的不足。

（3）科学地预测尚未解决的一些问题在今后的发展趋势。

（4）提出相应的解决办法，为决策者决策提供充分的信息根据。

案例3.9　归真堂“开放日”的公关效果评估

福建归真堂药业股份有限公司为争取作为创业板早日上市，今年2月中下旬特举办媒体开放日的公共关系活动。希望通过这一活动主动开放自身，矫正公众误解，使社会公众对本组织有更加全面、深入的了解与认识，促使归真堂顺利获批上市。

但始料未及的是，归真堂的开放日活动引起社会关于“活熊取胆是否道德”的轩然大波，大量公众对归真堂的做法产生了与预期完全相反的反应，福建归真堂的开放日活动效果令人啼笑皆非。那么，归真堂开放日的公关效果究竟如何？

活动效果：作为组织的公共关系活动，在进行之前就需要事先考虑对公关效果的评估，公关活动进行之后，可以通过事先的安排迅速展开评估。评估一般包括以下几个指标：媒体反应、公众态度、组织目标等。从归真堂开放日的活动来看，其活动效果耐人寻味。

一、媒体反应

在归真堂媒体开放日举行之后，国内大量媒体高度关注活熊取胆一事，而且几乎一律倾向负面评价。个别媒体虽然采取了谨慎的中性评价，但仍然不赞成活熊取胆这样的做法。更多媒体在批评这种非人道做法的同时，揭示了归真堂以熊胆制作保健品并缺少正式批号等的违规行为，而多家媒体对中国中药协会会长房书亭的关于“取胆汁的过程就像开自来水水管一样简单，自然、无痛”的转述，更对公众的情绪火上浇油。这样的开放日结果是企业始料不及的。

二、公众态度

归真堂举办公众开放日，很大程度是不得已而为之。去年因为公众对活熊取胆的强烈反应而暂缓上市的归真堂，今年又再次提请上市，但此消息一经证实，立即引发公众的强烈反响。

动物保护公益基金会、亚洲动物基金等公益性组织强烈抗议企业的这种非人道做法，很多社会名人纷纷站出来通过各种途径表达他们的义愤之情，更多的网友和普通公众也都对企业的这种行为一致抗议。这样的效果，对企业来说是失败的，但对全社会来说，却是进步的。我们为这样的进步叫好，也为残酷虐待动物的做法，表示了极大的关注与愤慨。

而开放日的活动又如同一把火，点燃了公众郁积在心中的对企业危害公众利益、社会公共利益的正义情绪。开放日不止开放出了企业的真实情况，更开放出了公众对社会公共利益、对动物以及人类自身生存境况的深度忧虑之意，展现出了社会公益性组织及国人对公共利益的极大关心之情。

三、组织目标

归真堂举办的公众开放日活动，从表面上来看似乎没有达到企业预定的目标，甚至可以说是失败的。但是，从放大层面上看，组织的这次公共关系活动是一次十分成功的公共关系活动。因为它引发了全社会对此问题的高度关注，激发了公众对动物及人类生存现状的思考与关切，暴露了政府主管部门及相关法律的漏洞与滞后问题。这次活动从主办方来看，无法预见到活动效果，但实际达成的目的，却是长远和影响深刻的，对社会进步的推动作用十分明显。

从归真堂举办开放日活动效果来看，作为活动的举办方自然会认真反思这次举动的必要性。实际上，企业创办人邱淑花已经后悔企业不该提出上市，这样就可以像过去一样继续“好好过日子”。

归真堂希望通过开放日活动，让公众看到熊被“舒舒服服”地取胆汁，可以获得公众的了解与理解，没想到激发的是公众的一致抗议。

希望企业经营者认识到，企业获取利益要建立在对社会公众及社会长远利益有利的基础上，否则，迟早要遭到社会公众的遗弃。

（资料来源：蒋楠. 归真堂“开放日”的公关效果评估. 国际公关，2012，44（4））

本章小结

公共关系活动的开展应遵循一定的程序有条不紊地进行，公共关系工作的基本程序可分为公共关系调查、公共关系策划、公共关系实施和公共关系评估四个步骤。

公关调查是运用科学的方法，有计划、有步骤地收集相关信息并进行综合分析，了解组织面临的公共关系方面的实际问题，从而为组织的形象设计、公共关系活动的策划提供依据。公共关系调查应包括制订调查方案、收集调查资料、整理分析资料、撰写调查报告四个步骤。

公共关系策划是指公关人员根据组织形象的现状和目标要求，分析现有条件，设计最佳活动方案的过程。公共关系策划应包括确定公关目标、确定公众、设计主题、选择媒介、编制预算、审定方案六个工作步骤。

公共关系实施是将方案所确定的内容变为现实的过程。实施时应遵循准备充分原则、目标导向原则、控制进度原则、整体协调原则、反馈调整原则，并注意有效地排除实施中的障碍，及时妥善处理突发事件及正确选择方案实施时机。

公共关系评估是对公关计划实施工作的总结和最终效果的评价。通过公关评估，可以总结成功的经验，分析失败的教训，进一步提高公关活动的质量与水平；同时可以发现公共关系活动的缺陷与不足之处，作为组织今后公共关系具体目标、政策和行为调整的依据。

思考与练习3

一、选择题

1．属于第二手资料的调查的公关调查方法是（　　）。

A．文件法　　B．观察法　　C．询问法

2．在调查总体中有意识地选择若干具有代表性的对象进行调查，达到推算一般的调查方法是（　　）。

A．重点调查　　B．典型调查　　C．抽样调查

3．公共关系策划活动应符合（　　），才能得到社会公众的接受和好评。

A．时效性原则　　B．可行性原则　　C．道德性原则

4．社会组织要在小事上发掘大道理，在小事上展示自己的大观念，从而有效地强化

自己的形象的策划技巧是（　　）。

A．制造新闻　　B．小题大做　　C．宁为鸡头

二、填空题

1．公共关系的“四步工作法”指________、________、________和公共关系评估四个步骤。

2．对组织形象调查包括________、________和形象差距比较分析三个方面。

3．组织的公共关系目标一般有传播信息、______、______、______四种类型。

4．常见的创造性思维方法有头脑风暴法、______、______、______四种。

三、简答题

1．简述一个完整的调查方案主要包括哪几方面内容。

2．简述在设计问卷时应遵循哪些原则。

3．简述公共关系策划应包括哪些工作步骤。

4．简述在实施公关方案时如何正确选择时机。

5．简述公共关系评估的方法主要有哪几种。

课后实训 3

1．联系某一组织根据需要确定调查主题，设计调查问卷，进行实地调查，并撰写调研分析报告。

2．为你所熟悉的学校或企业设计一项公共关系活动，并撰写公共关系活动策划书。

3．假定你所在的学校近日有一次重要的公共关系活动，但由于恶劣的天气，致使活动不能如期开展，请拟订一个应急方案，以消除或减小不利影响。

4．对近期举行的某一次公共关系实施活动进行评估，并撰写评估报告。

第4章

公共关系活动类型

课前思考

★ 不同的主体在开展公共关系活动时有什么不同？

★ 不同类型的公共关系活动分别有哪些不同的功能？

★ 组织在不同的发展阶段对开展公共关系活动有什么不同的要求？

学习目标

- 不同主体公共关系的特点
- 不同功能公共关系的活动方式和原则
- 不同阶段公共关系的活动方式、原则及适用条件

公共关系活动在现实中的表现多种多样，从不同的角度考虑，公关活动有不同的类型。在此，我们主要从公关活动的不同组成要素入手，将其分为以下三种类型：不同主体的公共关系活动；不同功能性的公共关系活动；不同阶段性的公共关系活动。

4.1 不同主体的公共关系

公共关系主体是指公共关系活动的承担者。公共关系主体性质的差异，必然导致公关活动方式的差异。根据组织的目标和职能，可以将公共关系主体划分为营利性组织，如生产企业、商业企业、服务性企业、旅游业和饭店等；非营利性组织，如学校、医院和各种群众团体。

4.1.1 营利性组织的公共关系

1．营利性组织的类型

营利性组织是经济实体，组织的最终目标是追求经济效益。从担负的社会功能看，营利性组织分为生产企业、商业企业、服务性企业、旅游业和饭店等。

（1）生产企业。生产企业是向社会提供实物产品的营利性组织，包括从事工业品原料、农产品原料加工的工业企业和采掘自然资源的各种企业。生产企业是现代公共关系发展和应用最为广泛的一个领域。作为营利性组织，生产企业的经营目标是通过提供适销对路的产品获得经济效益。

（2）商业企业和服务性企业。商业企业是以提供物质商品来满足顾客需要的营利性组织，如批发商、代理商、零售商、进出口商、饮食业等。服务性企业是以提供劳动力服务来满足顾客需要的营利性组织，如修理业、运输业等。两者都是以工作人员与客户的直接接触来开展经营活动，目标是通过向顾客提供各种形式的服务，满足社会需要和获取本组织的经济利益。

（3）旅游业和饭店。旅游业是以旅游资源为基础，以旅游设施为条件，组织安排旅游活动并向旅游者提供旅行服务的营利性组织。饭店是主要为旅游业、流动人员提供食宿设施的营利性组织，包括宾馆、酒店、旅馆等物质设施，它是旅游供给的主要部分，也是旅游创收的重要场所。作为营利性组织，旅游业的经营目标是通过组织旅行游览向游客提供服务，获得经济收入；饭店是通过向旅客提供食宿服务，取得经济收益的。

2．营利性组织公共关系的特点

不同的营利性组织虽然有着不同的工作内容，但相同的经营目标导致它们有相似的公共关系工作特点。从营利性组织自身的特点出发，其公共关系有以下主要特色。

（1）以经济效益为中心开展工作。作为营利性组织，在市场经济条件下，必须把一切经营活动都纳入提高经济效益的轨道上来，用尽可能少的劳动耗费，提供尽可能多的符合消费者或顾客要求的产品或服务。通过确定正确的经营方向，发挥经营特色，提高产品和服务质量，改善组织经营管理，节约劳动耗费等，得到赢利，积累更多的资金，使本组织和员工获得更多经济利益。只有每一个营利性组织都具有扩大再生产的能力和各方面的发展能力，员工的积极性才能充分调动，整个国民经济才能充满生机和活力。因此，营利性组织必须以提高经济效益为其公共关系的重要目标。

（2）与市场营销紧密配合。市场是营利性组织竞争、生存和显示活力的地方。营利性组织只有根据自身经营和发展的需要，从市场上获取资金、信息、资源、技术和劳务等各种生产要素，提供有竞争能力的产品和服务，才能显示出活力。市场营销是营利性组织经济活动的重要过程，在市场营销的整个过程中，包括市场研究、产品开发、定价、分销、促销、售后服务及意见反馈等环节，公共关系都可发挥其特有的职能。每个营利性组织的公共关系活动必须与市场营销紧密配合，才能使组织在激烈的市场竞争中立于不败之地。

（3）以顾客为主要公众。营利性组织是商品的生产和经营者，是劳务的提供者。只有源源不断地生产社会需要的产品，高质量地提供社会所需要的服务，营利性组织才能生存和发展。由于作为产品购买者和服务接受者的顾客的态度、行为和偏好，会直接影响到营利性组织的经济效益和生存发展，因而顾客成了营利性组织最基本、最重要的公众。

（4）塑造良好形象。现代消费是感性消费时代，面对浩如烟海的商品，消费者的购买行为已不仅仅取决于一般的生理需要，更多地取决于对某个组织或产品的综合印象和感受。这种印象和感受，就是公众心目中的组织形象和产品形象。它综合了该组织在历史规模、产品品种、质量、产量、技术水平、管理水平、价格、服务等方面的信息要素。购买某种商品，接受某种服务，能给消费者或顾客以一种信任、荣誉、感情、性格、爱好等方面的满足，产生一种心理上的认同。因此，在形象竞争的时代，营利性组织仅靠技术、价格等因素，已难以战胜竞争对手。依靠良好的组织形象，塑造良好的组织形象，是工业企业、商业企业、旅游服务业的共同追求。

3．营利性组织的公共关系工作

（1）产品质量是公共关系工作的基础。公关活动的目的是塑造组织良好的形象。对营利性组织来讲，它的组织形象是由产品形象、成员形象、管理形象、实力形象等要素构成的。其中，产品质量是整个组织形象的基础。公众对组织印象的形成一般取决于对产品的认知。许多成功的营利性组织都从创立名牌产品入手，进而达到塑造名牌组织形象的。

（2）促销是公共关系工作的重点。在市场经济条件下，营利性组织的发展往往取决于它的产品销售情况。因此，营利性组织必须树立市场观念，根据市场的需求进行采购，组织生产，制定价格，安排分销，根据自己的需求选择合适的促销手段开展促销，通过信息的传播和沟通引导顾客采取对自己有利的行为。一般而言，在推出新产品、进入新市场、转入新的生产领域，以及产品供应正常、不足或出现危机时都应取得媒体的配合，赢得公众信任，获得较大的市场份额。

（3）销售服务是公共关系工作的关键。销售服务包括售前、售中和售后服务。售前服务是购买行为发生之前向潜在用户提供的服务，如主动提供样品、商品目录、说明书、现场操作表演等。售中服务是在用户购买成交过程中提供的服务，如回答用户提问、提供和推荐商品、介绍产品性能特点等。售后服务是向已购买产品的用户提供的服务，如技术培训、代包装运输、安装调试、维修、包退包换、定期走访用户、建立用户档案等。只有用热情、主动、诚实、守信、耐心、周到、及时、充满人情味的服务，才能赢得顾客公众的信任，才能从根本上为产品销售开创良好局面。紧紧抓住销售服务这个突破口，就能使营利性组织的公关落到实处，带动公共关系工作的全面展开。

案例4.1　信誉投资带来经济效益

广州白云山制药总厂在10多年前，还是一个生产单一产品“穿心莲”的乡办小厂，生产设备极其简陋，年产值不到20万元，这个厂现在已发展成为生产医药品种数百种，年产值超亿元，上缴利税过千万元的大型骨干企业。

白云山制药厂是我国国有企业中率先设立公共关系部的企业。作为一个营利性组织，该厂注重以公关求发展，每年拿出总产值的1%作为“信誉投资”，这笔投资为白云山制药厂带来了巨大的社会效益和经济效益。

该厂的公关部负责与社会各界建立并保持良好的关系，主持关系到企业信誉的各项公关事务，包括向社会开放工厂，向来访者播放企业录像，奉送精美宣传品，带领客人游览厂区，介绍科学制药方法等。通过医药刊物和学术界、卫生界进行信息交流，通过邮购药品的来往书信同顾客进行思想交流，通过遍布全国的800多个销售网点及时反馈公众需求和意见，获得了公众的支持和信任。

白云山制药总厂十分重视信誉投资。该厂充分利用大众传播为企业树立形象，着重抓球场广告和电视广告，采取“有奖问答”等形式在报纸上刊登公关广告；也曾利用广州街头新出现的双层“巴士”，做车身广告。该厂还扩大“免费广告”渠道，设专职人员与新闻界联系，经常撰稿给新闻界，对来访记者热情接待并主动、如实地反映情况，并经常邀请新闻单位的工作人员出席企业重大活动。

白云山制药总厂还投资举办多种形式的公共关系专题活动，赞助社会福利事业和文艺、体育、教育事业。1985年，该厂与有关部门协商，承办了广州足球队，接着又组建了广东省第一个轻歌剧团，在国内首创企业办文体事业的先例。随着广州白云队的南征北战和白云轻歌剧团到各地巡回演出，该厂的知名度大大提高。该厂还邀请了厂内外颇具名气的老药师、讲师、研究人员、经济师、离退休的管理人员组成顾问团，通过顾问团沟通与研究部门、竞争对手的联系，不仅获得许多珍贵的医药信息，还在很大程度上提高了白云山制药总厂的声誉，增强了公众对该厂药品的信赖感。

1991年秋，白云山制药总厂在甘肃等地推出了“金秋好时光大抽奖”活动，广告词中写道：“把健康送往千家万户，把爱心洒向人间是白云山的经营宗旨，每逢佳节倍思亲，在中秋、国庆来临之际，白云山人十分挂念甘肃的父老乡亲。金秋时节，天气转凉，心脏病容易发作，容易感冒、咳嗽，请多多保重……”带有浓厚人情味的广告词，沟通了甘肃众多消费者和千里之外白云山人之间的感情。大抽奖活动使白云山形象印在了无数公众的脑海中。

如今，白云山制药总厂已发展成为全国三大制药企业之一，该厂以信誉投资赢得经济效益的公关战略，引起了国内许多企业的关注和仿效。《经济日报》曾在1984年12月26日刊载通讯《如虎添翼》，介绍白云山制药总厂的公关工作，并为此配发了《认真研究社会主义公共关系》的社论，更使得白云山制药总厂在全国声誉大振，产品销量大增。

【案例讨论】

结合案例，分析营利性组织开展公共关系活动与经济效益的关系。

4.1.2 非营利性组织的公共关系

1．非营利性组织的类型

与营利性组织相比，非营利性组织的性质更复杂，类型更多。非营利性组织包括事业组织和民间团体组织。

（1）事业组织。事业组织是指由国家提供资金设立的专门性机构，如学校、医院、图书馆等。

（2）民间团体组织。民间团体组织是指具有共同利益或背景的人们为实现某种社会理想而自愿结合形成的非营利性组织，如专业学术团体、宗教团体、妇女团体等。

2．非营利性组织公共关系的特点

由于非营利性组织与营利性组织的性质有着很大的差异，在开展公共关系工作过程中，所面对的公众和在特定公共关系工作中所使用的媒介等是有差别的，其差别主要表现在以下几个方面。

（1）实现社会效益是公共关系的目标。如果说社会组织公共关系工作的根本目的是追求某个特定领域内社会效益与经济效益的最佳统一，那么，营利性组织的公共关系工作从最终结果而言，都或多或少、直接或间接地与经济效益挂钩。一个营利性企业的公共关系工作若不能在某种程度上为企业创造一定的经济效益，它就无法得到企业主管人员的重视，久而久之，其自身的生命力也会萎缩。而对于非营利性组织，确立一种高于一般社会认识水平和道德水准的组织形象是其公关目标，其最终结果则往往体现在社会效益上。比如，组织担当崇高的社会道义责任，劝导说服社会公众接纳某种有益于社会的新观念；组织为社会作贡献的献身精神，赢得公众对某项社会事业的支持；组织成员有较高的文化知识水平和社会公德规范，侧重塑造自身组织的形象，提高其知名度和信誉度，等等。

（2）与公众联系较松散。营利性组织与其公众之间的关系较密切。这是因为维系它们之间关系的利益较为一致，反映到特定的公共关系工作上，其公众针对性也较强。而非营利性组织与其公众的关系则较为松散，这是因为它们之间缺乏相对固定的利益性联系，或

这种利益性色彩较淡，反映到具体的公共关系工作上，其公众针对性也较弱一些。如环境保护组织开展公共关系工作时，往往会从社会的宏观结构角度，来制定自己的公共关系战略并策划相应的公共关系活动方案，其公众涵盖面较宽。

（3）公关活动费用不够稳定与充足。营利性组织开展公共关系工作一般有相对稳定和较充足的预算资金，以至于它们有实力策划和组织一些耗资巨大的大型公共关系活动。英国有的公共关系专家根据自己多年的实践经验，曾总结出这样一个规律，即对英国企业而言，其产品市场推广的费用一般要占企业销售额的5%以上，多的甚至高达20%，而这笔费用中的50%以上则是用于促销活动。至于公共关系活动的预算，一般占促销活动费用的25%左右。而非营利性组织开展公共关系工作则很少有如此稳定的资金预算，他们通常只是在力所能及的范围内，争取少花钱多办事，积少成多，以逐步形成某种活动声势。反映到这两类组织在具体公共关系工作中对媒介的使用上，前者爱用能迅速造成某种轰动效应的媒介，如通过卫星进行全球实况转播的电视等，后者则爱用花钱少的媒介，如人际传播媒介等。另外，营利性组织公共关系人员的配备比较齐整，多为专职，专业素质较高，而非营利性组织由于受资金等因素的影响，公共关系人员的配备不一定很齐整，有时甚至是临时选人组阁，专业素质因人而异。因而，从某种意义上来说，非营利性组织开展公共关系工作，其难度要更大一些。

3. 非营利性组织的公共关系工作

非营利性组织由于本身的特点，其公共关系除了具有一般公共关系的共性任务（如建立自身良好形象、扩大社会影响）之外，它还有着自己的工作重点。

（1）保持和发挥自身的独特优势作用。非营利性组织在社会利益关系格局中处于较超脱的地位，故其对社会各种问题的看法往往会受到社会各个方面的重视，在社会舆论形成中，保持和发挥自身的独特优势作用，成为社会舆论的主要倾向。因此，非营利性组织公共关系可以在两方面显示作用：一是通过参政议政来显示自身价值，争取社会各界的理解与承认；二是以身作则，在社会各界公众中带头建立一种良好的社会行为作风，并对不良风气勇于抨击。

（2）积极参与和组织各种社会活动。这类社会活动主要围绕某个公益目标进行，参加的原则是自愿、平等，而且又没有什么功利色彩，所以公众对此有着普遍接受的心理基础。非营利性组织一般财力有限，在活动中它主要起领导、发起组织、联络的作用。这类活动既可使广大社会公众受益，又扩大了组织自身的影响，而且还能在与社会各界公众的沟通中得到帮助和支持。

案例4.2　天津市政建设

20世纪80年代，天津市政建设跟不上，人民群众生活存在许多实际困难，“坐车没有走路快，自来水腌咸菜，临建拆得没有搭得快”，群众意见很大。市政府决心为群众办实事，一件一件地解决落实，说到做到，件件兑现。1983年，首先为市民办了10件实事，从1984年开始每年坚持为城乡人民办20件实事，到1989年已办了130件。例如：新建、改建了3 000万平方米的住宅，等于解放以来前30年建房总数的3倍，使一半以上的家庭改善了居住条件和居住环境；花两年时间完成的民用气化工程，使民用炊事煤气化的普及率高居全国之冠；耗时一年零四个月，完成了震惊中外的引滦入津工程，一扫天津人喝咸水的历史；新铺城市道路2 137千米，建起由十来座立交桥和中环线外环线构成的“三环十四射”的城交道路网络，等等。广大人民群众对市政府、市领导的满意程度达92%~99.4%，形成了心齐气顺、政通人和的社会政治局面。

【案例讨论】

结合案例，分析非营利性组织开展公共关系活动的目标与营利性组织有何不同。

4.2 不同功能的公共关系

公共关系的功能是指公共关系在组织运行中所发挥的实际作用。根据公共关系功能的不同，公共关系活动模式有六种：事务性公共关系、交际性公共关系、宣传性公共关系、服务性公共关系、社会性公共关系、征询性公共关系。

4.2.1 事务性公共关系

事务性公共关系是指在组织的日常运行中，贯彻公共关系工作目标，努力树立形象、争取公众、扩大影响。

1. 活动方式

事务性公共关系要求组织在日常运行的各个环节、各个渠道都时时注意形象问题，处处给人留下好感，在内外公众中都留下好的印象。比如一个制衣厂，它为了争取公众、建立声誉，从原材料采购、商品生产、产品包装、销售服务等各方面皆严格把关，保证质量，合理定价，优质服务；同时，对本厂职工的劳动保护、生活福利、医疗保健、家属问题等事务也无微不至地予以关怀。长此以往，通过这一系列日常公关实务就会不知不觉地达到公共关系工作的目标，赢得了公众信任，扩大了本企业的名声。

2. 活动特点

事务性公共关系活动的特点是日常性、琐碎性、细微性。

3. 活动原则

在开展事务性公共关系活动时，必须遵循以下原则。

（1）文明性。它要求一个组织在管理思想上应树立文明经营的观点。例如：生产上不偷工减料，不弄虚作假；销售上礼貌待人，货真价实，童叟无欺；即使与公众发生矛盾，也应本着严于律己、宽以待人的态度妥善地予以处理；无论内外公众，皆应以诚相待，以情相接，不做损人利己之举。

（2）制度性。组织对所属各部门、各工种等皆必须制定合理、全面的相应规章制度。一方面要使这些制度条款化、公开化，认真加以宣传，严格予以贯彻；另一方面要经常性地进行监督，检查具体的执行情况，绝不能让它成为一纸空文，并且要辅之必要的奖惩手段。

（3）切实性。这要求组织的日常事务真正地切合实际，确实能起到于细微处见精神的效果。要求组织在考虑进行一系列日常事务时，应听取群众意见，做调查研究，所做的事情能做到点子上，并真正与公众“痛痒”相关，而不是脱离实际、好高骛远。严格地按照此规范去做，这一组织的事务性公共关系工作就是成功的。

【课堂讨论】

请同学们列举出常见的事务性公共关系活动。

4.2.2 交际性公共关系

交际性公共关系活动模式是运用各种交际方法和沟通艺术开展公关工作的一种模式，它是公共关系活动中应用得最多、极为有效的公共关系活动模式。交际性公共关系通过人与人的直接接触，进行感情上的联络，为组织广结良缘，建立广泛的社会关系网络，形成有利于组织发展的人际环境。

1. 活动方式

交际性公共关系的活动方式包括社团交际和人际交往活动。团体交际包括各式各样的招待会、座谈会、工作餐会、宴会、茶会、谈判、慰问、舞会等；个人交往有交谈、拜访、祝贺、电话、个人署名、信件往来等。

2. 活动特点

交际性公共关系的活动特点是直接性、灵活性，并富于人情味。

3. 活动原则

在开展交际性公共关系时，应遵循以下原则。

（1）广泛性。组织应重视和充分认识交际性公共关系的作用，要承认关系网，利用关系网，正视关系网，发展关系网，同社会各界广结良缘，构架信息网络。

（2）经常性。交际性公共关系活动不仅要广结良缘，还要善于巩固和发展与公众建立的联系和友谊。组织应与社会各界经常来往，勤于交际。

（3）礼貌性。礼仪、礼节是开展社交性公共关系活动的重要组成部分，这要求公共关系人员在开展公共关系活动时要礼貌待人，注意礼节辞令，在仪表、言语、行动和精神风貌上都要给公众留下深刻的良好印象。

（4）真诚性。社交性公共关系活动要以真诚为基础，无论对其他组织还是对于个人，都要实事求是，讲真话，坦诚相待，不说假话，以取得公众的信任。

（5）正当性。应坚决杜绝使用各种不正当的手段，要明确社会交际只是公共关系的手段之一，绝不是公共关系的目的，更不能把私人间的一切交际活动混同于公共关系。

案例4.3　IBM公司的“金杯庆典会”

美国IBM公司每年都要举行一次规模隆重的庆功会，称为“金杯庆典会”，以表彰那些在一年工作中做出突出贡献的企业员工。在被邀请参加庆典的人中，不仅有股东代表、工人代表，还有那些做出特殊贡献的企业员工的家属和亲友。在庆典中，IBM公司的最高层管理人员始终在场，并主持盛大、庄重的颁奖酒宴；然后放映由公司自己制作的、反映有突出贡献的员工及其家庭生活情况，乃至业余爱好的影片。整个庆典活动，自始至终都被录制成影片，然后到公司的每一个单位去放映，在内部广为宣传。IBM公司的这些公共关系宣传活动取得了显著效果，一方面表彰了有功人员，大大激发了员工的工作热情；另一方面同企业员工联络感情，增强了企业的向心力和凝聚力，从而保证了企业在竞争中立于不败之地。

【案例讨论】

结合案例，分析IBM公司的庆典会如何达到交际性公共关系活动的效果。

4.2.3　宣传性公共关系

宣传性公共关系是指组织利用大众传播媒介和内部沟通方法，开展宣传工作，树立良好的组织形象的公共关系活动模式。其目的是利用各种传播媒介和交流方式进行内外交流，让各类公众充分了解组织、支持组织，形成有力的社会舆论，使组织获得更多的支持者与合作者，促进组织发展。

1．活动方式

根据宣传对象的不同，宣传性公共关系的活动方式可分为内部宣传和外部宣传两类。

（1）内部宣传。内部宣传的对象是内部公众，如员工、股东等。宣传的目的是让内部公众及时、准确地了解与组织有关的各方面信息，如组织的现行方针和决策、组织各部门的工作情况、组织的发展成就或困难和挫折、组织正在采取的行动和措施、外界公众对组织的评价以及外部社会环境的变化对组织的影响等，以便鼓舞士气，取得内部理解和支持。常用的宣传媒介有企业报纸、职工手册、黑板报、照片、宣传窗、闭路电视、电影、座谈会、演讲会、讨论会等形式。对于企业内部的特殊公众——股东，采用年终总结报告、季度报告、股东刊物、股东通讯、财务状况通告等形式。

（2）外部宣传。外部宣传的对象包括与组织有关的一切外部公众，宣传的目的是让公众迅速获得对本组织有利的信息，形成良好舆论。外部宣传常用的方式有刊登广告、新产品展示会、举办记者招待会、经验或技术交流会、对外开放参观、各种典礼和仪式、制作公共关系刊物和各种视听材料等。

2. 活动特点

宣传性公共关系的活动特点是主导性强、传播面广、推广组织形象的效果快。

3. 活动原则

在开展宣传性公共关系时，应把握以下三个原则。

（1）真实性。宣传的事实或信息应客观真实，绝不能出现虚假不实之词。

（2）双向性。公共关系传播是双向的，这要求组织既要将组织的信息通过各种途径传播给各类公众，又要及时收集、反馈公众的信息。

（3）技巧性。宣传工作要主题明确，安排及时迅速，方式方法恰当适宜；避免过度宣传，给公众留下“王婆卖瓜”的印象。

只有遵循以上三个原则，通过组织的宣传性公共关系活动的开展，才能真正得到公众的信任和合作，才能在公众中真正树立良好的组织形象和信誉。

案例4.4　长岭集团公司的宣传性公共关系活动

1998 年 9 月，长岭集团公司在首都各大报纸刊登的系列广告引起了人们的注意。这则广告与众不同之处在于：清一色地采用了 7 位在科技领域取得了相当成就的学者和专家的形象。据说，请出如此阵容的专家、学者做广告，在国内尚属首次。这个以“卓越，是他和长岭的共同追求”为主题的系列广告，醒目处或刊登一组或刊登一位学者的头像，旁边是学者成就的简单介绍，大标题是“他（她）也用长岭冰箱”。

敢于“第一个吃螃蟹”，站出来为国企名牌的质量作证的专家阵容甚大，他们当中有：国家科技委员会专业评委、博士生导师陈庆寿；玉柴机器董事长、上海交大教授王建明；语言学家、北大东方学系教授巴特尔等。

据悉，这些专家无一例外是长岭冰箱的新老用户，他们此次为长岭冰箱做广告的起因，源于长岭集团董事长兼总经理王大中亲自领导的一次客户回访活动，王大中在用户档案中发现，在长岭冰箱十几年的老用户和最近购买长岭冰箱的新用户中，有很多是为国家做出突出贡献的专家和学者，于是他们派出专门的访问小组对这些学者进行了专访。回访中专家的话使王大中怦然心动。他想，在人们看烦了千篇一律的各类“明星”们做的广告时，让社会形象较好的专家走上广告说一说实在话，也许能有意想不到的效果。就这样长岭集团首家推出了“学者证言”广告。

【案例讨论】

结合案例，分析为什么说长岭集团公司的“学者证言”广告是一种宣传性公共关系。

4.2.4 服务性公共关系

服务性公共关系是一种向社会公众提供以优惠、优质、特色服务为主的公共关系活动。其目的是以实际行动来获得社会公众的好评，以自己的优质服务建立良好的组织形象。

1．活动方式

服务性公共关系的活动方式包括各种消费教育、消费培训、消费指导、售后服务、免费保用保修、接待顾客公众和访问用户、为公众提供优惠服务及其他各种完善的服务措施等。

2．活动特点

服务性公共关系是一种最实在的公共关系，它的最大特点是看得见、摸得着，实在而又较少有商品交换痕迹，人情味足，反馈灵敏，调整迅速。

3．活动原则

在开展服务性公共关系时，应遵循以下原则。

（1）自觉性。必须自觉把服务工作放在重要位置上，自觉开展服务工作。不只着眼于经济利益，更重要的是社会价值，着眼于通过服务来塑造良好形象。

（2）行动性。应注重以实际行动向公众证明组织的诚意，用实际行动去说话，对行为应提出具体的目标，让组织对公众的一切诚意和善意变成看得见、摸得着的实在东西。

（3）全员性。服务性公关是尊重公众、为公众服务意识的体现，优质的服务不能仅靠公共关系部门的工作，而是需要依靠组织中所有成员的共同努力来实现。

（4）特色性。服务性公关绝不仅仅限于专门的服务行业，社会上任何一种组织都能以自己的独特方式向公众提供必要的服务，提倡人无我有，人有我优，形成特色。

（5）规范性。为了保证提供优质、实在、便利的服务，有必要建立合理的制度，确立活动的规范，从而使公共关系工作有条不紊、坚持不懈地开展下去。

案例45　IBM的服务性公共关系

国际商用机器公司（IBM），是一家举世闻名的美国公司，同时也是开展服务性公共关系活动的典型。其产品在世界计算机市场上，占有80%的份额，在同行业中首屈一指。靠最佳服务占领市场，是IBM公司成功的秘诀。

IBM 公司认为：不能在事后才考虑服务，服务必须成为营销计划的一个重要部分；从产品开发开始，就要认真考虑服务问题；如果没有在事前仔细筹划服务和进行服务试点，就不应该推出新产品。因此，在产品的最初规划阶段，就要把设计、制造、销售和服务四个过程集中起来，形成连锁反应。在开发设计产品时，应预见到各种服务问题。

产品一旦售出，IBM 就开始实施预防性维修保养计划，他们生产的每一种产品都订有维修日程表，包括打字机、复印机、终端机以及大小型计算机。公司的服务代表经常访问客户并检查设备。有时，访问是为了实施某项特定的维修程序，或者是因为某个元件有出麻烦的“前科”，服务人员想要除去隐患；有时，访问是为了对产品实施全面检查。一旦故障真的出现，IBM 的维修代表就尽一切可能减少停机时间。

甚至在新产品生产过程中，维修人员就开始进行训练。IBM 在肯塔基州的列克星敦市生产一种新式打字机时，数以百计的维修服务人员在生产线上协助工作，了解产品生产情况及可能出现的维修故障。有人说，IBM 每创造一件新产品，就同时发明一种服务方法。

IBM 还发展了一种极为有效的远程服务网络。顾客遇到设备故障，前往 IBM 服务中心或者让公司立即派人检修都不合适时，可以打免费电话给某一个 IBM 维修中心，对那里说明故障。受过专业训练的熟练技师立即与一个中心数据库接通，寻找其他地方同类型的设备是否出现类似或相同的故障，并找出故障是如何诊断和排除的。IBM 公司认为：虽然客户越近问题越容易处理，但不管问题是出现在隔壁还是地球的另一边，IBM 的责任感都是一样的。

【案例讨论】

结合案例，分析 IBM 公司如何通过服务营造良好的公共关系。

4.2.5 社会性公共关系

社会性公共关系是社会组织利用举办各种社会性、公益性、赞助性活动塑造组织形象的公关模式。其目的是通过积极的社会活动，扩大组织的社会影响，提高其社会声誉，赢得公众的支持。这种公关模式从近期看，往往不会给组织带来直接的经济效益，但从长远来看，却为组织树立了较完美的社会形象，为组织创造了一个良好的发展环境。

1. 活动方式

社会性公关活动模式有以下三种。

（1）以组织本身为中心而开展的公关活动。例如，利用公司开业剪彩、周年纪念的机会，邀请各界宾客，渲染喜庆气氛，借此播下友谊的种子。

（2）以赞助社会福利事业为中心开展的公关活动。例如，支持社区福利事业、慈善事业，赞助教育、残疾人组织，赞助公共服务设施的建设，参与国家、社区的重大活动等，以此在公众心目中树立本组织注重社会责任的形象，提高组织的美誉度。

（3）资助大众传播媒介举办的各种活动。例如，冠以组织名称或产品名称的“××杯”智力竞赛、唱歌比赛、影星评选等，既活跃了社会文化生活，又提高了组织的知名度，宣传了组织形象。

2．活动特点

社会性公共关系活动的特点是公益性、文化性强，影响面大，着眼于组织的整体形象和长远利益。

3．活动原则

在开展社会性公共关系活动时，应遵循以下原则。

（1）公益性。应体现一种“乐善好施”的精神，突出回报社会、承担社会责任的良好形象。

（2）文化性。应充分展示对真善美的和谐追求，组织的社会性公共关系活动应尽量与社会文化事业联系起来，提高文化形象，促进信息交流。

（3）量力性。公关人员一定不要拘泥于眼前得失而不顾长远利益；也不要贪多求大，毫无节制；要量力而行，谨慎从事。

（4）宣传性。社会性公关活动应与宣传有机地结合，以提高组织的知名度与美誉度。

案例4.6　联合利华的社会性公共关系

联合利华公司曾借助举办社会性公共关系赢得人们的好感。由联合利华奥妙品牌与江苏省妇联、浙江省妇联、上海市妇联、上海东方电视台联合主办，上海视点公共关系有限公司承办的“寻找新生活的奥妙——2000奥妙贤内助”评选活动在苏、浙、沪三地举行。面向奥妙品牌的主要目标受众，取得三地妇联组织的支持，让原本构成奥妙洗衣粉消费者的一批“贤内助”成为这一活动的主角，登台亮相，展示风采，促使社会公众重新思考家庭伦理道德问题，倡导一种既有现代特色又有中国传统的新型伦理观念。而作为出资举办这一活动的联合利华奥妙品牌，也更显其亲和力，更加深入人心。

【案例讨论】

结合案例，分析联合利华公司是如何通过社会性公共关系赢得人们的好感的。

4.2.6　征询性公共关系

征询性公共关系是以收集社会信息为主的公共关系模式。其目的是通过信息收集、舆论调查、民意测验等工作，逐步形成良好的信息网络，及时了解民情和社会舆论，监测环境，为组织的经营决策提供咨询，使组织与环境之间保持动态平衡。

1．活动方式

征询性公共关系的活动方式有开办各种咨询业务，进行有奖测验活动，制作调查问卷，广泛开展社会调查，访问重要用户，设立公众热线电话，受理投诉业务，举办信息交流会和建立信访制度、合理化建议制度及相应的接待机构等。

2．活动特点

征询性公共关系的特点是以输入信息为主，具有较强的研究性、参谋性。

3．活动原则

在开展征询性公共关系活动时，应遵循以下原则。

（1）长期性。征询性公共关系是一项长期而艰巨的任务，应坚持征询活动的日常化和制度化，并善于挖掘信息的潜在价值，才能及时发现问题与机遇，实现组织与环境之间的动态平衡。

（2）公正性。在活动中，公共关系人员的态度必须公正。公关人员不但是组织的耳目，更重要的是要站在中间人的角度，广泛、及时、公正地采集一切有关组织形象的意见和建议，起到组织机构与社会公众的中介者的作用。

（3）全面性。搜集信息视野要宽广，应全面收集一切有关信息，不能仅局限在某些领域和方面，而把有价值的信息漏掉。

（4）预测性。预测工作是征询性公共关系的重要内容。公共关系人员应注重预测，以敏锐的眼光和洞察力，对组织发展的社会环境、市场前景、原材料及能源供应等进行全面的预测分析，为决策服务。

案例4.7　北京长城饭店的日常调研活动

北京长城饭店知名度的扩大和美誉度的提高，可以说是源于其有效地开展征询性公共关系。一提到长城饭店的公关工作，人们立刻会想到那举世闻名的里根总统的答谢宴会、北京市副市长证婚的95对新人集体婚礼、颐和园的中秋赏月和十三陵的野外烧烤等一系列使长城饭店声名鹊起的专题公关活动。长城饭店的大量公关工作，尤其是围绕为客人服务的日常公关工作，源于它周密系统的调查研究。

长城饭店日常的调查研究通常由以下几个方面组成。

1. 日常调查

（1）问卷调查。每天将表放在客房内，表中的项目包括客人对饭店的总体评价，对十几个类别的服务质量评价，对服务员的服务态度评价，以及是否加入喜来登俱乐部和客人的游历情况，等等。

（2）接待投诉。几位客务经理24小时轮班在大厅内接待客人，随时随地帮助客人处理困难，受理投诉，解答各种问题。

2. 月调查

（1）顾客态度调查。每天向客人发送喜来登集团在全球统一使用的调查问卷，每日收回，月底集中寄到喜来登集团总部，进行全球性综合分析，并在全球范围内进行季度评比。根据量化分析，对全球最好的喜来登饭店和进步最快的饭店给予奖励。

（2）市场调查。前台经理与在京各大饭店的前台经理每月交流一次游客情况，互通情报，共同分析本地区的形势。

3. 半年调查

喜来登总部每半年召开一次世界范围内的全球旅游情况会，其所属的各饭店的销售经理从世界各地带来大量的信息，相互交流、研究，使每个饭店都能了解世界旅游形势，站在全球的角度商议经营方针。

这种系统的全方位调研制度，宏观上可以使饭店决策者高瞻远瞩地了解全世界旅游业的形势，进而可以了解本地区的行情；微观上可以了解本店每个岗位、每项服务及每个员工工作的情况，从而使他们的决策有的放矢。

综合调查表明，任何一家饭店，光有较高的知名度是远远不够的，要想保持较高的“回头率”，主要是靠优质服务，使客人满意。怎样才能使客人满意呢？经过调查研究和策划，喜来登集团面对竞争提出了“宾至如归”方案。计划中提出在3个月内对长城饭店上至总经理，下至一般服务员进行强化培训，不准请假，合格者发证上岗。在每人每年100美元培训费基础上另设奖金，奖励先进。其宗旨就是向宾客提供满意的服务，使他们有宾至如归的感觉。随着这一方案的推行，饭店的服务水平又有了新的提高。

【案例讨论】

结合案例，分析组织如何通过调查研究来改善公共关系。

4.3 不同阶段的公共关系

任何社会组织，其发展都必须与周围环境相适应，组织在发展的不同时期，都必须适应不断变化的环境。因此，组织中的公共关系人员必须掌握组织发展不同时期公共关系工作的特点，适时适度地开展工作。根据组织所处的公共关系状态，公共关系活动可以归纳出五种模式：建设性公共关系、维系性公共关系、防御性公共关系、矫正性公共关系和进攻性公共关系。

4.3.1 建设性公共关系

建设性公共关系是指组织采取高姿态的宣传、交际方式，主动向社会公众作自我介绍。建设性公共关系活动的重点是宣传和交际。目的是通过宣传和交际，向社会公众介绍自己，使公众对新组织、新服务、新产品有所认识，引起公众兴趣；努力结交朋友，提高知名度，尽量使更多的公众知道、理解、接近自己，取得公众的信任与支持，形成良好的“第一社会印象”。

1. 活动方式

开展建设性公共关系有多种做法，一般采用高姿态传播形式，主要有开业庆典、落成典礼、开业广告、新产品展销、新服务介绍、免费试用、免费招待参观、开业折价酬宾、公司资料有奖测验、赠送宣传品、主动参加社区活动等。

2. 适用环境

建设性公共关系活动模式是打基础的模式，特别适用于组织的开创阶段，以及某项事业或产品服务初创、问世阶段，采用高姿态的传播方式，打开局面，扩大影响。

3. 活动原则

开展建设性公共关系活动应把握以下原则。

（1）抓住时机。对于建设性公共关系来说，选择时机十分重要，公司挂牌、商场开业、产品上市，都需要注意研究公众的需要，选择有利时机，让公众形成良好的“第一印象”。

（2）练好内功。不管是为了一炮打响来个开门红，还是为了开创组织的新局面，赢得新市场，都必须首先在产品规格、产品质量、花色品种、外观设计等服务项目和服务态度的建设和改进上下功夫。这是组织建立新形象的基础工作，这个工作做得不好，开创新局面将成为一句空话。

（3）掌握分寸。为了让组织迅速获得公众的认同，或者让新产品、新服务迅速占领市场，必须通过各种传播媒介大力宣传组织的新情况、新进展、新产品、新服务，以便让公众了解组织、理解组织。但要掌握好分寸，不能露出过多宣传的痕迹，更不可胡吹乱捧，以免引起公众的反感。

案例4.8　强力胶水店的开张宣传

中国香港一家经营强力胶水的商店，坐落在一条鲜为人知的街道上，为了招揽生意，在开张前一天，这家商店的店主在门口贴了一张布告：“为了庆祝开业，明天上午九点，在此将用本店出售的强力胶水把一枚价值 4 500 美元的金币贴在墙上，若有哪位先生、小姐用手把它揭下来，这枚金币就奉送给他（她），本店绝不食言！”这个消息不胫而走。第二天，人们将这家店铺围得水泄不通，电视台的录像车也开来了。店主拿出一瓶强力胶水，高声重复广告中的承诺，接着便在那块从金饰店定做的金币背面薄薄地涂上一层胶水，将它贴到墙上。人们一个接着一个地上来试运气，结果金币纹丝不动。这一切都被录像机摄入镜头。这家商店的强力胶水从此销量大增。

【案例讨论】

说说强力胶水店的开张宣传给你什么启发。

4.3.2 维系性公共关系

维系性公共关系是一种通过各种传播媒介，以较低的姿态，持续不断地向公众传递组织的各种信息，推动公众对组织有更新、更深的认识与了解的公关模式。其目的是通过不间断的宣传和工作，对公众施以潜移默化的影响，不断巩固组织在社会公众心目中的良好形象。

1. 活动方式

根据公众心理特征的不同，维系性公共关系的开展应采取不同的维系方式。具体的维系方式可分为硬维系、软维系和强化维系三种。

（1）硬维系。硬维系是指那些维系目的明确、主客双方都能理解意图的维系活动。这种模式适用于已经建立了购买或业务关系往来的组织和个人，特点是靠优惠措施和感情联络来维系与公众的关系。

（2）软维系。软维系是指那些活动目的虽然明确，但表现形式却比较超脱的公共关系活动，它的目的是让公众不致淡忘了组织。其具体做法可灵活多样，但要以低姿态宣传为主，如定期广告、组织报道、提供组织的新闻画片、散发印有组织名称的交通游览图等。保持一定的媒介曝光率，使公众在不知不觉中了解组织的情况，加深对组织的印象。

（3）强化维系。强化维系是指在组织已有了一定的形象或相当好的公关形象时，为进一步巩固和发展既有形象、消除潜在危机而开展的公关活动。

2. 适用环境

维系性公共关系适用于组织机构的稳定、顺利的发展时期，维系并稳定好已建立的关系，采取一种持续不断、较低姿态的传播方式，保持一种潜移默化的渗透力。

3. 活动原则

开展维系性公共关系活动应把握以下原则。

（1）抓住公众心理。要维系组织良好的公共关系状态，需要深入研究公众的心理需求，只有这样，才能有针对性地开展维系性公共关系活动，使公众对组织产生有利的心理定式。

（2）渐进性。开展维系性公共关系活动，在方法上应注重“细水长流”，通过传播媒介不断地将组织有关信息传给公众，使组织的良好形象经常呈现在公众的面前，公众在不知不觉中慢慢地形成对社会组织的好感。

案例4.9　北京长城饭店的“醉翁之意”

1986 年的圣诞节，北京长城饭店公共关系部请一批孩子来饭店装饰圣诞树。除供应他们一天的吃喝外，临走时还特地送给每人一份小礼物。这些孩子分别来自各国的驻华使馆，他们的父母都是使馆的官员，长城饭店是五星级豪华饭店，顾客主要是各国的来华人士。邀请这些孩子来饭店，看起来是为孩子们举行了一项符合西方习惯的传统活动，但“醉翁之意”是希望通过孩子来维系长城饭店与各使馆的关系。孩子在饭店待了一天，长城饭店的豪华设施在他们幼小的心灵中留下了深刻的印象。他们的父母也一定会问孩子圣诞节在长城饭店过得是否快乐，还可能看看赠送给孩子的礼品，对长城饭店的好感也油然而生。随之而来的必然是宾客盈门了。

【案例讨论】

说说北京长城饭店是如何维系与使馆官员们的良好关系的。

4.3.3 防御性公共关系

防御性公共关系是指组织为针对或防御经营和管理上可能出现的“失调”或“危机”而采取的一种公共关系模式。其目的是通过发挥组织机构的内部职能，及时发现问题和预见问题，及早制定出防治措施，调整组织有关的政策或行为，把问题消灭在萌芽状态。

1．活动方式

防御性公共关系的工作重点是以防为主，其特点是防御与引导相结合，多采用调查、预测手段来堵塞漏洞，防患于未然。这就需要公关人员树立强烈的防范意识，建立科学的预警系统，形成防御机制，对各类可能出现的问题及时发现、及时纠正。

2．适用环境

防御性公共关系活动模式适用于组织与外部环境出现不协调或与公众发生摩擦苗头的潜在危机时，采取以防为主的策略，重视信息反馈。

3．活动原则

开展防御性公共关系活动应把握以下原则。

（1）具备危机意识。在组织中，应树立一种危机观念，营造“危机”氛围，使企业经营者所有员工面对激烈的市场竞争激发其忧患意识和奋斗精神。

（2）形成预警系统。防御性公共关系工作应以预防为主，重在平时。公共关系部门要对可能遇到的会导致公众产生信任危机的问题，进行预测，分析其发生的概率、性质、范围、影响等，并分别制定应急措施，确定处理问题的恰当人选。

（3）主动采取措施。面对潜在危机，必须及时采取对策，在问题未对组织构成任何威胁时着手解决，主动进行调整与引导，防患于未然，使“患”在“胚胎”之中就得到解决。

（4）增加透明度。一个组织越增加透明度就越能减小与外部公众发生摩擦的可能性，即使出现了摩擦也能及时得到解决。

案例4.10　宝洁SK-II“铬钕门”危机

2006年9月14日和15日，媒体还仅仅停留在“出入境检疫机构检出9款SK-II产品含违禁金属成分”时，宝洁中国对危机做出了迅速反应，这是其唯一的可取之处。但当消费者与媒体发现宝洁提供的退货规则障碍重重、缺乏诚意时，危机实际上从产品质量危机演变成了诚信危机。

“铬钕门”并非SK-II第一次在中国发生质量危机，事实上，各种所谓的“揭露SK-II

美丽的秘密"的说法一直在网络上流传，2005年，江西的一名消费者因使用SK-II产品灼伤皮肤而起诉宝洁中国的"烧碱事件"让宝洁中国一度极为被动。在那次危机事件中，宝洁中国的迟缓反应和"孤芳自赏"为舆论所诟病。

而在"铬钕门"危机中，宝洁中国虽然在第二天迅速做出反应，但是由于它的固执以及由固执造成的傲慢，从一开始就为宝洁中国这次危机公关陷入窘境埋下伏笔。

首先是对质量的固执。在产品被出入境检验检疫机构检出含有违禁成分的情况下，宝洁中国的公开声明首先强调SK-II的"把质量和安全放在首位"，紧接着表示"未添加"违禁成分，这样明显与事实相悖的说法势必引来公众的反感。此后宝洁中国的态度也一直是舆论的焦点，但即便如此，宝洁中国直到不得不宣布暂时撤柜时还是坚持认为其产品是安全的。

有公关界人士认为，任何一家国际性的大企业，当自己的产品或企业发生损害消费者利益的危机时，都必须勇敢为自己的产品负责，为消费者负责，为所在的国家负责，但是宝洁中国的态度很容易让公众对其诚信度产生怀疑。

宝洁中国固执的并不只是质量问题，在危机过程中坚持不撤柜、不召回也是导致危机失控的原因之一。在整个SK-II事件过程中，退货是消费者最为不满的环节，有的消费者甚至指出，宝洁中国在办理退货环节表现得毫无诚意。从开始的拒不退货，到后来对退货消费者提出四大苛刻要求，最后让消费者签下"产品无质量问题"的证明方可办理退货，不管宝洁的出发点如何，为消费者退货设置障碍的印象已经造成。

【案例讨论】

结合案例，分析宝洁公司如何才能通过开展防御性公共关系以避免危机的发生。

4.3.4 矫正性公共关系

矫正性公共关系是组织的公共关系严重失调，组织形象发生严重损害时所采用的一种公关活动模式。其功能是通过快速反应，及时采取有效措施，以对公众负责的态度处理危机，做好善后工作，以尽量减轻损害造成的后果，并重新建立起组织的新形象，挽回组织的声誉。

1. 活动方式

矫正性公共关系根据产生危机的来源不同，将其活动方式分为内部矫正性和外部矫正性两类。

（1）内部矫正性。内部矫正性是指由于组织内在的原因，如产品质量、服务态度、环境保护、管理政策、经营方针等方面发生了问题而造成组织的公共关系严重失调，这时组织应设法降低知名度，尽量控制影响面，同时分析具体原因，提出纠正措施，解决实际问题，并利用各种公共关系方式向新闻界和社会公众公布纠正的措施和进展情况，平息风波，恢复外界信任。

（2）外部矫正性。外部矫正性是由于外在的误解、谣言，甚至人为地破坏而招致组织形象的损害，在这种情况下，组织机构应迅速查清原因，公布真相，澄清事实，与舆论及有关部门协同采取措施，消除损害因素。

2．适用环境

矫正性公共关系适用于组织的公共关系严重失调，组织形象发生严重损害时。为了尽快挽回信誉，组织需要采取一系列有效措施。

3．活动原则

除了提出消除危机的办法和纠正错误的措施外，与此同时，公共关系人员还需运用各种公共关系手段和技巧开展公共关系活动，消除不良影响，向新闻界，并通过新闻界向广大公众公布纠正的措施和进展情况，求得公众的谅解，平息风波，恢复信任，重新树立良好形象。开展矫正性公共关系应把握以下原则。

（1）正确对待。由于组织是在极其复杂的现实环境中进行运行的，不可能对运行中可能发生的各种情况做出完全准确的预见。因此，难免会有失误的地方，会对组织形象造成不同程度的损害。面对各种失误，应当树立正确的态度：亡羊补牢，向公众表明解决问题的诚意，求得公众的谅解和合作。这样，才有可能尽量减少因失误对组织形象产生的损坏，并由被动变为主动。

（2）阐明真相。面对受损的组织形象，公共关系部门应迅速查清原因，采取行动，尽快与新闻界取得联系，控制影响面，并及时把外界的舆论准确地反馈给决策层和有关部门，通过敞开事实的真相，争取公众的谅解和支持。

（3）及时补救。失误一旦发生，组织形象便开始受到损坏。因此，纠正失误的公共关系工作要有成效，就要有强烈的“救火”意识，及时发现，及时纠正，及时改善，变被动为主动，控制事态，减小对组织形象的损害。

（4）重塑形象。运用矫正性公共关系纠正组织自身的失误，其根本目的是通过补救措施，主动地、有意识地以该事件为契机，变坏事为好事，向好的方面扩大自己的知名度。这就需要一个组织有高超的公共关系艺术，善于借题发挥，因势利导，把握趋向，重塑形象。

案例4.11　《爱情公寓》的矫正性公关

情景喜剧《爱情公寓3》在热播的同时，围绕着《爱情公寓3》的抄袭话题也一直不断，美国《时代》杂志的官网上直指这部剧抄得连沙发都不放过，暂且不论这部剧的抄袭问题，这部剧的剧组却为大家上了一堂很好的公关危机应对课程。

初级教程：严肃认真，端正态度

死不承认已经是最老套的方式了，虽然抄袭话题对一部热播剧来说是最能够引起关注的，但初级教程就需要做一个公开的声明，表示之前完全不了解，顺带着一定要态度诚恳，要勇于认错，认错了表明你态度对，之后的问题都可以坐下来慢慢商量。古人早就说过了“天下文章一大抄”，况且爱情喜剧的套路就那么两招，所以即使承认带有抄袭，观众们也会体谅的。

中级教程：致敬

就算有抄袭的段落也不能平铺直叙，什么实话都说，要把这种行为包装一下，并且做好前期铺垫，告诉大家：我们这是致敬，不是抄袭。因此就算是有观众觉得是抄袭，但是人家打着“致敬”的名义，何必较真呢？反正情景喜剧最大的任务就是要把观众逗乐，如果你乐了，那就成功地完成了任务，至于到底是“致敬”还是“抄袭”，生活节奏这么快，观众们一定没两天就会忘掉的。

高级教程：事后弥补

如果大家还是穷追猛打，不依不饶，别着急，古人还有“亡羊补牢，为时不晚”一说，在出现被指责抄袭网络段子之后，剧组马上做出积极回应，表示愿意支付每千字万元的稿酬，天啊，你见过这么有“人情味”的剧组吗？不过，反正剧已经火了，再闹出点新闻说不定能添一把柴，而且这招一箭双雕，一方面让观众看到了剧组实实在在的诚意，另一方面也让受损者在得到经济利益的同时，也搭一下顺风车，出个名。

终极教程：动之以情，晓之以理

要拿大环境说事，要添加使命感。不是总说国产电视剧不好看吗，再说众多题材都被毙掉，在这个讲究产业化的今天，照搬美剧是为了给国产电视剧的发展以新的思考，都说创新来源于模仿，没有模仿的昨天，哪有原创的明天？

最后，一定要记得：水军是万万不可少的！无论是维护策略，还是病毒营销，话题的争议性都要保证在可控的范围内，当然，公关危机过后，希望《爱情公寓》剧组也能够拿出更多的原创好点子。

（资料来源：http://www.chinapr.com.cn/templates/T_ListA/index.aspx?nodeid=42）

4.3.5　进攻性公共关系

进攻性公共关系是一种在组织与环境之间发生严重不协调时，以攻为守，以积极主动的方式改造环境，创造局面的公关活动模式。它要求组织运用一切可以利用的手段，抓住一切有利的时机和条件，以积极主动的姿态调整自身行为，改变环境，摆脱被动局面，创造有利于组织发展的新局面。

1．活动方式

进攻性公共关系模式最大的特点就是“主动”，具体采用的方式有开拓新产品和新市场，改变组织对环境的依赖关系；组织同业联合会，尽量降低与竞争者之间的冲突和摩擦；建立分公司，实行战略性市场转移，创造新环境、新机会等。

2．适用环境

进攻性公共关系模式适用于组织与环境发生冲突的时候，为了摆脱被动局面，就要采取以攻为守的公共关系活动。

3. 活动原则

开展进攻性公共关系活动应把握以下原则。

（1）把握时机。进攻性公关活动很讲究实际条件，并不是任何组织一旦与环境发生了矛盾冲突就能采用这种活动方式的，在缺乏一定的社会气候，环境气候，尤其是在组织的内在应变能力本来就不强时，不能开展这种活动。如果实际条件没有把握好，盲目出击，瞎攻一气，不仅伤了组织的元气，还会加剧组织与环境的冲突。

（2）创新进攻。组织在进攻时，应以“创”为主，发挥主观能动性。例如：通过选择新的顾客群；改换合作伙伴；减少社会关系，调整组织在社会上的位置去减少组织与环境的摩擦冲突；通过制造新闻去形成支持组织的社会舆论；通过争取政府制定有利于组织发展的新政策等。

（3）把握分寸。组织可以通过积极主动的行为改变环境，使环境适合于自己，但这种改变是有限度的，这个限度就是合理运用环境中有利于组织的实际条件。倘若改变环境的努力超出环境承受力，就出现“搬起石头砸自己的脚”乃至“玩火自焚”的局面，使组织“赔了夫人又折兵”，陷入更大的困境，所以应把握好分寸。

案例4.12　“江南 Style”的成功之道

它，一经推出，就成为当下最热门的歌曲，并占据韩国各大音乐榜首位；它，两个月内点击量超过2亿次，并打破了吉尼斯纪录；它，被神话组合、张东健、布兰妮等众多明星争相模仿。或许此时你已经知道笔者要说的是什么了，没错，它就是让欧美人士为之疯狂并风靡世界的韩国MV——“江南 Style”。

它究竟有什么样的魔力能在短时间内家喻户晓呢？“江南 Style”的成功又能给我们带来什么样的启示？

借力国际通用网站赚取点击率

仅仅三个月的时间“江南 Style”的点击率就已经突破2.5亿次，成为名副其实的高人气单品。神曲界有个亘古不变的法则，群众口碑没有建立起来，群众基础比较薄弱对神曲的走红是条禁忌。这有点类似于武林高手如果空有一身绝世好本领但是没有人缘也难以荣登武林盟主的宝座。“江南 Style”上线一周时间便赚得6 000多万的点击量，绝对世间罕有，而之后点击量步步高升，三个月的时间内就飙升到2.5亿次，一举打破世界吉尼斯纪录。惊人的数字、出色的成绩足以说明这部韩国神曲在群众口碑方面做得出神入化，高人气水到渠成。

此前我们所熟知的国内各类神曲，虽然坐拥人数众多的中国市场，但是因为大众无法自由登录YouTube这类国际通用网站导致遭遇人气瓶颈，没有开拓出更多人气增长空间。其中神曲“忐忑”曾经被许多人追捧甚至模仿，但据统计，该神曲威力也仅限于百万的点击量。同样，红遍大江南北的“爱情买卖”、“最炫民族风”在两年的时间里积累的点击量也只有200多万，与如今的“江南 Style”相比，其人气显得小巫见大巫了。

精彩的内容才是成功的砝码

不论什么人物能够成名都并非偶然，在耀眼的光环之下他们付出更多的是汗水，是一分坚持，十分打拼。我们所熟知的“忐忑”中的奇怪唱法源于龚琳娜深厚的声乐基础；“爱情买卖”听似简单的唱法源自弗拉明戈吉他背景的拉丁舞曲；“最炫民族风”的编曲来自国际大师级的创意。

机遇总是青睐准备好的人，当它悄然而至，你却慌慌张张、手忙脚乱，注定悲剧而已。韩国神曲“江南 Style”的演唱者并非乳臭未干的菜鸟，他是 PSY，原名朴载相，大家所熟悉的“鸟”的演唱者，韩国著名 Hiphop 艺人，功底相当深厚，据说是毕业于美国伯克利大学音乐系的高才生，他早已胸有成竹，淡定对待打擂抢滩，因为他早已准备充分，精彩的内容给予他足够的信心。

UGC 病毒式传播

另外，“江南 Style”还有各种山寨、草根版本风靡于大大小小的网站，对其获得居高不下的人气也不失为一种助推。从魔兽版到植物大战僵尸版、各种类型电影版、红军版、母子版、萝莉版再到美国海军版、韩国警察版等多达上千个版本如病毒般蔓延到世界每个角落，简单明快的骑马舞步天下独绝，让世界网民为之癫狂直到掀起各种模仿热潮。而各种山寨版本的也让人看了忍俊不禁。

名人推荐推波助澜

我们依稀记得“忐忑”浮出水面之际，龚琳娜夸张的神情和怪诞的唱腔颇受非议，不少人密切关注，也有许多人觉着此神曲歌词难以理解，于是索性关掉视频眼不见心不烦。后来不少明星，如王菲、杜汶泽和水木年华等开始模仿龚琳娜的唱法，受欢迎的程度却大大提高了，因为偶像的力量吸引更多的人开始关注“忐忑”，对它的风靡起到了一的定推波助澜的作用。

对于初来乍到的侠客来说，再大的本事如果没有人知道也只能没落为历史的传说，相反，如果能偶遇世外高人指点乃至为其宣传推广，对此小小侠客的功成名就大有裨益。

为什么“江南 Style”能够一夜风靡全球，不仅仅在于其独特的表演形式、幽默夸张的表情，更多的是全世界的名人都在四处推荐这部韩国神曲，使其传播力度增大，影响力也随之大范围地扩散开去。汤姆·克鲁斯在自己的主页上竭力推荐“江南 Style”，小甜甜布兰妮、罗宾威廉姆斯等舞蹈版本的横空出世，亚洲神话组合、李东赫和张东健等明星纷纷模仿神曲中的舞步，这些名人的粉丝看到他们的推荐和模仿不禁也开始关注跟踪。

迎合大众口味

鉴于目前韩国迪厅文化的发达，节奏轻快、简单明了的歌曲和舞蹈，对于大众来说更容易消化吸收，他们可以轻易地进行模仿，实现真正的大众狂欢。鸟叔的歌贴近群众的接受能力，一直在努力迎合大众的口味，因此，市场反响异常地好。PSY 也坦言自己不是帅哥，他更像韩式拌饭，口味大众化，一点江南范儿都没有，由此也形成了亮点。“江南 Style”的歌词十分简单易学，不像神曲那般非常人可以掌握的，这也是其成功的一重大因素。

将特色放大

虽然现在我们很少能看到一个歌手凭借一招鲜吃遍天下的情况发生，但是如果他能够苦修内功的同时独创出一两个类似黯然销魂掌的绝招就能够技压群雄。而 PSY 叔的奇特长相和打扮，再加上其朗朗上口的节奏，让人不由自主地跟着哼上一曲。

社交网络传播

“江南 Style”迅速走红各大网络与 YouTube 的传播干系甚大，虽然说在韩国鸟叔很出名，但是对于很多欧美受众来说鸟叔还很陌生，他的歌曲很少被欧美听众接触。

不少人表示虽然知道韩国神曲“江南 Style”，但是对于鸟叔知之甚少甚至有的人根本不知道他之前的作品，他们关注的只是这部神曲。而像 YouTube 这样的视频分享网站为“江南 Style”的成功做出了很大的贡献，除了 YouTube 之外诸如 Facebook、Twitter 等社交网络分享各种神曲，对其传播有很大的促进作用。

再看“江南 Style”，鸟叔那模仿着骑马动作的滑稽舞步，还是让人忍俊不禁，这种尤为夸张、创意十足的演绎，不得不说其具有极强的感染力。可见，只要善于打破常规，过硬的产品+颇具特色的创意+名人效应+网络媒体+优秀的营销方案，绝对能起到非同凡响的效果。

（资料来源：http://www.chinapr.com.cn/templates/T_ListA/index.aspx?nodeid=42）

【案例讨论】

结合案例，分析进攻性公共关系与防御性公共关系有何不同。

本章小结

公共关系活动模式是指由一定的公共关系目标和任务，以及这种目标和任务所决定的数种具体方法和技巧构成的有机体系。

公共关系活动模式在现实中的表现多种多样。

根据不同的公共关系主体组织，公共关系活动模式可以划分为营利性组织的公共关系和非营利性组织的公共关系。

根据公共关系功能的不同，公共关系活动模式可划分为六种类型：事务性公共关系、交际性公共关系、宣传性公共关系、服务性公共关系、社会性公共关系、征询性公共关系。

根据组织所处的公共关系状态，公共关系活动模式可以归纳为建设性公共关系、维系性公共关系、防御性公共关系、矫正性公共关系和进攻性公共关系这五种类型。

公共关系活动模式往往具有明显的对应性特征，在各自塑造形象的工作方法上有着各自不同的特色。

思考与练习 4

一、选择题

1．营利性组织的公共关系活动应与（　　）紧密配合。

A．推销　　　　B．广告　　　　C．市场营销

2．营利性组织的公共关系工作的基础是（　　）。

A．产品质量　　B．促销活动　　C．组织文化

3．在组织的日常运行中，贯彻公共关系工作目标，努力树立形象、争取公众、扩大影响的活动模式是（　　）。

A．事务性公共关系　　B．交际性公共关系　　C．服务性公共关系

4．组织的公共关系严重失调，组织形象发生严重损害时所采用的一种公关活动模式是（　　）。

A．防御性公共关系　　B．矫正性公共关系　　C．维系性公共关系

二、填空题

1．在开展事务性公共关系活动时，应遵循________、________、________三个原则。

2．宣传性公共关系活动的特点是________、__________、推广组织形象的效果快。

3．建设性公共关系活动的重点是_____和_____。

4．开展进攻性公共关系活动时，应遵循_________、___________、_________三个原则。

三、简答题

1．简述根据公共关系功能的不同，可以把公共关系活动分为哪几种模式。

2．简述征询性公共关系活动的方式、特点与原则。

3．简述根据公共关系阶段的不同，可以把公共关系活动分为哪几种模式。

4．简述矫正性公共关系活动的原则。

课后实训4

1．选择某一组织，分析其公共关系活动模式的特点，并提出活动建议。

2．为某企业制定一个宣传性公共关系或服务性公共关系活动方案。

3．选择某一组织，根据其所处的发展阶段，提出开展公共关系活动的建议。

第5章

公共关系传播

课前思考

★ 不同的公共关系传播媒介有什么特点？如何选择公共关系传播媒介？
★ 要使公共关系传播达到预期效果，有哪些要求与技巧？
★ 公共关系传播过程中会遇到哪些障碍？如何有效克服？

学习目标

- 公共关系传播的特点
- 公共关系传播媒介的特点与选择要求
- 公共关系传播的要求与技巧
- 公共关系传播的障碍及克服方法
- 整合营销传播的理论及应用

公共关系活动过程，就是社会组织同公众之间进行传播和沟通的过程。传播是社会组织了解公众、公众认知组织的中介和桥梁。公共关系工作从本质上来说就是一种传播活动，要做好公关工作，必须了解传播的基本原理，掌握传播的一般规律和技巧，有效地利用各种传播媒介，努力营造一个良好的舆论环境和公众环境。

5.1 公共关系传播媒介的选择

公共关系传播是现代企业利用各种媒介，将信息有计划地与公众进行交流与共享的活动过程。从传播理论发展过程来看，传播（Communication）具有“共享”的意思，就是传播者与受传者之间的信息交流与共享的过程。

5.1.1 公共关系传播的特点

公共关系传播有其自己的特点，具体表现在以下几个方面。

1．传播行为的受制性

公共关系传播是一种重要的组织行为，是为实现组织目标服务的，因而要受到组织特性的制约。从时间和空间上、内容和形式上，都要受组织目标、组织制度、组织规范等的制约。

2．传播内容的求实性

公共关系传播是组织的一种公共关系行为，其目的是沟通公众、服务公众，在社会公众心目中树立良好的社会形象，进而求得公众的理解与支持。因此，公共关系传播首先必须讲求其内容的真实性和态度的诚实性，要使公众感觉到组织的公共关系传播是客观的、实在的和公正的。

3．传播渠道的多样性

公共关系传播的对象是公众，公众是一个类型复杂、层次多样的社会群体。他们当中有个人、群体，也有组织；他们的年龄、性别、阅历、个性等都不尽相同，各自喜欢的信息渠道也不同。因此，公共关系传播必须针对目标受众，采取多种传播渠道进行信息传播，保证公共关系传播的针对性和影响面。

4．传播方式的策略性

公共关系是一门科学，也是一门艺术，公共关系传播在遵循传播规律和原则、确保传播内容真实和客观的前提下，还要掌握传播的技巧和谋略，创造性地运用各种传播的技术与方法，巧妙地向公众传播公共关系信息，从而有效地影响公众、服务公众、沟通公众、赢得公众，取得最佳的公共关系传播效果。

5．传播活动的高效性

在公共关系传播中，可根据不同情况采取普遍性目标受众策略、选择性目标受众策略、集中性目标受众策略，确保公共关系传播的指向性和针对性。应注重传播时机的选择，按组织发展的不同时期的特点来进行公共关系传播，注重选择传输通道，确保公共关系传播的高效性。公共关系传播要受到人们追求最佳效益的欲望所驱动，并以获得传播的最佳效益为原则。

5.1.2 公共关系传播媒介的特点

公关工作是一种针对各类公众的全方位的沟通、说服工作，因此需要利用一切媒介来达到传播的目的。公共关系传播媒介是指公共关系信息从发送者传递到接收者的过程中所运用的一切信息传输手段。公共关系传播媒介大致有五种类型，即人际传播、组织传播、大众传播、邮电传播、信息网络传播。从功能作用来看，各种类型的传播媒介各有各的特点，但在应用上可以彼此相互交叉使用。

1．人际传播媒介

人际传播媒介是指社会中人与人之间通过相互的交往所进行的信息传播。人们之间可以进行有关消息、经验、思想、感情、态度等内容的传播。

（1）人际传播媒介的特点。一是个体对个体的传播，即在两个人之间进行的传播，如父子、夫妻、同事、朋友之间等；二是传播范围狭窄，传播符号多样，除了语言、文字、图像、音响之外，还有眼神、表情、动作、姿态、服饰等；三是反馈机制明显，人际信息传播具有一一对应关系，传播者可以及时获得反馈信息，及时调整自己的传播内容、方式和符号。

（2）人际传播媒介的运用。在公共关系传播中，可有效地运用人际传播媒介传播信息，应注意以下几方面。

首先，掌握人际交往的知识。这是运用人际传播媒介传播公共关系信息的基础。在现代社会中，人与人之间特别注意情感的交流与沟通，人际交往有着特定的知识、理论和方法。掌握人际交往的知识，有利于公共关系工作的开展。

其次，善于处理各种人际关系。这是运用人际传播媒介传播公共关系信息的条件。善于处理各种人际关系，关键在于正确运用人际交往的方法和技巧，因人制宜，视环境场合与人们进行人际交往活动，并尽量去维持这种人际交往，以形成良好的人际关系，为开展公共关系工作铺路搭桥。

最后，运用人际关系网络。这是运用人际传播媒介进行公共关系信息扩散性传播的关键。人际传播的传播范围狭窄，这是针对单纯的单级层次传播来说的，但可以通过建立广泛的人际关系网络，形成多级多层次的公共关系传播系统，可从以下几方面入手：第一，公共关系人员应交际广泛，“多个朋友多条路”，特别注重与那些人际关系好、人际交往频繁的人开展交际，并通过他们的介绍扩大交际圈；第二，在信息传播中，还可以争取各种关系网上的人充当信息传播的网点，利用他们的关系网进行扩散性的信息传播。这样，就可以克服单纯的单级传播狭窄的弊端。

2. 组织传播媒介

组织传播媒介是指通过一定的组织形式而进行的组织内各成员之间、组织与组织之间、成员与组织之间的信息传播。

（1）组织传播媒介的特点。组织传播的主体是社会组织；信息传播具有明确的目的性，即通过信息传播来疏通组织内外的沟通渠道，加强组织的内外关系，以提高组织效率；信息传播具有明显的针对性；信息传播具有特定的反馈机制；最后，组织信息传播具有一定的规范和监督模式。

（2）组织传播媒介的运用。组织传播通道是公共关系传播的基本通道。有效地运用组织传播媒介，要注意以下几点。

首先，掌握组织管理有关情况是利用组织传播公关信息的前提，这些情况包括组织类型、组织系统、组织目标、组织控制、组织协调、组织规范、组织制度等。只有掌握这些方面的具体情况，才能使公共关系信息的传播服从于组织系统的目标和规范，适应组织系统的结构与制度，也才能正确地借助于组织信息传播通道高效地传播公共关系信息。

其次，组织成员的积极参与是有效运用组织传播公共关系信息的重要保证。组织传播是由组织的所有成员在一定的组织形式下构筑起来的。组织的每一位成员都是信息的传播者、接收者。因此，应充分调动组织中每个成员的积极性，使他们积极参与组织信息的传播。这样，组织信息传播就变得更加畅通和主动。

最后，合理选用信息传播方式是有效运用组织传播媒介传播公关信息的重要条件。组织信息传播的方式多种多样，有口头语言传播方式、书面语言传播方式以及其他的传播方式。这些传播方式的特点及使用条件会在下一问题中阐述。

3. 大众传播媒介

大众传播媒介是指通过专门社会机构复制大量信息，使之按一定目标传递给广大公众，从而达到众多的社会成员共享信息的目的。大众信息传播的媒介主要包括报纸、杂志、书籍、广播、电视、电影等。大众信息传播的有关情况，对于有效地运用大众信息传播通道传递公共关系信息具有极为重要的意义。

（1）大众传播媒介的特点。

① 信息传播者高度专业化。

② 信息传播对象高度大众化。

③ 传播的信息内容大众化。

④ 信息传播活动高效化。

⑤ 信息传播缺乏反馈机制。

⑥ 信息传播过程受到社会的监督与控制。

（2）大众传播媒介的运用。选用大众信息传播媒介传播公共关系信息，必须着重注意以下问题。

① 根据公共关系传播的需要来选择大众传播媒介。根据公共关系传播的目标、对象、内容、空间范围、时间要求等选用的媒介应有所不同。

② 要考虑公共关系传播的经费问题。利用大众传播媒介传播公共关系信息，一般都要支付费用。各种媒介所需要的费用不同，一般来说，同一信息传播所花的费用中，电视媒介最高，但效果好；而广播媒介较低，但效果难测。这就要求我们从需要、可能、效果等方面综合分析，尽可能在组织具有支付能力的情况下，以最少的花费去争取获得最佳的传播效益。

③ 全面了解各种大众传播媒介的基本特点和适用范围。大众信息传播媒介繁多，其特点和适用范围也不相同，因此必须全面了解，在选用时就应考虑传播媒介的层次、性质、经验和水平，在社会公众心目中的印象等。

④ 努力搞好与大众传播媒介的关系。大众传播媒介是社会组织的非自控媒介，这就需要我们与其搞好关系，以求得广泛的支持与合作。处理好与大众传播媒介的关系，组织的一些具体要求就容易满足。媒介工作人员还可能帮助我们进行传播策划，帮助我们选择形式更佳、效果更好的传播媒介。

（3）大众传播媒介的分类。大众传播媒介主要有报纸、刊物、书籍、广播、电视、电影等。其中，报纸、刊物、广播、电视被称为四大新闻媒介，与公关工作关系密切，可将它们归为印刷媒介与电子媒介两大类。

① 印刷媒介。印刷媒介是指将文字、图片等书面语言、符号印刷在纸张上以传播信息的大众传播媒介。印刷媒介的特点为信息容量较大，能对信息进行详尽、深入的报道，且易于保留、查找，便于读者选择阅读，但时效性较差；受读者文化水平的限制。报纸与刊物有综合性和专业性两种；报纸以刊载新闻为主，刊物则只有部分内容是新闻性的。

② 电子媒介。电子媒介是使用电子技术，通过无线电波或导线发出声音、图像节目，接收者要借助接收器接收的大众传播媒介。电子媒介有电视、录像、计算机、电影等多种形式。电子媒介的特点为传播迅速，纪实性、生动性与感染力强，对信息接收者没有文化水平的限制。

下面着重介绍广播和电视这两种电子媒介。

a．广播。广播以语言、音乐、音响等作为传播的符号来传播信息。特点是有较强的写实性与表现力，制作播出简便、快捷。在新闻报道中，它是最迅速的传播媒介，而且很容易与电话等其他媒介连接，与听者双向交流。广播的频道多、容量大，它诉诸听觉的单通道传播可使受者注意力集中，并同时有较大的想象空间。广播电台有播出新闻、教育、服务、娱乐等各类节目的综合台，也有只主要播出一类节目的专业台，如新闻台、音乐台、教育台等。

b．电视。电视使用各类视听符号进行传播。特点是视听兼备，声画并茂，真实、生动，具有最强的写实性与表现力。在各类新闻媒介中，选择率最高的是电视。电视可以速报，可以深入分析新闻事件，其娱乐功能最强。目前电视与卫星结合，有线电视迅速发展，为电视发展开拓了广阔的空间。但是电视制作播出的设备、技术比较复杂，节目制作费用较高。

总之，社会组织借助大众传播媒介进行公关传播，能迅速、广泛地提高组织的知名度，扩大社会影响。

4. 邮电传播媒介

邮电传播媒介是指通过邮政电信机构将公共关系信息传播给特定的公众的公共关系传播媒介。特点是传播信息准确及时、对象明确、形式轻便、制作简单、使用灵活，是一种有效传播公共关系信息的媒介。

（1）邮电传播媒介的主要业务。邮电信息传播的主要业务可分为两大类，即邮政业务和电信业务。邮政业务是通过邮局借助于交通运输工具来传递有形的邮件为主的信息或实物的业务。电信业务是通过电信部门借助于电信设备进行信息转换和传递的纯信息传递业务。电信的民用业务主要包括电话、电报、传真、数据传输等。

近年来，一个以数字处理技术为基础，融电话、电报、传真等通信技术为一体的综合性数字通信网络的加快建设与推广应用，已将电话、电报、传真、广播、电视以及联机信息检索推向一个崭新的发展阶段。

（2）邮电传播媒介的运用。在我国，邮电传播主要是作为一项事业由国家管理和经办的，任何组织、个人都可以利用它来传播信息。但要有效地运用，应注意以下问题。

首先，要根据邮电系统的业务范围以及各种业务的特点与作用有效地选择媒介。

其次，要对所传播的公关信息的内容、形式、数量以及传播的时间要求、质量要求、保密要求、保险要求等进行综合来选择媒介。

最后，在保证迅速、方便、可靠地传播公共关系信息的同时，还要考虑到费用问题，即要注意遵循节约原则，以选用费用较低而效益较高的邮电传播媒介。

5. 信息网络传播媒介

信息网络传播媒介是指借助社会上已建立的信息网络将信息传播给广大公众的公共关系传播媒介。20 世纪以来，信息网络化已得到了蓬勃的发展，尤其是互联网和信息高速公路的建设与开通，使人们能够借助计算机在网上进行各种信息的传播和交流，公共关系传播由此进入网络传播时代。

（1）信息网络传播的媒介特点。信息网络就是通过高速信息传输通道相互连接起来进行信息传递和交流的一种信息组织形式。信息网络传递信息有如下特点：信息传播超时空、高速度；扩散性、共享性；能增进组织社会关系。

（2）信息网络传播媒介的运用。社会组织运用信息网络传播公共关系信息，主要有以下两种情况。

一是通过上网加入有关信息网站传播公共关系信息。目前，社会上建立的信息网站很多，有一些综合性的门户网站和专门性网站，如新闻信息网站、经济信息网站、供销信息网站、金融信息网站、产品信息网站、公关信息网站等。选择何种信息网站传播公共关系信息，要视网站的性质、类型、功能、作用，以及本组织所需传播的公共关系信息的内容、特点、传播范围、传播要求等而定。

二是通过建立并开通本组织的网站传播公共关系信息。一般来说，建立并开通本组织的信息网站，有利于收集和传播公共关系信息，社会组织应努力创造条件，争取早日建立本组织的信息网站。建立并开通本组织的信息网站，应考虑组织的需要，本组织建站的可能性（包括组织的实力、组织的威信、组织的吸引力等），网络人才问题、网络技术问题、网络费用问题、网络管理问题等。

公关链接　　公关走进微时代

随着数字技术的进一步发展，人类的传播也已全面进入微时代。微时代是以信息的数字化技术为基础，使用数字通信技术，运用音频、视频、文字、图像等多种方式，通过新型的、移动便捷的显示终端，进行以实时、互动、高效为主要特征的传播活动的新的传播时代。

在微时代，传播的扁平化趋势更加明显：每一个手持移动终端的个体都是一个传播节点，相比之前，人们进行传播活动更加便捷、高效、平民化。微时代使得人人在对话中实现决策参与，成为传播活动的主体，使得传播的长尾效果更加明显。公关的规则也随着这个时代而发生变化，我们不得不面向公众，而不再是以传统意义的媒体为中心。

面对微时代，各种微产品相继问世与逐步改进，如今微民们已基本完成了对微博、微电影、微信、APP等一系列微势力的认知和基本应用，但对于公司而言，仅仅运用这些微产品进行粗放式的公关传播，已经不能满足客户对公关公司的需求了。我们需要在日益竞争激烈的微时代媒体环境下脱颖而出，那么，在现有新的传播介质的驱动下，我们就要寻求创新。这种创新不是就其颠覆性而言，而是更多基于用户体验，也就是微创新。

（资料来源：陈瑾．公关时代，微创新决定大未来．公关世界，2013，331（8））

5.1.3　公共关系传播媒体的选择

正确选择传播媒体必须考虑以下因素。

1．媒体本身的特点

不同的媒体特点不同，适用的传播类型也不相同，媒体选用得当，可取得事半功倍的效果。

2．传播内容

不同的传播内容应该选择不同的传播媒体。一般来说，形象比较浅显的内容应选择电子传媒，反之则应选择印刷传媒。同样是电子媒体，如果内容能用丰富的声音来表现，广播更适宜。同是印刷传媒，如果内容相对简单而不系统，报纸是较为明智的选择。

3. 传播对象

传播对象不同，媒体的选择也不应相同。传播对象人数较少时，往往只借助于人际传播媒体；传播对象仅限于本组织员工时，内部报刊、有线广播、闭路电视、简报就能满足需要；传播对象人数众多，范围很广，公共传播媒体和大众传播媒体是必不可少的。

4. 组织经济实力与预期传播效果

使用任何传播媒体都必然要支付一定的费用。组织在进行公关传播时，必须同时考虑传播成本与预期传播效果两个方面。一般来说，大众传播媒体的传播范围广泛，传播的单位成本比较低廉，但总成本却会很高。没有雄厚经济实力的组织，不应为了追求声势而盲目选用大众传播媒体。选用非大众传播媒体，尽管单位传播成本较高，但从总成本考虑，是能够承受的。因此，传播范围不要求很大时，应考虑选用非大众传播媒体。

案例5.1　长城润滑油"神六"公关传播

1. 项目背景

中国石化润滑油公司是世界五百强企业——中国石油化工股份有限公司的直属企业，是国内润滑油行业第一品牌。2005年，盛唐传扬以长城润滑油为神舟六号（以下简称"神六"）提供润滑技术与产品为载体，策划并实施了一系列航天主题的公关传播活动，树立了长城润滑油高科技、高品质的品牌形象，强化了其品牌的高端定位。

2. 项目调研

盛唐传扬通过精心调研，发现在中国润滑油市场，20%的高端市场占据了80%的利润，但高端市场却被国外品牌牢牢把持，长城润滑油虽然具有较高的品牌知名度，但缺乏信任度，并且其高科技、高品质的品牌定位也缺少支持。

盛唐传扬通过深入分析，认为围绕"神六"进行公关传播策划，将有效提升长城润滑油的品牌影响力，形成对高科技、高品质定位的强有力支撑，但同时也面临着以下挑战。

（1）如何在众多搭车"神六"的厂商中得到有效凸显？

（2）如何借助不同阶段的舆论热点引起媒体对长城润滑油强大科研与技术实力的关注及报道？

（3）如何抢占"神六"发射及返回的第一时间实现快速反应与联动，实现企业传播的最大关注效应？

3. 项目策划

针对以上调研结论和挑战，盛唐传扬制定了以下三个主要目标。

（1）强调长城润滑油与"神六"的紧密关联，塑造长城润滑油高科技、高品质的高端品牌形象。

（2）在"神六"发射与落地的时间节点，制造新闻亮点，获得极大的品牌影响力和社会关注度。

（3）结合国家舆论导向，传播长城润滑油自主创新的成绩，体现长城润滑油强大的科研与技术实力，并唤起消费者的民族自豪感。

4. 基本策略

根据以上目标，盛唐传扬制定如下基本策略。

（1）挖掘长城润滑油与中国航天事业的深层关系，提炼关键信息，形成与诸多搭车“神六”厂商的有效区隔，实现长城润滑油—“神六”—高科技、高品质的强关联。

（2）以“神六”重大社会事件不同阶段的舆论热点为划分点，将此次公关传播规划为三个阶段，通过层层推进，使长城润滑油的航天品质得到强化和认同。

（3）与央视“神六”直播同步，策划一系列环环相扣的公关活动，为电视媒体提供大量可供录播与采访的画面内容。

（4）注重点面结合，注重核心信息的传播广度，重点信息的报道深度，以央视为核心，以北京和上海电视台为补充，中央及区域平面媒体迅速跟进。

5. 项目执行

在“神六”发射前期，盛唐传扬组织实施了长城润滑油“心系‘神六’、祝福航天”全国巡展活动，宣传“长城润滑油相伴航天四十年”的主题，并在活动中广泛征集签名，将万人签名的条幅赠与航天员飞行大队，以情感诉求引起受众的共鸣。

为在“神六”发射和飞行过程中，在媒体资源非常宝贵的条件下，实现电视媒体的良好报道，盛唐传扬前期与央视等核心媒体进行了深入沟通，结合国家“十一五”规划、自主创新等热点，以长城润滑油立足自主创新，打破国外技术垄断，相伴中国航天四十年，“神六”流淌中国血的核心诉求引起媒体的兴奋点，并积极参与媒体的选题策划。在背景资料的提供上，不仅提供了翔实的文字资料，还专门剪辑了丰富的影像素材。在“神六”发射当天及落地前的四天内，中央、北京、上海的电视媒体集中进行了《“神六”流淌“中国血”——长城润滑油为“神六”提供润滑保障》、《长城润滑油提升企业创新力，促进车用油市场》等主题的报道，赚足了眼球。

在“神六”成功落地的那一刻，盛唐传扬组织长城润滑油领导和员工进行了规模庞大的现场收看及庆祝活动，在落地当日举办了“庆祝长城润滑油成功护航‘神六’媒体开放日活动”，30家主流媒体怀着好奇与求知心情，零距离走进长城润滑油航天特种油基地，并共同见证了专门策划和制作的“长城润滑油相伴航天四十年荣誉展廊”揭幕仪式（注：长城润滑油相伴中国航天四十年，曾受到中共中央、国务院和中央军委及航天领域有关部门表扬和嘉奖）。这些低投入、高关注的活动，都成了电视媒体报道的场景，平面媒体报道的图片。有媒体报道“中国人沸腾了，长城人沸腾了”。

在“神六”落地不到两小时的时间内，长城润滑油在全国各地的近千个户外广告牌、各地经销店的海报、条幅等的内容也同步进行了更新。

6. 项目评估

项目紧紧抓住“神六”飞天事件中最扣人心弦的时刻，以“神六”发射和返航两大时刻为分水岭，分别紧扣“长城润滑油相伴航天四十年”、“先进科技，护航‘神六’”和“航天科技，品质保障”三个主题，通过周到、大胆的部署和细节规划，让媒体在集中报道“神六”新闻的时候，也使长城润滑油自主创新、先进科技、卓越品质的高端品牌形象深入人心。作为长城润滑油航天主题传播中的一个阶段性项目，“神六”传播取得了非常明显的效果，并完全达到了预定目标。

（资料来源：中国公关网）

【案例讨论】

讨论一下公关传播时的媒体选择及传播策略的运用。

5.2 公共关系传播的要求与技巧

5.2.1 公共关系传播要求

公共关系传播过程要受到多种因素的影响，对公共关系传播的过程和行为必须遵守一定的原则，以使公共关系传播真正取得良好的效益。因此，公共关系传播必须注意以下几点要求。

1. 保证公共关系信息的基本质量

公共关系信息的质量可由真实性、准确性、全面性、系统性四个主要指标来衡量。真实性是指所传播的公共关系信息必须是真实、客观公正、实事求是的。准确性是指所传播的公共关系信息的加工和处理应是准确的。公共关系信息不能被准确地传播，即使信息本身是真实的，也可能起不到良好的作用。全面性是指所传播的公共关系信息必须能全面反映组织的基本状况，喜忧兼报，如公共关系之父艾维·李所说的“公众应该被告知”。系统性是指从整体上来看，社会组织所传播的公共关系信息应具有系统性，不是零零散散、支离破碎的。零散的、破碎的公共关系传播，不利于公众形成对社会组织的整体形象，反而容易对社会组织产生怀疑、猜忌和不信任。因此，社会组织要经常地、定期地向公众传播各种公共关系信息，确保公共关系传播的质量。

2. 准确选择公共关系传播的目标受众

目标受众是指社会组织公共关系传播的主要对象，是信息的主要接收者。目标受众不是一成不变的，它会随着社会组织公共关系传播的内容、方式、时间、空间等的不同而变化。公共关系传播的目标受众选择得当，可使公共关系传播取得良好收效。社会组织可以采取如下策略来有效地选择目标受众。

（1）普遍性目标受众策略。普遍性目标受众策略是指与社会组织有关联的公众，不论它与社会组织的关系是紧是松，是疏是密，是现实的还是潜在的，都可作为公共关系传播的目标受众。这种策略不仅适用于社会组织的一般的、日常的公共关系传播活动，也适用于以扩大影响，建立与公众的广泛联系为目的的公共关系传播活动中，但不适用于某些具有专门用途的公共关系传播活动。

（2）选择性目标受众策略。选择性目标受众策略是指从与社会组织有关联的公众中选择部分公众做社会组织公共关系传播的目标受众。这种策略适用于社会组织面临在较大范围内与公众的一般关系处理问题。例如，对消费者公众或对社区公众的一般关系处理问题等，都可以采用选择性目标受众策略来传播公共关系信息。

（3）集中性目标受众策略。集中性目标受众策略是指确定某些具体公众作为社会组织公共关系传播的目标受众，这种目标受众具体明确、数量不多，但与社会组织的关系十分密切，向他们传播的信息应详细、深入、针对性强。例如，社会组织向社会名流、上级领导、意见领袖、新闻记者、金融界人士等传播公共关系信息均采用这种策略，此外，在公共关系纠纷的处理、危机事件的处理中也常用。

案例5.2　美国亨氏集团的母亲座谈会

美国亨氏集团与我国合资在广州建立婴幼儿食品厂。但是，生产什么样的食品来开拓广阔的中国市场呢？筹建食品厂的初期，亨氏集团做了大量调查工作，多次召开“母亲座谈会”，充分吸取公众的意见，广泛了解消费者的需求，征求母亲对婴儿产品的建议，摸清各类食品在婴儿哺养中的利弊。之后进行综合比较，分析研究，根据母亲们提出的意见，试制了些样品，免费提供给一些托幼单位试用；收集征求社会各界对产品的意见、要求，相应地调整原料配比。他们还针对中国儿童食物缺少微量元素、造成儿童营养不平衡及影响身体发育的现状，在食品中加进一定量的微量元素，如锌、钙和铁等，食品配方更趋合理，使产品具有极大的吸引力，普遍地受到中国母亲的青睐。于是，亨氏婴儿营养米粉等系列产品迅速走进千千万万个中国家庭。

3．抓住公共关系传播的有利时机

公共关系传播应选择恰当的时机。同一公共关系信息的传播，在不同的时期应有不同的传播内容、传播方式和传播范围。准确把握公关时机能够增强公共关系传播的针对性，提高传播的效果，并能调整、维持和改善社会组织的公共关系状态。但要注意，在社会组织发展的不同时期公共关系传播活动的侧重点不同。

社会组织的发展有五个时期：初创时期、稳步发展时期、重大创新时期、风险时期和低谷时期。

（1）组织初创时期，公共关系传播的主要内容是向社会公众广泛地介绍组织的投资建设状况，组织的性质、规模、设想及风格，组织的创立对社会的意义和作用。其目的是为了扩大知名度，在公众中形成良好的第一印象，这是组织形象塑造的重要时期。

（2）组织稳步发展时期，公共关系传播的主要内容是经常向广大公众介绍组织的生产经营方针和特色、组织的历史、组织对社会的贡献、组织在争取自身发展和维护广大公众利益方面所采取的各种措施等。其目的是维护社会组织业已形成的良好形象和信誉，强化与公众的联系，这是组织形象巩固的时期。

（3）组织重大创新时期，公共关系传播的主要内容是组织创新的目的、组织创新的艰难历程、创新的成果、创新给社会带来的效益等。其传播的方式应是开放性的，同时注意正确引导，让社会公众更多、更好、更深入地了解社会组织，进一步扩大社会组织的影响，加强与社会公众的密切联系，这一时期要不失时机地进行传播。

（4）组织风险时期，公共关系传播的内容应有区别地选择。如果出于社会组织自身的产品和服务没有特色，或经营方针出现错误，就应将公共关系传播的重点放在改变组织的经营方针、革新组织的生产技术、转产适销对路的产品、改善组织的服务等方面。如果出于社会的竞争产品和竞争组织的影响，则重点应突出社会组织及其产品的特色以及组织诚挚的服务态度。风险时期是社会组织公共关系传播难度最大的时期，也是关键时期，企业要进行危机公关。

（5）组织低谷时期，公共关系传播的主要内容是向社会公众说明组织进入低谷的原因、走出低谷的措施。基本出发点是向社会有个交代，取得社会公众的理解。其目的是尽快使社会组织走出低谷，获得新的发展。如果问题出在社会组织内部，就应说明情况，自我检查，提出补救方法，诚恳地求得社会公众的谅解。如果问题出在组织外部，就应多作解释，澄清事实，并提出相应的改变措施。

【课堂讨论】

公共关系传播如何选择恰当的时机？

4．选择良好的公共关系传播通道

在现代社会中，公共关系传播的通道多种多样，选用得好，可以提高公共关系传播的效率，事半功倍；选用不当，则可能事倍功半，甚至一事无成。因此，选好公共关系传播的基本通道也是取得良好公共关系传播效果的重要要求之一。

选择好的公共关系传播通道，一是要考虑需要，要根据公共关系传播本身的需要来进行选择，包括所传播的公共关系信息的内容特点的需要、目标的需要、基本对象的特点的需要、影响范围的需要等。二是传播的可能，是指要根据现有公共关系传播通道的可能来进行选择，如果某种通道在一定范围内不存在，或根本没有利用的可能，一种原因是通道的传播容量已达到饱和，无法再行加入新的信息，如广播在一定时期传播的内容排满，报纸在一定时期没有版面，电话在一定时期占线，网络在一定时期阻塞等。另外的原因是通道可以传播，但组织的财力有限，利用不起，如有些企业确实想在 CCTV 上做广告，但由于财力有限，只得选择其他媒介。社会组织要综合考虑需要与可能两方面，才能选择效果好而可行的公共关系传播通道，以取得令人满意的传播效果。

公关链接　微电影中的品牌推广

微电影在 2011 年的影视娱乐和企业品牌传播上风生水起，热点事件和热门话题层出不穷，受到越来越多企业的关注。作为一个新兴的传播载体和模式，微电影如何更好地为企业品牌所用呢？让我们首先从其特征分析入手。

（1）承载量大、信息丰富。微电影短则两三分钟，长则几十分钟，时长和内容结构决定了微电影承载的信息巨大而丰富。事实上，微电影中的人物、故事、情节设计和场景道具，几乎每一个元素都可以为推广品牌所用。

（2）传播范围广、节奏快、“自传播”能力强。从其互联网视频的属性上看，微电影的目标受众可以说全（网）民覆盖，传播范围不分地域。而通过互联网平台，尤其是微博等社交类网站的流行，微电影瞬间直抵目标受众的同时，通过网络社交圈实现快速分享和扩散，不仅节奏极快，自发传播的能力亦超强。利用“自传播”迅速蹿红的经典案例不少，如曾红极一时的《老男孩》、《一触即发》等。其传播成本低、性价比高。

正因为以上两个特征，微电影在传播环节上的推动成本相比传统的单向模式（如电视广告）要低得多，况且传统电视广告的被动观看模式也越来越为观众所抵触。一部富于创意、内容生动、可看性强的微电影，完全可以相对低的传播成本，帮助企业品牌迅速打开局面。

那么，如何评价企业品牌微电影的好坏呢?目前业界对此的共识是，好的微电影品牌推广，不仅可以有效输出企业品牌内涵，还可以让观众从中获取价值，汲取营养，同时带动电影创作并为播出平台带来点击量甚至广告收益，做到企业、观众、创作者和媒体的“四方得利”。基于此，微电影品牌推广的运作需要注意以下三点。

（1）重理念、轻植入，以情感人。想想自己看过、喜欢的微电影是什么样的？没错，大多数人主动观看微电影是把其当成一次“心灵体验”之旅，打动人心才是王道。而从接受习惯上看，边讲故事边透露品牌信息，不失为中规中矩的常规手法，而“理念植入、情感征服”则是另一种境界。

以笔者亲身参与的Mazda3星骋上市推广微电影《向完美说不》为例，影片中没有一个汽车的镜头和华丽口号，却以普通人勇于摒弃世俗、执着追求梦想的真实情感触动人心，片中酒吧歌手丑刚清新质朴的原创歌曲《醉丽江》也一炮打响。该片网络传出后一个月内的在线点击播放量逾150万次，成为几大视频网站播放排行和微博转发评论的热点。

本案例的亮点：不仅利用网络技术将关注力转化成营销力（期间Mazda3星骋官网注册用户、在线订单直线飙升），还推动了产品的价值主张与目标受众的充分共鸣。

（2）重品牌、轻产品，以风格动人。任何一个品牌营销事件其实都是该品牌的组成部分，对于那些有较深历史和文化积淀的品牌来说，微电影运作更应考虑是否契合品牌本身的风格和调性。从另一个角度看，微电影和电影一样类型繁多，似乎怎么做都可以，但要做到打动人心的同时与企业品牌真正关联却很难。这方面的经典案例当数上海通用为雪佛兰品牌打造的微电影《老男孩》，片中同样少有产品或企业品牌亮相，但贯穿始终的平民梦想和写实风格，折射出企业产品和品牌的核心价值观和内涵。

（3）重深度、轻长度，以创意动人。俗话说：长文好作，短诗难赋。微电影也不例外，尤其是对数量急剧上升的3G手机用户来说，微电影往往在休闲移动状态下短时间里被消费，短小精悍却内涵深刻的微电影往往更容易取得成功。

（资料来源：何炯．微电影中的品牌推广．国际公关，2012，43（2））

5．注意传播效果的分析

各类传播对目标受众都会产生一定的影响、作用，这就是效果。对于公关工作者来说，由于各类传播形式都要使用，更应该了解传播发生作用的不同层次。针对公共关系的目标和公关传播的目标评估，传播对于受者的影响可以达到四种程度，也就是四层次传播效果。

（1）信息层次。即将信息传播给目标受众，使之完整、清晰地接收到，并且较少歧义、含混、缺漏，这是简单的传到、知晓层次，是任何传播行为首先应达到的传播效果层次。

（2）情感层次。指传播者传出的信息从知晓进而产生情感，使目标受众在感情上与传播内容接近、认同，对这一传播活动感兴趣，从而与传播者接近，这是传播达到的较为理想的效果。但是需要注意的是，情感有正负之分，只有正面情感才是传播者所需要的，负面情感如反感、厌恶等，应予以避免。

（3）态度层次。态度是人对事物或现象认识的程度、情感表达和行为倾向的总和。它已从感性层次进入了理性层次，是在感性认识基础上经过分析判断、理性思维而产生的，一经形成就非常难以改变。传播如果能达到这一层次，对目标受众的影响就非常深入了。态度除有正负——肯定与否定之分以外，不一定与情感有必然的同方向联系。有些人在感性上可表示同情，而在理智上则不赞成。

（4）行为层次。这是传播效果的最高层次。它是指目标受众在感性、理性认识之后，行为发生改变，做出与传播者要求目标一致的行为，从而完成从认识到实践的全过程，使传播者的目标不仅有了同情、肯定者，而且有了具体实施、执行者。实验研究证明，态度对行为的改变有着较密切的相关关系。

随着效果层次的提高，目标受众由于各种原因而逐渐减少，只有能达到较高的效果层次，才能使初级效果得以较长时间的保持，否则公众很快淡忘，一个传播行为也就以无效告终。公关工作就是要让各界对组织知晓、同情，并获得他们的理解与支持。

6．把握影响传播效果的因素

在传播过程中，有很多因素同时作用于信息接收者，并对其产生强度不同的影响。了解主要的影响因素，并有针对性地加以引导和应用，会使传播效果得到改善、提高。影响传播效果的因素主要有以下四个。

（1）传播媒介。公众对传播媒介的要求：一是要使用简便、易于掌握和得到；二是比较有效，即它的使用效果受到普遍的重视与承认，特别有效时，即使使用、驾驭上有一定难度，人们也会努力去得到或掌握它。

公众对媒介选择的这两个因素可以概括为下列公式：

$$选择或然率=报偿的保证/费力程度$$

从这个公式可以看出，选择或然率与报偿的保证成正比，而与费力程度成反比。所以公关工作要注意选择适当的媒介传播信息，选择不当就有可能接收不到或者没有影响。

（2）信息的内容与表现方式。信息的内容即传播者传播的信息是否为公众所关心、感兴趣，是否重要、新鲜，是否可靠、可信，这是目标受众价值判断的中心点，也是决定传播效果的关键所在。公关人员在传播信息时要注意内容的趣味性，与目标受众的相关性以及信息来源的可靠性，内容的真实性，观点的客观性、科学性。

除去内容自身的要求外，内容的表现方式也非常重要。方式、方法不当，再好的内容也难以传播出去，可能还会引起误解甚至反感。表现方式包括从传播者的形象、权威性，内容的结构、节奏、变化，到遣词造句的方法、语气、语调等。

（3）信息的重复。人有适应性，一个人接触某一信息的次数越多，越容易接受它。同样的信息多次发出，目标受众会逐渐由生疏到熟悉、由漠然到亲切，甚至在长期接触后，会把这一特定的内容形式融入自己的生活。所以同样的信息在相当长的时间里重复出现，是取得以至增强传播效果的重要因素。

（4）目标受众接收信息的条件。时间和空间对目标受众的接收是否有利，对传播效果也有相当大的影响。目标受众接收环境存在各种干扰或没有足够的时间接收，这些因素都会影响信息接收者投入接收，会使传播效果大打折扣。

从传播类型来说，不同种类的传播其效果也不相同，个人传播在各类传播形式中的传播效果最好，传通率最高，而其他传播形式的传播效果都还不及它的一半。但个人传播的影响非常有限，随着传播群体的增大，传播内容的针对性、具体性下降，反馈的质量、数量下降，群体传播与大众传播的效果就不太明显了。因而传播学家指出这两类传播只是有“适度效果”，即一次具体的传播活动对某一个目标受众来说，效果是有限的。其中的影响因素一是信息接收者本人的逻辑思维能力，二是信息接收者周围团体、个人的影响。

公关链接　　沟通的七个“C”原则

1. 可信赖性（Credibility）

沟通也讲求诚信，双方应该从彼此信任的气氛开始沟通，应该由组织创造，这反映了社会组织是否具有真诚的、满足被沟通者愿望的要求。被沟通者应该相信沟通者传递的信息，并在为沟通者在解决他们共同关心的问题上加大工作力度。

2. 一致性（Context）

沟通计划必须与组织的环境要求相一致，必须建立在对环境充分调查研究的基础上。

3. 内容（Content）

信息的内容必须对目标受众具有意义，必须与受者原有价值观念具有同质性，必须与目标受众所处的环境相关。

4. 明确性（Clarity）

信息必须用简明的语言表述，复杂的内容要列出标题或采用分类的方法，使其明确与简化。如果信息需要传递的环节多，则越应该简单明确。一个组织对公众讲话的口径要保持一致，不能多种口径，使公众无所适从，不利于形成统一的形象。

5. 持续性与连贯性（Continuity and consistency）

沟通是一个连续不断的过程，要达到渗透的目的必须对信息进行重复，但又必须在重复中不断补充新的内容，有所创新，这一过程才能持续地坚持下去。

6. 渠道（Channels）

沟通者应该利用现实社会生活中已经存在的信息传送渠道，这些渠道多是被沟通者日常使用并习惯使用的。在信息传播过程中，不同的渠道在不同阶段具有不同的影响，所以，应该有针对性地选用不同的渠道，以达到向目标受众传递信息的作用。

7. 被沟通者的接受能力（Capability of audience）

沟通必须考虑被沟通者的接受能力，当用来沟通的材料对被沟通者的要求越小，也就是沟通信息最容易为被沟通者接受时，沟通成功的可能性就越大。被沟通者的接受能力，主要包括接受信息的习惯、阅读能力与知识水平。

5.2.2 公共关系传播技巧

1. 建立良好的人际关系

人际关系是建立良好公共关系的重要手段，增强人际吸引力，善于同素不相识的人结成良好的人际关系是公关人员的基本素质之一。

如何正确地认识他人，排除各种外在因素的干扰，尽快地接受公众，是公关人员在接待工作中要注意的问题。一般来讲，人际交往的误区有以貌取人、主观判断、晕轮效应、个人状态产生认识偏差。公关人员应避免陷入这些误区，并且掌握以下建立良好的人际关系的技巧。

（1）利用邻近性因素。俗话说“近水楼台先得月”，可利用同学关系、老乡关系等。

（2）利用相似性因素。找到共同经验区，如社会经历、社会地位、籍贯、受教育程度、态度与价值观、生活环境等，产生“自己人”的效果。

（3）利用需求互补效应。补偿性吸引力是最强的人际引力，可利用气质、性格、能力互补来吸引。

（4）利用仪表的魅力。“有礼走遍天下”，以卓越的仪表来打通人际关系。

（5）培养独特的人格魅力。多才多艺、诚信风趣、机智敏锐的人更具人格魅力。

（6）会说更会听。善于聆听，善于微笑，并善于交谈。

2. 与新闻界保持联系并建立良好的关系

与新闻记者联系，是公关人员的重要工作。记者在传播学上称为把关人，他们对传播的内容及传播的实际效果会有很大的影响。一般来说，记者报道新闻要具有正直、说真话的职业道德以及专业写作技巧。除此之外，记者本人的情绪、感觉、工作状态都会影响报道的内容，因此要注意处理好与新闻界的关系。做到这一点可从以下几方面入手。

（1）对待记者要尽量提供基本情况，并给予热情周到的接待服务。

（2）对记者要注意平等相待，一视同仁。

（3）给记者提供真实素材。

（4）对记者要持尊重与重视的态度。

3. 做好会议组织与联系接待工作

（1）会议组织。会议是公共关系开展内外沟通的常用形式，组织召开会议是公关工作的内容之一。会议的种类很多，有报告会、讨论会、联谊会、新闻发布会、展览展销会等，形式较为正规，有组织有规模。

（2）联系接待。接待工作一般包括接待来访者、拜访别人、写信、打电话等。做好接待工作，要求公关人员应具备良好的公关素质，要能够吸引对方，使之愿意与组织打交道，其次，在接待拜访中，应掌握一些特殊的沟通技巧，来达到建立联系的目的。

4．营造良好的传播环境

公共关系传播是在一定的空间环境中进行的。不同的环境条件营造不同的传播氛围，影响传播效果。例如，座位的设计布置、音响设备、灯光照明、色彩、室内温度等，都要仔细选择，以创造良好的环境效应。

5．正确选择公关语言

公共关系传播中常使用的公关语言包括以下几方面。

（1）自然语言。如口头语、书面语、广播语。

（2）非自然语言。如表情语言、动作语言、体态语言等。

（3）实物。如样品、商标、组织标志等。

在公关信息传播中，为取得较好的传播效果，要合理运用公关语言，充分发挥各种语言的优势，提高信息的传播速度，扩大信息的传播范围，提高信息的接收率。

6．利用名人效应

在选择人际传播方式进行公关信息传播时，常常与政界要员、影视明星、体育明星等"名人"结合起来，能起到比较好的传播效果。公关活动与名人结合在一起，通过名人引起公众的注意、兴趣与好感，从而达到对组织形象、组织产品的认可，这就是名人效应。

案例5.3　利用总统当推销员

美国一出版商有一批滞销书久久不能脱手，他忽然想出了一个主意：给总统送去一本书，并三番五次去征求意见。忙于政务的总统不愿与他纠缠，便回了一句："这本书不错。"出版商便大做广告："现有总统喜爱的书出售。"于是，这些书一抢而空。不久，这个出版商又有书卖不出去，又送一本给总统，总统上过一回当，想奚落他，就说："这本书糟透了。"出版商闻之，脑子一转，又做了广告："现有总统讨厌的书出售。"不少人出于好奇争相抢购，书又售尽。第三次，出版商将书送给总统，总统接受了前两次的教训，便不作任何答复，出版商却大做广告："现有令总统难以下结论的书，欲购从速。"居然又被一抢而空，总统哭笑不得，商人大发其财。

7．善于"制造新闻"

在媒介上刊播新闻是进行大众传播的有效方式，借助媒体来为组织宣传，可信度和有效性高，容易被人接受。什么样的事件才能成为新闻，组织在选择时主要看事件的新闻价值。新闻价值是指该事实本身所具有的重要性、新鲜性、接近性、及时性和趣味性。重要性是指事件后果重大，或当事人身份重要，或发生事实的时间、地点重要，以及对社会影响巨大，等等。新鲜性是指社会上、自然界中各种前所未有的、奇异的新事物。接近性是指与公众的生活、思想接近，可以是地域空间接近，也可以是心理接近。例如，公众往往对附近发生的突发事件比国外或省外的更关注。及时性是指时间上的接近性，越及时获悉某一事件，其重要性、影响力越突出，新闻报道讲求时事追踪。趣味性是指事件本身具有某种使人动情、愉悦的因素。公关人员应具备相当的新闻素养、新闻敏感，善于发现有价值的事实并及时报道。

案例5.4　毛姆的征婚广告

某一天，英国各大报纸不约而同地登出一则征婚广告，寥寥数语："本人喜欢音乐和运动，是个年轻而又有教养的百万富翁，希望能和毛姆小说中的女主角完全一样的女性结婚。"这则征婚广告一时间在英国引起颇大的轰动，那些日夜想嫁给"年轻而又有教养的百万富翁"的小姐们，纷纷将毛姆小说购回藏于香闺；那些时刻惦记女儿命运、千方百计要给女儿安排个好归宿的太太们，则遍索毛姆小说赠送女儿作为礼品或"教本"。几天之内，伦敦各书店的毛姆小说被抢购一空，并在畅销书中独占鳌头。其实，刊登这则"征婚广告"的不是别人，正是毛姆自己。

8．合理运用公共关系广告

公共关系广告也称组织形象广告，目的是建立组织信誉，促进公众对组织的了解，沟通公众与组织的感情，它有以下几种形式。

（1）组织广告。以组织自身作为宣传主体的广告，可以从以下四个方面开展。第一，宣传组织价值观念，如"海尔真诚到永远"；第二，介绍组织情况，如"TCL 招聘 2 000 名高级人才"；第三，贺谢广告，如"全球海尔人恭贺北京申奥成功"；第四，联姻广告，如"伊利杯我最喜爱的春节晚会节目"。

（2）征集广告。这种形式包括向社会广泛征集组织名称、产品名称、商标设计、组织口号等，吸引社会注意，吸引公众参与。

（3）竞猜广告。由组织刊登广告组织有奖猜谜活动。猜谜内容多为有关组织及产品的知识，问题一般很简单。这种活动可多次见诸新闻媒介，如通告抽奖结果、采访获奖者等。

（4）服务广告。组织与本组织产品有关的社会服务活动，并通过广告向社会宣传，如化妆品企业举办美容培训班等。

（5）馈赠广告。为组织举办、赞助的社会公益性活动而做的广告，如四通集团的"四通之友世界名曲专场音乐会"等。

针对公众的心理，在策划公关广告时要注意：标新立异来抓住公众的眼球，通俗易懂与大众雅俗共赏，真挚坦诚以事实说话。此外还需要很多专门化的知识与技巧，如语言的选择、组织，画面的构成、色彩，人物的选择和拍摄技巧等。

总之，公共关系传播既是一门科学，也是一门艺术，要求社会组织公关人员在传播活动中尊重客观规律，按公共关系总目标有步骤地进行；在传播交流信息活动中，使双方受益，最大限度地得到理解，达成共识，这是公共关系人员的一种创造性劳动。

5.3 公共关系传播障碍与克服

5.3.1 公共关系传播障碍

由于各种原因，在组织与组织、人与人沟通的过程中有许多障碍，这些障碍不仅浪费财力，还会影响组织的团队精神和团队士气，影响组织良好形象的塑造。因此，有必要了解信息沟通的障碍及解决方法，并重视公共关系沟通应遵循的原则。

信息沟通障碍的形成因素是多种多样的，社会组织应充分了解沟通障碍，有的放矢，对症下药，消除障碍，以取得良好的传播效果。一般来讲，沟通中的障碍主要有主观障碍、客观障碍和沟通方式障碍三个方面。

1．主观障碍

信息的传播者与接收者由于自身条件、所处地位、在社会生活中扮演角色等因素的影响，往往导致信息沟通联络出现障碍。具体表现为以下几种情况。

（1）信息的传播者与信息的接收者在经验水平、知识结构上差距过大，就会产生沟通障碍。例如，一位年轻的、刚从大学毕业的学生被安排在一个部门工作，而这一部门的经理是一个资历深厚且富有经验的人。由于个人原因，这位部门经理可能认为许多年轻人是自由主义、自私自利或缺乏奉献精神的。结果他在评价这位年轻人所做的任何工作时总抱有成见，造成很难与这位年轻骨干进行交流。同时这位年轻人也认为老一代是顽固不化的、呆板的和抵制新观念的。于是两代人的“代沟”直接导致了严重的沟通障碍。

（2）对信息的态度不同，或是认识水平有限，或是不感兴趣等，使一些员工和主管人员忽视对自己不重要的信息，造成传播沟通障碍。同一信息，不同公众理解或掌握、记取的内容各不相同，公众总是乐于接受与他们原有的认识、态度、利益、需求相一致的信息。

（3）信息沟通中的角色障碍。在组织结构中，由于管理级别的不同而在员工中产生了一些地位、等级感。地位感指员工根据管理者的职位而产生的态度。如在公司总经理和部门经理之间，在部门经理和员工之间存在着地位差异，这种地位的差异造成了严重的沟通障碍。如果主管人员和下级之间相互不信任，下级人员的畏惧感等均会造成沟通障碍。

2．客观障碍

客观障碍主要有以下两点。

(1)信息的发布者和信息的接收者如果在时间和空间上距离太远，容易造成沟通障碍。处在不同地理位置的传收双方会因社会文化背景不同、种族不同、接触机会太少而影响信息的沟通。

(2)组织机构庞大，中间部门太多，信息从最高层传达到基层，或从基层汇报到最高层容易出现失真现象，且需要较长的时间，从而影响信息的时效性。

3. 沟通方式障碍

(1)语言的阐述不同造成沟通障碍。做不同工作的人虽然都说一种语言如汉语或英语，但他们也说一些不同的“语言”，如财务部门的主管可能在与计划部门的主管进行交谈时用一些专业述评而使对方迷惑，这类沟通问题就是我们所说的“行话”。另一种语言障碍是多义词，同一句话在不同的环境或对不同的人表示的意思不同。因此，在传递信息时，传播者必须将那些易引起误解的词句表达明白、清楚。一般情况下，应该运用一些朴实、直接的语言传播信息。

(2)传播方式选择不当造成沟通障碍。社会组织应根据公关目标、对象、内容等不同，选择适宜的传播方式，达到有效沟通的目的。例如，某商业企业要教育职工树立良好的工作态度，为顾客提供优质服务，应采用人际传播中的组织传播；某企业在传播开幕仪式、开工典礼之类的信息时，最好选用大众传播方式，如用电视、广播来传播会取得良好的效果。

5.3.2 公共关系传播障碍的克服

公共关系传播是双向沟通的过程，在这个过程中会遇到各种传播障碍，如果不能有效地克服，会极大地影响传播效果。一般情况下解决传播障碍的方法有以下几种。

1. 做好沟通前的准备

首先，社会组织在传播公关信息前，在被传播的信息未十分明确之前不要轻易进行传播。因为，在一个组织中，只有最高管理者本人才能正确表达自己的意图，在信息传播之前，管理者明白想要达到的目的，为此应该采取的传播措施、方法等。其次，要想改善传播效果，重要的条件就是塑造良好的组织形象和声誉。实践证明，自身形象良好的社会组织传播信息效果较好，容易引起公众的关注。最后，要站在受众的立场来传播信息，可以缩小传收双方的距离，使受者容易接受传播的信息，通常传播者在传递信息时邀请与公众同类型的人，或在公众中有权威的人发表意见，传播效果会更好。

2. 充分利用反馈技术

社会组织的公共关系传播是传收双方信息的双向流动，传播效果如何可通过反馈技术来了解。在面对面的信息传播中通过观察接收者并通过非言辞的线索如迷惑或明白的神态、面部的表情或眼睛的活动等，来判断对方的反应。对组织内部的信息传播、组织与组织之间信息的传播可以通过人际传播媒介如电话等方式了解传播效果。

3. 重视传播气氛的影响

公共关系传播总是在一定的时空环境下进行，营造良好的传播环境有利于增强传播效果，消除传播障碍。在组织内部，当管理者想与一员工进行交流时，如这位员工情绪非常低落，那么双方最好找个彼此心情都平静的时间交谈。对管理者而言，要想有个比较好的环境、气氛同员工进行交流，其中最好的办法之一是安排一个确定的时间，在一个安静的场所进行。大部分的日本企业采用过此方法，它可以使信息交流双方都能平静地、不受任何干扰地探讨一些问题。

4. 完善传播技巧

传播效果优劣与传播技巧有直接的关系。信息传播中的各种传播方式、传播途径组合情况等均会影响到传播效果。一般情况下，传播者总是视当时哪种途径或媒体比较方便，就使用哪种。事实上，沟通途径和媒体的结合方式很多，仅就书面、语言、正式沟通与非正式沟通等加以组合就有16种之多。

公关链接　　改善组织沟通的十项建议

欧美公共关系界总结实践经验，提出了改善组织沟通的十项建议，这些建议有助于我们改善传播技巧。

（1）沟通前做好准备，预防可能发生的事件及其应变措施。

（2）认真考虑本次沟通的真正目的，选择适当的沟通方式和沟通语言。

（3）全面审查环境和氛围因素。

（4）沟通的信息内容准确客观。

（5）善于利用最有利的沟通时间。

（6）重视沟通中的“体态语言”。

（7）信息沟通中发送者的言行一致，讲究信用。

（8）克服不良的聆听习惯，学会做一个“好听众”。

（9）重视沟通中信息接收者的反馈。

（10）在正确运用语言文字时，酌情使用图表、数据和实物资料以说服对方。

5. 社会环境障碍的克服

由于政治制度、经济背景、意识形态、地理环境的差异，容易形成以下几种沟通障碍。

（1）文化障碍。由于文化传统、伦理道德的差异，造成思维方式、行为习惯、风俗礼节的沟通障碍。克服的方法是学习和了解不同国家、民族、地区以及宗教的基本常识，因地制宜，入乡随俗，适应环境，灵活变通。

（2）语言障碍。语言的复杂性和差异性造成了沟通中的词义不明、语义分歧、措辞不当、隔阂误会等障碍。克服的方法是加强文化修养，提高掌握和运用语言的能力，使用本国标准语言，也会使用外语。

（3）角色障碍。年龄、职业、社会地位的差异，会出现观念、行为方面的“代沟”或“隔行如隔山”的“行沟”障碍。克服的方法是互相尊重，积极主动，互谅互让，取长补短。

（4）权威障碍。由于意见领袖或某一权威人物在群体成员中有较大的影响力，会造成群体成员效仿权威人物态度立场的沟通障碍。克服的方法是转变意见领袖的态度，发掘群体成员的价值观。

6．沟通因素障碍的克服

（1）沟通主体障碍的克服。沟通主体的文化知识结构、社会阅历经验、表达能力、工作态度、个人修养等都会成为沟通过程中的制约因素，造成传送过程中的沟通干扰，使沟通符号失真。要克服这些障碍，就必须使沟通者具备相应的知识、经验，态度可亲、可信，声誉良好，权威性强，注重沟通内容，讲究沟通技巧。

（2）沟通内容障碍的克服。沟通内容是否符合沟通对象的利益、需要、兴趣、经验等，是形成或排除沟通障碍的重要因素。克服的方法是使沟通对象确信沟通者的期望是他们的利益所在，并且是在他们的经验范围之内，实行起来方便且愉快。

（3）沟通对象障碍的克服。沟通对象的年龄、性别、职业、民族、文化程度、思想倾向、兴趣爱好、个人心理与群体心理等，都有程度不同的区别，这就使他们的经验范围、接收习惯、接收心理各不相同。如果选择适合他们的内容、媒介和方法，就能较准确地理解所传送的信息，排除沟通中的干扰障碍。

（4）沟通环境障碍的克服。社会环境、自然环境、场地环境、心理环境等，对沟通效果影响很大。要排除这方面的障碍，就要在沟通时，选择舒适的场地和恰当的时间，使沟通对象处于一种支持沟通者的社会氛围之中，引导他们参加某些活动进而形成一致意见，并得到一种愉快的体验。

（5）沟通媒介障碍的克服。沟通媒介是否适合沟通者、沟通内容、沟通环境、沟通对象，直接关系到沟通效果。克服的方法是联系沟通目标，适应沟通对象，区别沟通对象，符合沟通预算。

公共关系沟通的技巧和方法，在实际使用中不是孤立单一的，通常是综合运用，各显神通，还有很多技巧和方法，需要在实践中进一步总结。

总之，在公共关系的信息传播中，存在着信息的沟通，也就必然存在沟通障碍。社会组织要正视这些障碍，采取一切可能的方法消除这些障碍，为有效的信息沟通创造条件。

【课堂讨论】

公共关系传播有哪些常见障碍？该如何克服？

5.4 整合营销传播

5.4.1 整合营销传播的内涵

20 世纪末，在广告界和营销界流行整合营销传播，即 IMC。美国微软公司 1995 年在全球推出 Windows 95，成为全球关注的轰动有效的营销典型案例，很大程度上是运用了 IMC 战略。IMC 是英文 integrated marketing communication 的缩写，目前对它的中文表达不完全一致，但就其主要含义而言，采用“整合营销传播”这一述评更贴切。一般来说，在国际上 IMC 已成为进入 21 世纪的大趋势。正如该理论的倡导者美国舒尔茨教授在其代表作《整合营销传播》一书的副标题所示，IMC 是“21 世纪企业决胜之关键”。

整合营销传播是一个发展中的概念，一时很难对其做出界定。但如果从其字面意义和实际操作形式来看，可以先给整合营销传播的含义做出如下界定：整合营销传播是综合、协调地使用各种形式的传播方式，传递本质上一致的信息，以达到宣传目的的一种营销手段。这里的各种形式应该是一切手段，常用的主要是新闻、广告、公关活动、促销，其中公关传播要求的智慧含量最高。整合营销传播是一个系统工程，追求“1+1>2”的效果。整合营销传播的内涵可从以下几方面来具体理解。

（1）以消费者为核心。在整合营销传播中，消费者处于中心地位。一方面，唯有消费者才是组织生存的根本，一切传播活动必须围绕消费者而展开；另一方面，消费者在处理组织所传递的信息上有很大的主动权，如果某些信息与已有的信息不相关或是互相冲突，那么他会拒绝这些信息，从而造成传播的失败。因此，传播者必须了解消费者，或是让消费者对传播者的信息有所了解。

实际上，整合营销中的每一个环节都在与消费者沟通。广告、公关、促销、直销、营销等都是不同形式的沟通和传播，店内商品陈列、店头促销以及为产品做的零售店头广告等也是传播。当产品售出之后，售后服务也是一种传播。总之，20 世纪 90 年代以来，营销即传播，传播即营销，二者密不可分。

（2）以资料库为基础。这是公关调研与信息管理在营销领域的延伸，有赖于组织在长期的营销过程中所建立的资料库。消费者的方方面面，包括人口统计特征、心理统计特征、购买历史、购买行为、使用行为和习惯等，都是整合营销传播的基础。建立资料库之后，还必须不断地分析流入和持续加强的信息，从消费者的反应中分析走向、趋势变化和消费者的关心点。

（3）以建立消费者和品牌之间的关系为目的。整合营销传播的一个核心是培养真正的“消费者价值”，与那些最有价值的消费者保持长久、紧密的联系。这意味着从消费者第一次接触品牌到品牌不能再为其服务为止，组织都必须整合运用各种传播手段，使其与品牌的关系越来越密切，彼此互相获利。

（4）以“一种声音”为内在支持点。现在的组织能在相当程度上控制消费者对其产品信息的接触，组织可以通过付费和非付费的媒介来控制信息的流动。随着信息的大量增加，消费者获得产品和服务信息的机会也更多，下面的趋势就越来越明显：消费者因自身的需求而主动接触信息，不是经过现行的由组织主导和控制的信息流通系统。因此，组织不管用什么媒介传播信息，其中的产品或服务的信息一定要清楚一致。如果经过多样的媒介传递的信息相互矛盾，就很可能会被消费者所忽视。

（5）以各种传播媒介的整合运用为手段。整合营销传播应当做到使不同的传播手段在不同的阶段发挥最大的作用。

要了解传播媒介的整合运用的重要性，首先必须理解“接触”（contact）这个概念。在这里，接触指凡是能够将品牌、产品类别和任何与市场相关信息传递给消费者或潜在消费者的“过程与经验”。能够接触消费者的方式有许多种，比如邻居和朋友间的口碑、产品包装、报纸报道、杂志与电视的信息、商店内的推销活动、待客之道与产品在货架上的位置等。在购买行为发生之后也可能接触，如消费者或潜在消费者的朋友、亲戚和上司谈及某人使用该品牌产品的经验，也包括售后服务、各种投诉处理的方式、公司用以解决顾客问题或引发额外消费的信函方式等。凡此种种都是消费者与品牌的接触，它们经年累月不断地影响消费者与品牌、组织间的潜在关系。

消费者可以通过各种接触方式获得信息，即由各种各样的媒体接收各种形式、不同来源、种类各异的信息。这些信息只有保持“一种声音”才能发挥最大的作用。因此，对各种传播媒介的整合运用显得十分重要。比较传统的营销传播运作模式与IMC不同，我们清楚地发现，IMC的主要特点是整合、优化、合力、一致性和完整性等，采用由外而内的角度进一步深化和拓展了市场调查的领域，同时也体现了信息高速公路所能开发的最新成果。

案例5.5　动感地带赢得新一代

2003年3月，中国移动推出子品牌“动感地带”，宣布正式为年龄在15～25岁之间的年轻人提供一种特制的电信服务和区别性的资费套餐；2003年4月，中国移动举行“动感地带”（M-ZONE）形象代言人新闻发布会暨媒体推广会，中国台湾地区新锐歌星周杰伦携手“动感地带”；2003年5月至8月，中国移动各地市场利用报纸、电视、网络、户外、杂志、公关活动等开始对新品牌进行精彩演绎；2003年9月至12月，中国移动在全国举办“2003动感地带M-ZONE中国大学生街舞挑战赛”，携600万大学生掀起街舞狂潮。

1. 精确的市场细分：圈住消费新生代

麦肯锡对中国移动用户的调查资料表明，中国将超过美国成为世界上最大的无线市场。从用户绝对数量上说，到2005年中国的无线电话用户数量将达到1.5亿～2.5亿户，其中将有4 000万～5 000万用户使用无线互联网服务。

从以上资料可看出，25岁以下的年轻新一代消费群体将成为未来移动通信市场最大的增值群体。因此，中国移动将以业务为导向的市场策略率先转向了以细分的客户群体为导向的品牌策略，在众多的消费群体中锁住15～25岁年龄段的学生、白领，产生新的增值市场。锁定这一消费群体作为自己新品牌的客户，是中国移动“动感地带”成功的基础。

2. 独特的品牌策略：另类情感演绎品牌新境界

（1）动感的品牌名称。“动感地带”突破了传统品牌名称的正、稳，以奇、特彰显，充满现代的冲击感、亲和力，同时整套VI系统简洁有力，易传播，易记忆，富有冲击力。

（2）独特的品牌个性。“动感地带”被赋予了“时尚、好玩、探索”的品牌个性，同时对消费群提供以娱乐、休闲、交流为主的内容及灵活多变的资费形式。

（3）炫酷的品牌语言。富有叛逆的广告标语“我的地盘，听我的”，及“用新奇宣泄快乐”、“动感地带（M-ZONE），年轻人的通信自治区”等流行时尚语言配合创意的广告形象，将追求独立、个性、更酷的目标消费群体的心理感受描绘得淋漓尽致，与目标消费群体产生情感共鸣。

（4）犀利的明星代言。周杰伦以阳光、健康的形象，同时有点放荡不羁的行为，成为流行中的“酷”明星，在年轻一族中极具号召力和影响力，与动感地带“时尚、好玩、探索”的品牌特性非常契合，可以更好地回应和传达动感地带的品牌内涵，从而形成年轻人特有的品牌文化。

“动感地带”其独特的品牌主张不仅满足了年轻人的消费需求，与他们的消费特点和文化相吻合，更提出了一种独特的现代生活与文化方式，突出了“动感地带”的“价值、属性、文化、个性”。将消费群体的心理情感注入品牌内涵，是“动感地带”品牌新境界的成功所在。

3. 整合的营销传播：以体验之旅形成市场互动

（1）传播立体轰炸。选择目标群体关注的报刊媒体、电视、网络、户外、杂志、活动等，将“动感地带”的品牌形象、品牌主张、资费套餐等迅速传达给目标消费群体。

（2）活动以点代面。从新闻发布会携手小天王、小天王个人演唱会到600万大学生“街舞”互动、结盟麦当劳、冠名赞助“第十届全球华语音乐榜中榜”评选活动，形成全国市场的互动，并为市场形成了良好的营销氛围，进行“传染”。

（3）高空地面结合。中国移动在进行广告高空轰炸、大型活动推广传播的同时，各市场同时开展了走进校园进行的相关推广活动，建立校园联盟；在业务形式上，开通移动QQ、铃声下载、资费套餐等活动，为消费群体提供实在的服务内容，使高空地面相结合。

（4）情感中的体验。在所有的营销传播活动中，都让目标消费群体参与进来，产生情感共鸣，特别是全国“街舞”挑战赛，在体验之中将品牌潜移默化地植入消费者的心智，起到了良好的营销效果。

（资料来源：郑纪东. 精确细分——动感地带赢得新一代. 成功营销）

5.4.2 整合营销传播的产生与发展

1. 整合营销传播的产生

IMC 产生的主要依据是传播媒介发生了重大变化。传播媒介的变化主要体现在以下几个方面。

（1）图像传播的盛行与近似文盲的出现。从电视的发明开始，人类传播方式逐渐从以文字和口头传播为主向以电视、演讲、MTV 和口语为主的传播方式转化。这种传播方式具有直观、生动、易懂、不需要受众多大程度参与的特点，这使得现代人缺乏对信息的理性理解，造就了所谓的近似文盲，越来越多的人只能读一些字，却无法理解简单的句子、片语或指示。由于社会越来越重视图像、声音和象征的运用，减少了对阅读的要求，近似文盲的人也能以他们自己的方式进行传播活动。组织将会更多地依赖符号、象征、图像、声音等传播形式，将信息传达给实际的消费者和潜在的顾客，整合各种形式的传播媒介就变得越来越重要。

（2）媒介数量的增加和受众的细分化。由于媒介数量的空前增多，大众媒介一统天下的局面被打破，这使得消费者可以从各种各样的媒介中获取信息，每个媒介的受众越来越少，每个消费者或潜在消费者所接触的媒介却越来越多。如何充分利用各种媒介，有效地为某种品牌、公司或营销组织服务，成为日益重要的课题。整合营销传播也就显得日益重要了。

（3）消费者进行购买决定时越来越依赖主观认知而不是客观事实。简单地说，消费者购买时决策的依据，往往是他们自以为重要、真实、正确的主观认知，而不是来自具体事实的、进行理性思考后的客观认知。由于近年关于产品的信息越来越多，消费者没有时间和能力去仔细对各种信息进行处理，这种情况迫使组织的产品或服务信息必须清晰、一致而且易于理解。

正是在多种因素的作用下，整合营销传播出现了，它避免了传播营销方法由于忽视这些变化而造成的传播无效和浪费。

2．整合营销传播理论的继承与发展

（1）4Ps 理论与 4Cs 理论。所谓 4Ps，是由美国密执安州立大学教授 J.麦卡锡在 1960 年提出的，这是营销理论中占重要地位的概念，由此确定了营销的四个组合因素，即产品（product）、价格（price）、渠道（place）和促销（promotion）。这四个因素的英文单词都以 P 开头，所以习惯称其为 4Ps，4Ps 作为营销教育和实践的重要基石，其地位的稳定长达 20 多年。

20 世纪 90 年代以来，营销领域越来越多的人转向劳特朋所提出的 4Cs 理论。所谓 4Cs 的理论主张，有其新鲜的特点，具体表述如下。

① 把产品先搁到一边，赶紧研究消费者的需要和欲求（consumer wants and needs），不要再卖你所能制造的产品，而要卖消费者确定想购买的产品。

② 暂时忘掉定价策略，着重了解消费者要满足其需求所须付出的成本（cost）。

③ 忘掉渠道策略，而考虑如何给消费者方便（convenience）以购得商品。

④ 最后请忘掉促销，取而代之的是沟通（communication）。

以上四个特征从表面上看与传统的做法相对立，其实更重要的在于它从一个新的角度开拓了新的视野。我们认为 4Ps 与 4Cs 不是取代关系，而是发展关系，两种方法都在发挥功用。实施 IMC 策略，并不是简单地将营销工具进行组合。IMC 的执行过程，包括对组织结构进行调整，建立资料库（date base）以及选择 IMC 代理公司等几个主要部分。

4Cs理论把企业营销的重点放在消费者身上，即一切以消费者为中心。因此，凡是与消费者有关的一切活动都可以纳入营销的范围，这使得营销活动和传播活动有了更加广阔的空间，可以运用的传播方式大大增加了，整合营销传播随之被提上了议事日程。

（2）4Cs 理论的不足。从总体上看，4Cs 营销理论注重以消费者需求为导向，与市场导向的4Ps相比，4Cs有了很大的进步和发展，但从企业的营销实践和市场发展的趋势看，4Cs依然存在以下不足。

① 4Cs 是顾客导向，而市场经济要求的是竞争导向，中国的企业营销也已经转向了市场竞争导向阶段。顾客导向与市场竞争导向的本质区别是，前者看到的是新的顾客需求；后者不仅看到了需求，还更多地注意到了竞争对手，冷静分析自身在竞争中的优、劣势并采取相应的策略，在竞争中求发展。

② 随着4Cs理论融入营销策略和行为中，经过一个时期的运作与发展，虽然会推动社会营销的发展和进步，但企业营销又会在新的层次上同一化，不同企业至多是个程度的差距问题，并不能形成营销个性或营销特色，不能形成营销优势，保证企业顾客份额的稳定性、积累性和发展性。

③ 4Cs 以顾客需求为导向，但顾客需求有个合理性问题。顾客总是希望质量好，价格低，特别在价格上要求是无界限的。只看到满足顾客需求的一面，企业必然付出更大的成本，久而久之，会影响企业的发展。所以从长远看，企业经营要遵循双赢的原则，这是4Cs需要进一步解决的问题。

④ 4Cs仍然没有体现既赢得客户， 又长期地拥有客户的关系营销思想，没有解决满足顾客需求的操作性问题，如提供集成解决方案、快速反应等。

⑤ 4Cs 总体上虽是 4Ps 的转化和发展，但被动适应顾客需求的色彩较浓。根据市场的发展，需要从更高层次以更有效的方式在企业与顾客之间建立起有别于传统的新型的主动性关系，如互动关系、双赢关系、关联关系等。

（3）4Rs理论。针对上述问题，近来，美国Don E. Schultz提出了4Rs（关联、反应、关系、回报）营销新理论，阐述了一个全新的营销四要素。

① 与顾客建立关联。在竞争性市场中，顾客具有动态性，顾客忠诚度是变化的，他们会转移到其他企业。要提高顾客的忠诚度，赢得长期而稳定的市场，重要的营销策略是通过某些有效的方式在业务、需求等方面与顾客建立关联，形成一种互助、互求、互需的关系，把顾客与企业联系在一起，这样就大大减少了顾客流失的可能性。特别是企业对企业的营销与消费市场营销完全不同，更需要靠关联、关系来维系。

② 提高市场反应速度。在今天的相互影响的市场中，对经营者来说最现实的问题不在于如何控制、制订和实施计划，而在于如何站在顾客的角度及时地倾听顾客的希望、渴望和需求，并及时答复和迅速做出反应，满足顾客的需求。目前，多数公司倾向于说给顾客听，而不是听顾客说，反应迟钝，这是不利于市场发展的。

当代先进企业已从过去推测性商业模式，转移成高度回应需求的商业模式。面对迅速变化的市场，要满足顾客的需求，建立关联关系，企业必须建立快速反应机制，提高反应速度和回应力，这样可最大限度地减少抱怨，稳定客户群，减小客户转移的概率。网络的神奇在于迅速，企业必须把网络作为快速反应的重要工具和手段。在及时反应方面日本公司的做法值得借鉴。日本企业在质量上并不一味地、单纯地追求至善至美，而是追求面向客户的质量，追求质量价格比。它们并不保证产品不出问题，因为那样成本太高，而是在协调质量与服务关系的基础上建立快速反应机制，提高服务水平，从而能够对问题快速反应并迅速解决。这是一种企业、顾客双赢的做法。

③ 关系营销越来越重要。在企业与客户的关系发生了本质性变化的市场环境中，抢占市场的关键已转变为与顾客建立长期而稳固的关系，从交易变成责任，从顾客变成用户，从管理营销组合变成管理和顾客的互动关系。

④ 回报是营销的源泉。对企业来说，市场营销的真正价值在于其为企业带来短期或长期的收入和利润的能力。

（4）4Rs 理论与 4Cs 理论的比较。4Rs 理论与 4Cs 理论相比有如下四大优势。

① 4Rs 营销理论的最大特点是以竞争为导向，在新的层次上概括了营销的新框架。4Rs 根据市场不断成熟和竞争日趋激烈的形势，着眼于企业与顾客互动与双赢。

② 4Rs 体现并落实了关系营销的思想，通过关联、关系和反应，提出了如何建立关系、长期拥有客户、保证长期利益的具体操作方式，这是一个很大的进步。

③ 反应机制为互动与双赢、建立关联提供了基础和保证，同时也延伸和升华了便利性。

④ “回报”兼容了成本和双赢两方面的内容。追求回报，企业必然实施低成本战略，充分考虑顾客愿意付出的成本，实现成本的最小化，并在此基础上获得更多的顾客份额，形成规模效益。这样，企业为顾客提供价值和追求回报相辅相成，相互促进，客观上达到的是一种双赢的效果。

3. 整合营销传播在我国的应用

首先，整合营销传播并不神秘，整合营销传播中的许多做法都已在实践中做到了。整合营销传播的重要意义在于它提出了一个全新的观念，即以消费者为核心，综合运用各种传播手段来传递“一个声音”，以求给消费者传递统一的清晰的信息，从而实现自己的传播目的。整合营销传播是一种新的观念，而不是一种新的方法，它可以使我们更自觉地指导实践。因此，它在我国有迅速被应用的可能。

其次，整合营销传播理论本身仍在探索之中，有待进一步完善。

最后，我们应该注意，在中国进行整合营销传播活动会受到一些客观条件的限制。整合营销传播的基础是有一个完备的资料库，以便充分地了解消费者，而在中国，恰恰在资料库的建立上是非常薄弱的。因此，其应用必然受到相当程度的限制。

整合营销传播观念的出现，不仅在广告界和营销界掀起了波澜，还对整个社会产生了相当的影响。在世纪之交，整合营销传播之父唐·E.舒尔茨先生亲临中国，在各大高校及知名企业中应用整合营销传播理论为中国传经布道，在中国各行各业中掀起了整合资源的高潮。公共关系界无一例外地受到了整合营销传播理念的影响，也在积极地倡导整合营销传播。“他山之石，可以攻玉”。我们可以将这一新鲜的理论应用到公共关系实际工作中来，以实现组织树立良好形象的传播目标。

公关链接　　网络公共关系的运用

网络公共关系主要起到两个方面的作用：一是组织信息的主动传播；二是网络舆论的控制。

1. 建立好自己的网站，树立组织的网络形象

网站是组织的门面，一旦建立，全世界都可以访问它。建立网站时要注意：精心设计网上组织形象识别系统，从网页开始，全面展示组织形象；提供丰富的内容；及时更新；充分利用交互性；做好日常维护。组织在网上发布新闻公告时，应注意以下几点：

（1）新闻的即时性。网络媒体和传统媒体相比较的一大优势是网络媒体的即时性。如果组织希望以尽快的速度传播某一事件，最好的方式就是将新闻公告不仅在Web上发布，还要投递到新闻界去，这样才能达到应有的效果。

（2）传统媒体和网络媒体相配合。网络时代的公共关系人员一方面仍需向传统的大众传媒提供信息；另一方面，他们可以建立自己的网站与目标受众进行直接的交流，从而在传播中处于更为有利的地位。

（3）建立广泛的网络媒体联络。当组织有新产品或新服务出台时，最好能实时发送一些信息给那些希望发布此信息的网络媒体。组织可建立用户邮件列表或通过网站邮件列表收集对本组织感兴趣的用户的邮件地址，并及时向其发布组织的最新动态。

2. 监控网络舆论

网络舆论是组织拓展公共关系时不可忽视的重要方面。网络为舆论的传播提供了途径，借助网络，舆论可以突破时间和空间上的障碍，使得各方面的意见及时、广泛、深入地进行交换。互联网作为一种大众媒体，带来了新的信息传播方式，关注网上信息的传播和舆论导向，是网络时代公共关系面临的新课题。通过网络开展公关活动，树立形象还要注意网上犯罪，提防网络风险，如网上的恶意攻击行为，别有用心的网上流言散布等，避免不利信息的迅速传播。

本章小结

公共关系传播是社会组织了解公众、公众认知组织的中介和桥梁。公共关系传播具有行为的受制性、内容的求实性、渠道的多样性、方式的策略性、活动的高效性等特点。

公共关系传播的常用媒介有人际传播、组织传播、大众传播、邮电传播、信息网络传播等。不同的传播有不同的特点，公共关系传播过程中必须考虑相关因素加以正

确选择。

公共关系传播还应符合一些基本要求，并注意运用一些传播技巧。

在组织与组织、人与人沟通的过程中有许多障碍，主要有主观障碍、客观障碍和沟通方式障碍三个方面。不同的传播障碍产生的原因不同，所应采取的克服措施也不同。

整合营销传播是综合、协调地使用各种形式的传播方式，传递本质上一致的信息，以达到宣传目的的一种营销手段。我们可以将这一新鲜的理论应用到公共关系实际工作中，以实现组织树立良好形象的传播目标。

思考与练习5

一、选择题

1．将公共关系传播给特定的公众的公共关系传播媒介是（　　）。

A．大众传播媒介　　B．邮电传播媒介　　C．信息网络传播媒介

2．社会组织向社会名流、领袖等传播公共关系信息时采用的策略是（　　）。

A．普遍性目标受众策略

B．选择性目标受众策略

C．集中性目标受众策略

3．“隔行如隔山”所反映的障碍属于（　　）。

A．文化障碍　　B．角色障碍　　C．权威障碍

二、填空题

1．公共关系信息的质量可由______、_______、_______、系统性四个主要指标来衡量。

2．公共关系广告的形式有________、_________、_________、服务广告、馈赠广告等。

3．4Rs营销新理论阐述的营销四要素是_______、________、________和回报。

三、简答题

1．简述公共关系传播有哪些特点。

2．简述影响传播效果的因素主要有哪些。

3．简述整合营销传播的内涵具体可从哪几方面来理解。

课后实训5

1．针对某次公共关系活动，拟订媒体选择方案并说明理由。

2．分析一次公共关系传播活动，指出其符合哪些传播要求，运用了哪些传播技巧。

3．以小组为单位，请同学们在一起模拟不同人际关系角色，体会传播障碍及其克服方法的运用。

4．结合案例，分析企业应如何制造新闻。

第6章

公共关系协调

课前思考

★ 企业如何协调好与员工的关系？

★ 企业如何协调好与顾客的关系？

★ 企业在协调员工关系及顾客关系时，到底是员工第一还是顾客第一？

学习目标

- 公共关系协调的原则、内容
- 员工关系、股东关系的协调
- 消费者关系的协调
- 供货商关系、销售商关系的协调
- 新闻媒介关系、社区关系、政府关系的协调

社会组织的公共关系涉及的范围非常广泛，但归纳起来可以分为两大类：一类是组织内部公共关系；另一类是组织外部公共关系。努力协调好组织的内外部公共关系，为组织创造和谐的公共关系环境，是实现组织目标与可持续发展的必要条件。

6.1 公共关系协调概述

6.1.1 公共关系协调的原则

公共关系协调是指建立和保持企业与各类公众的双向沟通，向公众传播企业信息，争取理解和支持，强化与公众关系的职能。公共关系协调是公共关系工作的基本内容。公共关系协调实际上有两种含义。一是指企业与其公众之间的关系处于协调的状态。例如，内部同心同德、步调一致，外部享有声誉、融洽合作等。这个含义中，“协调”是形容词，形容企业与相关公众之间配合得适当，关系和谐。二是指企业为争取公众的支持与合作而进行的一系列努力和开展的各种协调公共关系的工作。例如，在内部为员工办实事、广泛听取员工的意见、向员工宣传企业的政策等，在外部为顾客提供满意服务、为社区分忧解难、模范遵守政府法令以及加强与各方面公众的沟通和协调等。在这个含义中，“协调”为动词，表明企业为建立和谐的公共关系环境所付诸的实际行动。

公共关系协调的原则，指企业搞好公共关系的协调应当遵循的指导思想。公共关系协调的主要原则如下。

1. 自觉原则

公共关系是企业与生俱来的一种社会关系。因此，公共关系协调，首先要提高企业对公共关系协调必要性的认识。如果一个企业的公共关系不存在了，那么这个企业也就不存在了，这就是公共关系主体与客体的对立统一。一个企业为了实现自己的目标和保证自身的正常运转，实际上时时、处处都在进行各种公共关系协调工作。可以说，公共关系协调对于任何企业都是须臾不可离的。因此，在这个意义上，任何企业都不存在进行不进行公共关系协调的问题，而只存在自发和自觉的区分。不少企业不理解公共关系协调的必要，他们进行的公共关系协调是自发的、被动的、盲目的，甚至是悖理的，所以，往往捉襟见肘，事倍功半，甚至徒劳无益，显然很难把公共关系协调搞好。相反，只有充分认识公共关系协调的必要性，才能增强企业开展公共关系协调的自觉性、主动性和创造性，从而不断提高公共关系协调工作的水平。

要搞好公共关系协调，还必须充分认识公共关系协调的重要性。应充分认识和谐的公共关系环境是实现企业目标和可持续发展的必要条件，并充分认识和谐的公共关系环境只能靠搞好公共关系协调的切实努力来营造。一个企业只有充分认识公共关系协调的重要意义，才能自觉重视公共关系的协调，才能在正确的公共关系思想的指导下，依据正确的原则和策略，采取正确的方法并创造性地开展工作，从而把各方面公共关系的协调做得更出色。

因此，要提高和增强企业开展公共关系协调的自觉性，必须真正理解和充分认识公共关系协调的必要性和重要性，提高和增强企业公共关系协调的自觉性，是搞好公共关系协调的前提。

2．公众第一原则

这一原则要求首先要正确认识公众的地位，摆正企业与公众的位置。如前所述，任何企业的生存和发展都不能离开公众的支持与合作，这是公共关系最基本的原理。一个企业如果失去了公众，也就失去了自身存在的价值和可能。因此，在处理和协调企业与公众的关系时，公众是第一位的，企业是第二位的。企业对于各类公众，不但应当平等相待，而且必须充分尊重、悉心呵护，视公众为至尊上帝，待公众如衣食父母，千方百计地满足公众需求，尽心竭力维护公众权益，只有这样，才能真正赢得公众的信任、支持与合作，创造和形成有利于企业发展的良好的公共关系环境。

在协调企业与其公众的关系时，首先要转变企业自身的立场和目标，要调整企业的方针和政策，使企业适应公众。树立“公众第一”的原则，就是要转变和端正企业的思想观念和行为方式。反对和摒弃目光短浅、急功近利的思想倾向，克服和杜绝见利忘义、唯利是图的短期行为，才能保证公共关系协调目标的实现。

“公众第一”绝不是否定企业的利益追求。因为企业与其公众之间是存在着利益关系的，公共关系正是通过赢得公众的支持与合作，更好地实现企业的利益。只有公众利益，不要企业利益，公共关系也就失去了意义。所以，从这个意义上讲，公共关系是“协调利益、实现互惠”的学问和艺术。

一般来说，在企业与相关公众的关系中，由于公众处在公共关系客体的相对被动的地位，并不一定有与公共关系主体即与某一组织构建良好的公共关系的动机和要求。因而，公众不可能不倾向于自己的眼前利益、直接利益和物质利益。公众选择企业，一般要看在哪家企业能够买到满意的商品和得到满意的服务，即在哪家企业能够获得现实的利益，显然一般不会为主动与哪家企业搞好什么关系，而宁愿牺牲眼前利益去追求长远利益，牺牲直接利益去追求间接利益，牺牲物质利益去追求什么精神利益。所以，公众一般只具有自利意识而不具有互利意识。从另一方面来看，企业则不然，作为公共关系主体，需要公众的信任和支持，需要构建良好的公共关系。因此，企业不能只有自利意识而必须具有强烈的公众意识。企业必须主动争取公众，满足公众的需求，给公众以切实的利益，这样才能赢得公众的信赖与合作。可以说，企业自身的利益，正是在满足公众利益的基础上实现的。企业的利益追求，应当主要把眼光放在构建良好的公众关系和企业形象上。良好的公众关系和企业形象是宝贵的无形资产，公众总是乐于给声誉卓著的企业以更多的信任与支持，总是乐于同形象良好的企业交往与合作，并最终自然会为企业带来巨大的经济效益和社会效益。相反，急功近利、见利忘义的企业，最终必然失道寡助、难以为继。可见，同作为客体的公众相比，作为主体的企业应当更着重于追求长远利益，更安心于获得间接利益，更强调于实现精神方面的利益。

3. 传播沟通原则

公共关系之所以具有协调企业与其公众关系的特殊的现代管理功能，正是因为它所运用的基本方式是信息传播沟通这种柔性手段。社会生活日益密切的联系及其传播需要和现代传播媒介与技术的多样性发展，已经为公共关系这一管理职能提供了空前广阔的田地。

在公共关系协调中，应注意运用传播沟通，要善于通过传播沟通，使企业与相关公众交流信息、增进了解、推动合作、密切关系。从企业内部来看，只有建立起纵向和横向的通畅的信息传播沟通，才能达到思想上的理解、认识上的共识、情感上的交融、行动上的协调，才能使各种隔阂与误解得以消除。由此，便可以形成一个强大的引力场，企业内部公众就会被吸引到同心协力实现企业目标的轨道上来。从企业外部来看，只有了解各方面公众的需求及意向，真实、准确地反映和把握舆论状况及趋势，才能有利于企业在协调公共关系中正确决策、调整应付，才能增进了解与信任，化解矛盾与冲突，密切联系与情感，促进互助与互利，以利于企业在协调的公共关系状态下广结善缘、赢得支持。由此，才能形成宝贵的形象资源和优势，形成和谐的公共关系环境，实现企业的可持续发展。

案例6.1 寻求企业员工与公司利益的一致性——美国联合化学公司的节能运动

1. 发现问题、确定目标

PULSE（“请节约能源”的英文字母缩写）是在美国联合化学公司职工中开展的以节约能源为目的的鼓励性运动，这项计划是为了扩大已经在公司各厂矿、仓库、机关中开展的节能运动而推行的。

联合化学公司是在能源短缺与能源费用急剧上涨的背景下开始认真实行节能工作的。而公司要节能15%的指标却是越来越困难了。经认真地调查分析后，发现问题在于：一是在这三年中，节能运动仅限于少数有选择的部门，主要是工厂内和其他有关的用户中；二是员工对于能源问题认识不足。

找到问题症结所在后，管理部门决定，实行新的节能计划，使节能运动变为公司内每个人的事情，不仅是经理、工程师、技术人员的责任，而是33 000名职工每一个人的责任。

2. 制订计划——通过提高职工的认识和自觉行动来达到目的

为了提高工人的觉悟水平，首先，公司从厂外请来一名研究职工关系的专家来测定职工的觉悟水平，并为推进职工在节能运动中的合作制订一项计划。

PULSE 节能计划是设计用来提高工人对于能源短缺以及费用上涨如何影响公司运转、影响产品成本、影响工人利益这方面的觉悟的，通过职工提高认识和自觉行动达到节能的目的。这一总目标，又分成若干的具体目标，在公司级会议上分派给各个经理，同时还开设训练班，通过培训帮助经理们适应厉行节能的新局面。

计划确定PULSE的具体目标如下。

（1）提高职工对于全国能源危机严重性的认识，使“联化”的全体职工都了解节能的必要性。

（2）调动职工的一切潜力和才能为节能运动献计献策。

（3）采纳职工的节能建议。

（4）向各分厂提供资金奖励职工在节能运动方面做出的成绩。

（5）向各分厂分管能源的经理提供指导纲要与辅助资料，以促进每个分厂的各项节能活动。

3. 采取具体行动

公共关系部与能源部紧密合作，印刷并散发实行节能计划的材料，其主要包括以下内容。

（1）发行材料。在职工报纸《今天》上刊登广告，两种PULSE海报，一份装在工资袋里的宣传品。

（2）《节能指导》材料袋。封面印有经理的公开信，内装介绍节能计划并提供能源危机背景材料的职工手册，附有职工节能建议表等。

（3）PULSE专用文稿笺。印有PULSE黑体字开头的空白文稿笺，专供工厂经理向职工发布有关节能运动进展情况及号召职工投入运动时使用。

（4）随工资袋发放的印刷品。有四种不同的印刷品随工资袋一起发放给每一个职工（包括临时工），每一种印刷品就一项具体能源的使用方法向职工提供节能知识。

（5）张贴大型海报。每45天张贴1次，用来鼓励职工提出节能的建议。

（6）小型的海报。同样是用来提醒职工提出建议的，也每隔45天张贴1次。

（7）有统一图案的PULSE招贴标志。

（8）为开始节能而设计的PULSE标志。这些标志张贴在电灯开关与仪器控制柜附近，提醒职工注意节能。

（9）特殊的张贴标志。对于那些提出的建议得到采纳的职工，在他们工作的地方张贴这样的标志，以资鼓励。

（10）嘉奖证书。用来表彰那些对节能运动做出重大贡献的职工，由工厂经理做出决定予以颁发。与证书同时发给职工的还有以下四种奖励中的任何一种：在可供购买的奖品单上任选一种；两个人的晚饭；礼品券；参加一次特别抽奖。

所有这些节能方面的材料都发给各分厂的管理机构，每个分厂的经理都有责任依据这些材料结合本厂的实际情况和需要调整充实计划。一个典型的计划大致包括：开幕活动；鼓励或有奖活动；通过会议与职工直接接触；征求建议的活动；给职工的特别信件；提高认识和觉悟的活动；计划执行结果的评定等。

通过一年节能运动的开展，公司取得了良好的节能效果，全年节约能源支出4 500万美元，相当于一年节省了370万桶石油。

6.1.2 公共关系协调的内容

协调企业与公众的关系，涉及诸多内容，主要是利益协调、态度协调和行为协调。

1．利益协调

利益，即好处，是指企业与公众获得的在物质上或精神上的需求和满足。企业与相关公众之所以能形成经常的联系，根本原因就是相互之间存在着利益上的互补，如果没有各自利益的需求和满足，双方就不可能形成经常的联系和良好的关系。而促进互补互利关系的顺利实现，需要企业自觉并经常进行自身和公众利益需求及利益关系的调整、调节，这就是所谓的利益协调。利益协调是公共关系协调的基础。

2．态度协调

人们对某项事物所持的态度，一般主要取决于人们对该事物意义的大小、价值的大小的理解，即主要取决于人们的价值观，所以价值观是态度的核心，态度是价值观的显现。可见，态度建立在利益的基础之上。

态度虽然是一种心理状态，但它是心理活动向行为过渡的临界点。态度一经形成，就会成为一种心理定式，影响着人们对事物的判断和选择，预示着人们的行为方向和力度，因此，在公共关系协调过程中，必须对态度协调给予高度重视。这里所谓的态度协调，是指企业为了实现同公众的互助合作而自觉进行的对公众消极态度的转化和积极态度强化的各种工作。

在公共关系的协调中，态度协调具有重要地位。态度协调是行为协调的先导，态度协调搞好了，逆意公众、边缘公众就可以转化为顺意公众，并将自然导致企业与公众之间的良好合作。因此，态度协调是公共关系协调的关键。事前的态度协调，往往是公共关系协调成功的秘诀。

3．行为协调

在公共关系协调中，行为协调是指企业及其公众自觉对自身的行为进行的调整和调节，以便使双方相互配合、相互支持、互助合作。

行为协调是公共关系协调的实际步骤和最终归宿。行为协调的主要目的，是使企业的潜在公众、知晓公众转变为行为公众，使已经建立互助关系的企业与公众的合作行为更加密切和巩固，使已经出现的矛盾和冲突等不协调的行为得以转化，从而最终完成公共关系协调的工作和最终达到公共关系协调的状态。只有搞好行为协调，企业与公众的互助合作才能得到落实，企业与公众的良好关系才能真正形成，公共关系协调的全部努力才能圆满成功，企业与公共环境的良性互动才能充分体现。

【课堂讨论】

如何理解公共关系协调的原则与内容？

6.2 内部公共关系的协调

组织的内部公共关系如何，直接关系到组织的生机和活力，进而影响着外部公共关系的构建和组织目标的实现。所以，搞好内部公共关系是整个公共关系协调工作的基础和起点。组织要协调的内部公共关系比较复杂，包括组织或组织的公共关系部门与组织内部其他部门，与员工，与非正式组织，与股东的关系等。本书主要介绍与员工关系及与股东关系的协调。

6.2.1 员工关系的协调

员工是组织的细胞和主人，良好的员工关系是组织成功的动力和源泉，更是构建组织良好的外部公共关系的条件和基础。所以与员工关系的协调具有重要意义。但要协调好员工关系，首先必须关注员工关系协调的焦点。

1. 员工关系协调的焦点

企业与员工关系的焦点是利益，利益关系是社会组织内部最基本的关系。一个组织的产生和发展，最基本的动因是利益，同样，组织成员进行工作和活动，最基本的动因也是利益。离开了利益，员工就失去了最根本的动力机制。由于利益引起组织内部的种种关系就是利益关系。

虽然不同的员工有不同的利益需求，同一个员工在不同的时期也会有不同的利益需求，但总的来说，员工对组织的利益需求主要有工资报酬、奖金福利、工作环境、参与管理、培训晋升等。毫无疑问，员工的这些利益需求都是正常的、合理的，组织的公关人员应认真了解员工的利益需求，尤其是员工在一定条件下最为迫切的需求，并尽可能地给予满足。

但是，我们也要清醒地认识到，员工的利益需求与组织的利益并不总是统一的，有时为了组织的长远发展，会影响员工的短期利益，而且，不同员工之间的利益矛盾也会时常发生，这就要求组织的公关人员一定要协调好组织与员工、员工与员工之间的利益关系。利益关系处理得好，其他关系就有可能迎刃而解；否则，协调其他公共关系就缺乏坚实的客观基础。

2. 员工关系协调的内容

要搞好员工关系，可从以下几个方面入手。

（1）了解员工，是搞好员工关系的基础。只有在准确了解员工的状况、想法、需要和存在的问题，了解员工的身体状况和思想状况的基础上，才能做出具体计划和部署：沟通和传播什么？怎样去促进沟通和传播？能够提出哪些切实可行的建议？需要解决什么问题？

（2）重视并尽可能满足员工的物质利益需求。物质利益主要包括工资、奖金、福利、工作环境等。员工作为现实社会中的人，为了生存和发展，参加组织的工作，其最直接的目的是以劳动换取一定的报酬，他们关心组织的利益分配，要求改善物质待遇的要求是正当和合理的。一方面，公共关系人员要敦促组织领导重视改善员工的物质待遇，在可能的情况下，尽量把员工的物质利益搞好；要及时向组织领导反映员工对工资和其他物质利益分配的意见和要求；敦促领导认真贯彻按劳分配原则，力求在现有条件下公正合理地解决工资调级和利益分配问题。另一方面，组织要提高员工的物质利益和福利待遇，又要受到其经济效益和社会生产发展水平的限制，不可能完全满足员工的要求，这又需要公共关系人员通过沟通，如实地向员工们说明组织的经营状况、利润收入、分配政策和分配状况，以及组织的困难，以求得员工的谅解和合作，使员工对工资和福利待遇的期望值保持在现实和合理的水平上，对组织用于扩大再生产、更新设备、开拓市场、技术培训的经费开支予以理解和支持。

（3）尊重员工的精神需求，激发员工的工作潜力和工作积极性。精神需求主要包括赞扬、尊重、教育、参与管理等内容。公共关系学理论认为，把员工看作“给多少钱，干多少活”的“经济人”的观点是不对的，人还是追求精神需求的“社会人”。美国心理学家马斯洛认为，人的基本物质需求得到满足后，精神需求就会上升为主要需求。英国学者尼格尔·尼克尔逊对英国管理学会的2 300名会员进行的一次调查表明：被调查者平均每人每3年换1次工作，他们另谋职业的动机往往不是金钱和其他物质利益，而是谋求更有挑战性、更受重用和更能发挥创造性的机会。精神激励的主要特点是引导员工在工作中寻求生活的意义和乐趣，通过在工作中的创造性活动获得尊重，得到心理上的平衡和满足。

（4）树立“以人为本”的观念，尊重员工的个人价值。如果个人价值得不到尊重，个人就会自轻自贱，或者强烈不满，产生不负责的行为。因此，应把个人价值和团体价值结合起来，相信和依靠员工，大胆放手让他们工作，及时肯定和赞赏他们的成绩和贡献，尊重其人格和自主权。日本松下公司的创始人松下幸之助经过常年观察研究后发现，按时计酬的员工仅能发挥工作效能的20%～30%，而如果受到充分激励则可发挥至80%～90%，松下先生探索出了用“拍肩膀”来激励员工，取得了良好的效果。

（5）让员工分享足够的组织信息，参与一定的组织管理决策，培养员工的主人翁意识。例如，经常通过黑板报、内部刊物、闭路电视、组织内的有线广播、热线电话、会议、展览会、总经理致函等，向员工介绍组织的运转情况，组织的决策目标，竞争对手的情况，领导工作的情况，模范业绩，组织的新产品、新技术、新设备，安全生产常识，员工新闻，福利情况等有关信息和重大决策，满足员工的知情权，使员工感到自己是组织的一员，得到了应有的重视。让员工在一定程度上参与组织决策，不仅只是具有确保员工民主权利的意义，也不仅有集思广益以求更正确和更科学的决策，而且可以使全体员工在精神上产生当家做主的满足感受，从而把他们引向同一目标。当员工参与一定程度的管理和决策时，他们对自己参与决策的管理制度和措施，总是会身体力行去做；反之，如果员工希望表现自我能力的心理需要被忽视或受到压抑，就可能转变为组织中的异己力量，就可能在“离心力”的影响下产生消极抵触和对抗行为。

（6）建立健全合理化的建议制度，培养员工的进取心和自豪感。员工最熟悉自己工作领域的情况，对自己所涉及的工作最有发言权，员工中蕴含着无穷的创造性，建立健全合理化的建议制度，广泛征求和收集员工关于改进工作方式、工作程序、操作技术的意见，对组织发展具有重要意义。一方面使员工的创造力和潜能得到开发和利用，给组织带来巨大的经济效益；另一方面又使员工的成就欲望得到满足，从而产生自豪感和强烈的进取心。这样做还能形成一种良好的风气，使员工人人关心组织，创造性地做好本职工作。

（7）协调好正式组织与非正式组织的关系。每个组织都有一套按一定编制而形成的正式组织系统，如科室、班组等，同时，每个组织内又有一种自然的、以感情为纽带而形成的非正式组织。非正式组织以某种共同利益、观点和爱好为基础，其联络沟通活动往往比正式组织更紧密，有更强的内聚力和感召力。它一般由足智多谋或才干出众的人当首领，对其他成员具有心理上的指挥权，一般称之为“意见领袖”。非正式组织有不成文的奖惩方式，有比较灵敏的信息传递渠道，其成员往往更重视非正式组织的行为规则，当这些行为规则与正式组织的行为规则相抵触时，他们多半宁可违背正式组织的行为规则，这就使非正式组织中的工作情绪和工作气氛对正式组织的群体风气产生很大影响。因此，公共关系人员应注意发挥非正式组织的积极作用，避免非正式组织的消极影响，学会与非正式组织的“意见领袖”交朋友，引导非正式组织活动向健康方向发展。

案例6.2　海尔的“云燕镜子”

海尔公司在组织内部公共关系的实践中，不仅坚持严格管理，用物质利益激发员工的行为，还倡导员工自主管理，在精神激励上下功夫。海尔公司一个叫高云燕的女工，是总装车间的一名普通操作工。她看到放置门体的工作台影响操作时的观察，进而影响了加工的质量和效率，便琢磨利用折射原理，在钻眼机前放面镜子。一试，果然效果绝佳。公司立即支持其立起一面1平方米的镜子，还将镜子命名为“云燕镜子”。这一举措不但激励了高云燕，还激励了全体员工的主人翁的创造精神。

【案例讨论】

收集海尔公司的相关资料，说明海尔是如何通过鼓励职工“自我设计”、“自我表现”、“自我制造”等来激励员工的。

3. 员工关系沟通的方式

要与员工协调好关系，应保持良好的沟通，我们可以借鉴英特尔公司的内部沟通体系。在英特尔总部，专门设有一个“全球员工沟通部”，促进英特尔沟通体系与团队发展。英特尔在内部推崇并采取开放式的沟通模式，内部的沟通是双向的，包括许多沟通的渠道。

（1）网上直播、网上聊天。英特尔为计算机制造了“奔腾的心”，推动世界进入网络信息时代，自身也成为网络科技的受惠者。公司的高层管理人员会经常通过英特尔内部网络，向全球员工介绍公司最新的业务发展以及某个专门问题的情况。英特尔的管理层还通过网上聊天，和员工进行互动的沟通，回答员工现场提出的各种问题。

（2）季度业务报告会。季度业务报告会是英特尔公司进行员工沟通的重要方式，这是一种一对多或多对多的沟通，是一种面对面的沟通。在季度业务报告会上，公司不单向员工通报公司最新的业务发展情况，还现场对员工所提出的问题进行回答，员工通过现场提问直接面对面地与公司管理层进行交流。

（3）员工问答。在英特尔季度业务报告会之前，为了了解员工所关注的问题与所顾虑的事情，各部门内部会通过员工问答的方法，预先了解员工的心声。这也成为英特尔公司内部一种有效的沟通渠道。

（4）员工简报。在英特尔公司，每个季度都会定期的出版员工简报，它已成为一种员工内部沟通的重要方式。在英特尔的工厂里，每个星期都会定期的出版一期员工快报，让员工自由取阅，把公司及工厂里发生的最新重要事情、消息，通过简报的形式告知员工。

（5）一对一面谈。一对一的面谈是自下而上的沟通中比较常用的重要方式，公司与每一名员工之间就工作期望与要求进行沟通。通常通过员工会议的形式进行，要求员工来制订会议的议程，由员工来决定在会议上想谈的内容，包括员工对自己职业发展的想法，对经理人员的看法和反馈。

（6）定期的部门会议。英特尔各业务与职能部门会定期召开会议，经理人会定期和所有的下属进行及时沟通，听取员工的建议与想法，传达公司的政策与各项业务决策。

（7）全球员工关系调查。英特尔在全球每年都进行一年一度的全球员工关系调查，英特尔总部会派人到全球各个国家与地区的分公司，对员工关系与沟通情况进行调查。

（8）Open Door。英特尔同全球五百强公司一样，采取门户开放式的沟通。很多时候，员工有顾虑与意见不愿意直接与其上司面谈，英特尔的人力资源部专门设有一名员工关系顾问，员工可以去与人力资源部的员工关系顾问进行面谈。员工关系顾问会对所了解的信息进行独立的调查，了解员工反映的情况，然后将调查结果通知公司有关部门，包括员工的经理。在这种沟通方式中，英特尔制定了一系列的规则来避免经理人员对员工采取一些不适当的方式，从而保护员工的权利。

无论是自上而下的沟通，还是自下而上的沟通，英特尔希望能够构建起一个完整的员工沟通的渠道，通过这些渠道获得的消息或者听到的反馈与建议，都会采取后续的行动，给员工满意的回复，会通过具体措施解决相关问题，而不是仅仅为沟通而沟通。

4．创建有特色的企业文化

任何组织想要建立良好的员工关系都必须创建有特色的企业文化。企业文化是指在一定的社会大文化环境影响下，经过企业领导者的倡导和全体员工的认同与实践所形成的整体价值观念、信仰追求、道德规范、行为准则、经营特色、管理风格以及传统习惯的总称。一家优秀的企业能将经营管理中习以为常的东西升华到富有文化内涵的一种价值观和使命感，引导员工奋发向上、团结一致，达到在思想上同心、目标上同向、行动上同步、效益上同创最佳的企业文化境界。

(1) 企业文化的功能。企业文化的建设在当今企业中已成为一种趋势，成功地营造企业文化以后，员工就会全身心地投入企业的各项工作之中，以主人翁的积极姿态完成生产、经营任务，推动企业的持续发展，为企业创造出更大的利润。企业文化的功能具体表现在以下几个方面。

① 导向功能。企业文化是一种无形的准则，起到把员工个体行动引导成群体行动的作用。

② 内控功能。企业文化通过一种观念上的力量，约束、规范、控制员工行为。

③ 凝聚功能。企业文化能使员工产生归属感、认同感和使命感，进而形成集体荣誉感，产生强大的企业凝聚力。

④ 激励功能。企业文化能激励员工形成一种群体意识，自觉为争取企业集体荣誉而努力工作。

案例6.3　员工与企业

本田公司曾有一位工人，每天下午下班回家时，都要对停靠在路边的本田汽车注视一下，甚至把汽车前窗上的雨刷调整到合适的位置。对于他来说，只要看到本田车稍微有点毛病，心里就会感到不舒服，直到将它弄好才放心。事情虽小，但从中我们可以看出，这位工人已将自己融入本田公司的大家庭之中，将公司的声誉与自己的光荣与耻辱直接联系起来。本田公司之所以能有这样的员工，要归功于其优秀的企业文化。这种日本式的企业文化，继承了中国儒家学说中的“和、爱、诚、忠、信”等理念，企业员工团结，关系和谐，富有责任感，具有团队精神。

【案例讨论】

结合案例，说明企业文化的功能。

(2) 企业文化八大原则。企业文化是一种价值观，更是一种重要的管理手段。美国企业文化专家劳伦斯·米勒在《美国企业精神——未来企业经营的八大原则》一书中指出：美国的企业具有强烈的竞争意识，这种精神可以包括在八大基本原则之中。

① 目标原则。成功的企业必须具备有价值的目标。

② 共识原则。企业成功与否，要看它能否聚集众人的能力。

③ 卓越原则。卓越不是指成就，而是一种精神，一种动力，一种工作伦理，培养追求卓越的精神。

④ 一体原则。全员参与，强化组织的一体感。

⑤ 成效原则。成效是激励的基础。

⑥ 实证原则。即强调科学的态度，善于运用事实、数据说话。

⑦ 亲密原则。即相互信任、互相尊重的团队精神。

⑧ 正直原则。正直就是诚实，以认真负责的态度进行工作。

许多美国跨国企业都能坚持各自独特的企业文化，但又充分体现了美国企业精神中的八大基本原则。这些公司都有一个构思良好的远景规划和员工一起分享。由此可见，企业文化好比一个企业的灵魂，优秀的企业文化可以大大增强企业的凝聚力，提高员工的创造力。

公关链接 **企业文化执行类型**

围绕企业文化的执行，可以将企业分成四种类型：四流企业做假，三流企业做样，二流企业做事，一流企业做人。

四流企业做假，主要表现为伪先进企业文化。例如，2001 年美国“安然事件”使安然公司成为经理控制企业种种弊端的象征；随后，美国世通公司的假账丑闻又暴露在光天化日之下；几天后，另一知名大公司施乐又爆出新的丑闻——连续 5 年夸大营业收入共 60 亿美元。

仅 2001 年第一季度，美国证券交易委员会就调查了 64 宗会计和财务造假案。这些跨国公司长期以来吹捧以“诚信”为核心理念的企业文化，但其行为始终不诚信，显然是伪先进企业文化，这样的企业如果还不悬崖勒马，最终将会葬送自己的前程。

三流企业做样，主要表现为在先进企业文化上做样子。很多国有企业为了响应市场、社会和上级主管部门的号召，正在加快企业文化建设的进程。有的企业确定企业价值观和核心理念，不会找词汇，就到处寻章摘句，拣最漂亮、最时髦、最能煽动人心的话往自己企业脸上贴，有的为了避抄袭之嫌，就改头换面，换一种说法，有的就干脆将这个任务转包给社会上的咨询公司。

一夜间，就能将企业文化的种种要素完全补上来，看起来还真像那么一回事。做样的企业完全是为了吸引公众眼球，带有明显的功利广告行为，根本谈不上先进文化。

二流企业做事，主要表现为脚踏实地、真抓实干的企业作风。做事的企业没有过多的“标榜”语言，实实在在地用自己的行动说话。这类企业守法经营、风气淳朴、雷厉风行、善抓机会，属于激情创业，具有一种充满生机与活力的企业原生态文化。

一流企业做人，主要表现为始终如一的精神追求和高瞻远瞩的核心生存境界。做人的企业表现为一种负责任的企业公民态度，不管什么时候，企业都将诚信、责任、社会价值作为自己的核心追求，并在经营管理各个环节严格要求。这样的企业受人尊重和青睐。

（资料来源：企业文化网．执行：企业文化落地的关键．http://www.7158.com.cn）

6.2.2 股东关系的协调

股东关系，是指各类企业与其投资者之间结成的公共关系，其实质是企业经营者与所有者之间的关系。股东是企业的财力支持者，与企业的利益密切相关。随着我国市场经济的发展，越来越多的企业已完成股份制构建和改造。因此，协调企业与股东之间的关系，吸引更多的投资者，稳定已有的股东队伍，成为企业内部公关的新课题。

1. 股东关系的重要性

（1）具有“造血功能”，为企业提供财力支持。

（2）与企业构成共同体，其意见、主张、态度决定着企业的命运、走向。赢得股东合作，他们就会积极参与企业的决策和管理，为企业增加活力。

（3）股东是企业的重要宣传员，它们的言行直接影响到潜在投资者。协调好股东关系可吸引更多潜在投资者。

2. 构建良好股东关系的基本要求

（1）必须尊重股东。尊重股东，就要尊重股东的主人翁地位。在涉及组织发展、股金运用、红利分配等问题上，使股东享有知晓、参与、决策等各项权利；还要特别注意对股东不能厚此薄彼，要一视同仁，使各类股东利益同等、信息共享。

（2）必须对股东负责。股东是企业所有者的“老板”，企业必须树立股东权益高于一切的意识，企业的各项决策和投资效果必须时刻考虑股东的利益需要；企业的各级领导和全体员工都要时刻牢记股东对企业的投资信赖，把企业的各项工作做好，努力实现企业的发展。

（3）必须为股东谋利益，这是保证股东应有权益的最终体现。股东利益包括经济效益和社会效益。一般而言，股东的投资目标是追求高于银行利率的股息。因此，必须切实搞好企业的经营管理，为股东创造经济效益，又要及时、合理地分配和发放股东红利，使股东投资最终受益。

随着社会的发展，股东关系将越来越重要，对股东关系协调的要求也会越来越高，而企业的政策和行为是否对股东尊重、负责、有利，则是决定企业与股东关系的基础。

3. 构建良好的股东关系的基本途径

加强信息沟通是构建良好的股东关系的基本途径。这里主要应当做好了解股东情况、向股东报告组织信息和与股东中介机构的沟通三个方面的工作。

（1）了解股东情况。为此要做深入的调查研究，包括了解股东的特点，以采用更适当的媒介和沟通方式；研究股东的意见，如各类股东的需求、对组织政策的看法、对组织经营管理的建议，以作为组织决策和改进工作的依据。

（2）及时向股东报告组织信息。股东是组织的所有者，组织有义务及时向股东报告组织的信息。例如，组织的政策、经营和工作状况及预测、组织的各种宏观环境信息。沟通的媒介和方式一般有工作简报、年度报告、会议通告、宣传手册、股东杂志、股东函件、股东会议、股东参观、有关负责人员与股东的个人交往等。

（3）重视与股东中介机构的沟通。股东中介机构，如金融组织、证券公司、投资分析家和经纪人等，对股东的投资判断和信心、交易意向和行为等有重要影响。因此，让这些中介机构及人士对组织有全面、正确的了解，可以得到有益的忠告。

公关链接　**企业应向股东报告的信息**

企业公关部应根据股东关心的问题经常性地向股东报告下列信息。

（1）企业的方针、政策、发展目标、发展规划、经营计划。

（2）企业的资金流转状况、经营状况。
（3）股利的分配状况。
（4）赢利预测。
（5）企业面临的内外部经济环境的变异情况。
（6）有关企业的各种详尽的统计数字。

6.3 外部公共关系的协调

外部公众是组织生存和发展的重要外部条件，也是组织在活动中，遇到的数量最大、层次种类最复杂的公众。外部公众的理解和支持，是现代社会组织正常运转的必要条件。因此，“外求发展”是公共关系工作的重点。下面着重介绍消费者关系、供货商与销售商的关系、新闻媒介关系、社区关系、政府关系等。

6.3.1 与消费者关系的协调

消费者关系是组织公共关系环境的轴心，因为只有形成良好的消费者关系，企业输出的劳动成果为社会所承认和接受，并转化为经济效益和社会效益，其他各类公众的需求才能得以满足，企业也才能继续输入各种资源并形成新的劳动成果和整个公共关系系统的良性循环。换言之，只有形成良好的消费者关系，其他公共关系，如社区关系、政府关系、新闻媒介关系甚至员工关系和股东关系等，才能得到改善并形成组织整体的良好的公共关系环境。因此，良好的消费者关系，对于形成组织生存发展的整个公共关系环境的质量具有决定性作用。

1. 公共关系在协调消费者关系中的作用

公共关系在建立良好的消费者关系中所起的作用，主要体现在帮助组织树立正确的理念和加强与消费者沟通这两个方面。

（1）树立“消费者至上”的经营理念。“消费者至上”、“消费者就是上帝”、“消费者永远都是正确的”，这些话反映了一个事实：没有消费者，就没有组织。组织与消费者，实际上不是消费者依赖组织，而是组织依赖消费者。组织全心全意为消费者服务，是组织的天职和义务。要时刻为消费者着想，把消费者的需要和利益放在首位；要处处留心，发现为消费者服务的机会，主动送服务上门。但“消费者至上”的经营理念并不会凭空产生，需要对组织员工加强培训，形成“全员公关”。只有不断结合新的形势和新的任务加强对组织员工的培训，人人增强服务观念，人人落实服务行动，才能把“消费者至上”的宗旨变为组织全体员工身体力行的自觉行动。

（2）加强与消费者的沟通。协调消费者的关系，离不开搞好组织与消费者的双向信息沟通。一方面，要通过各种方式的调查研究，如问卷调查、座谈访谈等，主动了解消费者的需求和认真听取消费者的意见；通过妥善处理消费者投诉，及时、诚恳地为消费者排忧解难，维护消费者的权益；并将这些消费者的需求、意见、投诉作为做好和改进服务工作的依据。另一方面，要通过各种媒介和渠道，如大众传播媒介、组织出版物和信函、展览和联谊活动等，积极做好对消费者的指导和引导以及咨询服务，不断提高组织的认知度、美誉度、和谐度。

2．消费者关系协调的基础

维护消费者正当合法的权益，为消费者提供满意的产品和服务，是与消费者建立良好关系的基础。

（1）维护消费者正当合法的权益。根据《消费者权益保护法》，消费者的权益主要有以下内容。

① 消费者在购买、使用商品和接受服务时享有人身、财产安全不受损害的权利。

② 消费者享有知悉其购买、使用的商品或者接受的服务的真实情况的权利。

③ 消费者享有自主选择商品或者服务的权利。

④ 消费者享有公平交易的权利。

⑤ 消费者因购买、使用商品或者接受服务受到人身、财产损害的，享有依法获得赔偿的权利。

⑥ 消费者享有依法成立维护自身合法权益的社会团体的权利。

⑦ 消费者享有获得有关消费和消费者权益保护方面的知识的权利。

⑧ 消费者在购买、使用商品和接受服务时，享有其人格尊严、民族风俗习惯得到尊重的权利。

⑨ 消费者享有对商品和服务以及保护消费者权益工作进行监督的权利。

消费者的权益就是经营者应尽的义务。因此，社会组织要建立良好的消费者关系，就必须熟悉保护消费者权益的有关法律、法规，在日常的生产经营活动中自觉地维护消费者的正当合法权益。

（2）为消费者提供满意的产品和服务。良好的消费者关系建立在消费者对组织所提供的产品和服务需要的基础上，劣质产品和服务无论如何也得不到消费者的支持，也就不可能建立稳定、良好的消费者关系。因此，组织要为消费者提供质量优良、价格合理、计量准确的适销产品，杜绝假冒伪劣、随意涨价和缺斤少两现象；要为消费者提供热情的服务态度和周到的服务项目。例如，企业要提供售前、售中、售后全过程服务和各项方便服务，杜绝“冷”、“硬”、“顶”和各种不负责的敷衍、推诿。要结合组织的职能类型和工作特点，创造深受顾客欢迎的新的服务制度和措施，如各种形式的“承诺”制度、“绿色通道”服务措施等，不断改进服务工作，不断提高服务水平。

3．消费者关系沟通与协调的方式

企业要与消费者建立良好的关系，就必须与消费者保持通畅的信息沟通，并及时协调好与消费者的冲突和纠纷。

（1）与消费者沟通的方式。

① 口头联系。这是最常见、最普通的沟通方式。不论是面对面回答消费者提出的问题，还是通过电话向消费者做出解释，都要尽量令其满意，同时积极提供有关企业的信息。

② 利用私人信件。企业领导者或公共关系人员定期或不定期地与消费者通信，可以使消费者感到受到企业的重视，感到企业富有人情味，对企业产生好感。

③ 利用传播媒介。企业公共关系人员应充分利用各种传播媒介，如报刊、电台、电视、网络向消费者宣传、介绍企业情况。另外，也可利用公告栏上的公告等形式，向消费者介绍企业及其产品，或一种新的、更完美的生活方式和生活观念。

④ 出版消费者刊物。企业可以编辑出版有关产品和企业的定期或不定期的刊物，使消费者可以及时、详细地了解企业及其产品，从而做出最佳选择。

⑤ 组织消费者参观企业。组织各类消费者到企业参观，使他们对企业有一个具体、翔实的了解，从而对企业产生好感。

（2）与消费者协调的方式。在社会中，消费者与企业发生误解、冲突、纠纷是常见的事情。为此，企业的公共关系人员需要经常处理企业与消费者的纠纷，以协调企业与消费者之间的关系。在与消费者协调时，应注意以下几个方面。

① 要做到耐心倾听，态度诚恳，争取在感情和心理上与投诉者保持一致；避免在顾客投诉时，急于为自己解释或辩解，这很容易引起投诉者的反感。

② 如果顾客投诉合理，应当即表明处理态度，立刻与有关部门联系。如果是服务态度问题，马上赔礼道歉，最好是当事人自己来表示歉意；如果有些问题不可能马上处理，最好向顾客保证负责日后的转告及联系，同时注意对顾客的承诺一定要及时兑现。

③ 发现顾客的投诉有普遍意义，并且还有更多的顾客不明真相时，应该立即登发广告启事。如某商品质量确有问题，就要登报召回购买者来退货，以维护商品的声誉，并向消费者道歉。

④ 应设专人负责处理顾客投诉，并设立专门的接待室，表示对顾客投诉的重视，更好地处理与顾客的纠纷。

⑤ 如果接到顾客的投诉，应记下对方的通信地址，待处理后，给对方回音，千万不可不予理睬，也不可使用各类铅印的复函应付了事，而应该以公关部门负责人或企业领导人的名义给投诉者以答复。

案例6.4　深入心灵的花——百消丹母亲节免费送鲜花活动

1. 项目背景

作为一个专门致力于女性健康事业的公司，长甲集团发展的每一步都离不开广大女性的支持。为了回报华夏女性的厚爱，长甲集团多年来组织了很多有益女性的社会活动：免费B超、“关注女人”征文等。另外，长甲集团百消丹认为，母亲的身上，集中体现了华夏女性的善良、坚韧和牺牲精神。因此，母亲节来临之际，长甲集团百消丹更希望能通过这样的活动，唤起社会和更多人对母亲更多的敬爱和关注。

2. 项目实施

在5月12日母亲节，长甲集团百消丹举办的免费送鲜花、送祝福活动，为杭州市1 000余位母亲送上了一份特别的节日祝福。“打个电话，我们就会把您最想和妈妈说的话与一盆鲜花，在母亲节送到您的母亲手中。”长甲集团百消丹组织的这一别出心裁的活动，得到广大市民的赞誉和踊跃参加。短短的3天时间，打电话参与活动者超过1 000人：“妈妈，您是儿子永远的港湾，不论走多远，最后都要回到您的怀抱”；“妈妈，真的感谢您，您是女儿永远的最爱”；“妈妈，我爱您到永远”……

当儿女们饱含深情的话语，随着一盆盆、一束束鲜花，一起送到一位位母亲的手中时，当看到一位位母亲捧着鲜花，脸上绽放出比鲜花还灿烂的笑容时，浓浓的母亲节氛围也在杭城洋溢开来。一时间，长甲集团百消丹举办的母亲节活动成为市民关注的热点。

3. 活动效果

许多参加了这次活动的市民表示，非常感谢此次活动的举办者——长甲集团百消丹。因为是长甲集团百消丹的这次活动，给了他们一个向母亲表达爱意的绝好机会。一位女士评论说：“送鲜花、送祝福，本身并不稀奇，最重要的是它提醒了我们对母亲的关怀。虽然因时间关系没能参加这次活动，但受这件事启发，我在母亲节那天给妈妈送了一束鲜花。因此也想对活动的组织者表示谢意。”一些市民表示，希望有更多的企业搞这类既能宣传企业，又是消费者喜闻乐见的公益活动。

企业母亲节送花，说到底就是做广告。但与其他广告形式相比，长甲集团百消丹送鲜花、送祝福的亮点在于：企业在宣传自己形象的同时，很好地考虑到了消费者的接受程度，提醒人们关心母亲、珍惜亲情。的确，现代社会由于工作、生活的忙碌，人们很容易忽视亲情的沟通。长甲集团百消丹送鲜花、送祝福活动恰恰勾起了人们亲情沟通的冲动。长甲集团百消丹的这一活动加强了与消费者的沟通，引起了消费者的广泛共鸣，可谓独辟蹊径，值得借鉴。

6.3.2 与供货商、销售商关系的协调

企业与供货商、销售商的关系同属于商业伙伴关系。企业在生产经营过程中，离不开商业伙伴的配合与支持，但与商业伙伴之间会经常产生矛盾、摩擦和冲突。所以，搞好与供货商、销售商的协调也很重要。

1. 与供货商关系的协调

任何企业都离不开供货商为其提供货源，包括各种设备、能源、原材料、劳动服务等。供货商能否提供优质廉价的货源，直接关系到企业能否提供消费者所需要的优质廉价的产品和服务，同时，供货商还能为企业提供有关市场、原料、物价、消费倾向及其他企业的生产经营动向等信息。可见，搞好与供货商的关系，对于企业的经营和发展是十分重要的。要处理好与供货商的关系，应遵循以下原则。

(1) 互惠互利原则。在企业与供货商之间发生利益冲突时，应力求在目标一致的前提下，以大局为重，通过协商，以互谅互让的精神，求得互惠互利。不应只考虑自己企业的

利益，不顾对方需要和目标，更不应以损害对方利益的手段来达到自己的经营目的，否则，不仅违反商业道德，也将严重破坏双方关系和企业的形象。

（2）平等协商原则。企业与供货商之间虽然各自归属、职能、经营目标等不相同，但它们都是相对独立的经济实体，彼此都是平等的，不能以大压小、以强凌弱，应以平等的身份相互协商，了解彼此的需要和意见的异同，争取达成一致的协议；不应过分强调自己的利益和需要而全然不顾对方的利益和需要，甚至伤害对方的利益。

（3）真诚相待原则。企业与供货商之间是互相依赖、互相需要的，所以双方在解决利益矛盾时都应该真诚相待，树立整体观念，不存心欺骗对方和社会公众舆论，真心实意地解决存在的问题和矛盾。如果缺乏解决问题和矛盾的真诚愿望，以欺骗手段为企业赢得暂时利益，不仅损害对方利益，从长远看也将损害企业自身的利益，落得害人又害己的结果。

企业在处理与供货商的关系时，除了要遵循上述原则外，还要重视与供货商之间的信息交流。作为企业公关部门还要重视对采购人员加强协调原则与技巧的培训。

2．与销售商关系的协调

尽管企业可以直接销售自己的产品，但由于资金、人力、物力和市场等原因，企业的产品大部分要通过销售商才能为消费者所获得。因此，与销售商建立良好的关系，不仅有利于产品和服务的推销，而且可以通过在销售商中树立良好形象，促使他们自愿宣传、推广企业的产品，提高企业在消费者中的声誉，充分发挥销售商的桥梁和纽带作用。搞好企业与销售商关系的方式有以下几种。

（1）为销售商提供适销对路的商品。为了与销售商建立良好的关系，企业必须为销售商提供各种适应市场消费者需要、质量优良、价格适宜、设计新颖的商品，这是建立良好销售商关系的物质基础。

（2）为销售商提供各种良好的服务，包括技术服务、销售服务、管理服务、广告服务等。技术服务是指企业应该为销售商提供各种必要的技术培训，帮助他们掌握产品的性能、使用、保管、维修等方面的技术。销售服务是指企业要帮助销售商掌握市场行情，改进销售方式和手段。管理服务是指企业应帮助销售商改善管理方式，提高管理水平，以适应经销商品的要求。广告服务是指企业为销售商提供必要的广告样本、广告工具或广告媒介，让他们能够很方便地做企业产品广告的宣传。企业帮助销售商提高技术水平、管理水平和销售水平，提供必要的广告服务，不仅是自己的责任，也有助于吸引更多的销售商，对本企业的生产经营活动也是一种帮助。同时，在销售商遇到与销售有关的困难时，企业应给予必要的资金、人力、物力和舆论等方面的支持，从而调动销售商对销售本企业产品的积极性。

（3）与销售商进行信息交流。企业应该与销售商建立经常、稳定的信息交流关系，这种交流不仅能够促进双方形成良好、和谐的关系，加深双方的相互了解，还能调动销售商的积极性。信息服务可以通过多种形式进行，如举行销售商招待会、订货会、协作会；发行各种刊物、小册子、年度经营情况报告，向销售商介绍企业的生产、经营、销售、赢利、社会公益等方面的情况；举办产品展览，邀请销售商来参观；通过电话、直接交谈、信函来往等方式与销售商保持联系，促进双方的情感交流。

【课堂讨论】

企业与供货商、销售商的关系是一种既竞争又合作的关系，如何把握两者关系处理的度？

6.3.3 与新闻媒介关系的协调

新闻媒介关系是指组织与新闻传播机构及其工作人员的相互关系。新闻媒介公众被称为“无冕之王”，是一种特殊的公众，具有双重性。一方面，新闻媒介是组织与公众实现广泛、有效沟通的必经渠道，具有工具性；另一方面，新闻媒介又是组织必须特别重视的公众，具有对象性。新闻媒介不仅是组织输出信息与输入信息的主要通道，而且是组织获得社会舆论支持的重要中介。与新闻媒介处理好关系，赢得新闻媒介对本组织的了解、理解和支持，通过新闻界实现与公众的广泛沟通，就能形成对本组织有利的舆论氛围，提高组织对社会的影响力。为此，组织应努力做好以下几方面工作。

1. 熟悉新闻媒介

公共关系人员要了解新闻界人士的职业特点，遵守他们的职业准则，尊重他们的职业道德；熟悉各种新闻媒介的报道特色、编辑方针、编辑风格、版面安排、发行时间和渠道以及各自拥有的读者、听众、观众的情况等；掌握基本的新闻写作知识和技巧。只有这样，公关人员在与新闻界打交道时才能做到得心应手。

2. 与新闻媒介保持经常联系

公共关系人员应当加强与新闻媒介的日常交往，广交朋友。如重大节日向新闻界发送贺年片、纪念品，举办各种形式的联谊活动，增加组织公共关系人员与新闻界人士的个人友谊；也可以主动邀请新闻界人士参观，通过让记者了解组织的各方面情况，也可为组织提供新闻宣传的机会。

3. 支持新闻界人士的工作

应本着热情友好、实事求是、一视同仁、以诚相待的原则，对记者的采访提供必要的支持和帮助。向新闻界提供的信息应实事求是，不能隐瞒事实真相，欺骗社会公众，尤其是遇到有损组织形象的事情，更应积极与新闻界配合，力争挽回影响，重塑组织形象。对待新闻媒介要一视同仁，千万不能重大报，轻小报；重电视，轻电台；重名记者，轻小记者。千万不要拒绝记者采访，要为记者设身处地地着想，积极主动地为记者安排与组织领导人或有关专家见面，及时为记者提供有价值的信息，以便新闻媒介客观地报道组织的政策和活动。

4. 主动向新闻媒介提供组织信息

公共关系人员应主动向新闻界提供有新闻价值的素材，如有关新产品、新生产线投入使用，企业的重大庆典，产品价格的大幅度调整等具有一定新闻价值的信息。公共关系人员还应善于通过“制造新闻”争取引起新闻界的注意，塑造组织的形象。所谓“制造新闻”就是组织以健康正当的手段，有意识地采取既对自己有利，又使社会和公众受惠的行动，引起社会公众和新闻界的关注。例如，当年海尔的张瑞敏当众砸次品冰箱的事件就是很好的新闻事件，至今令人津津乐道。有了好新闻，媒体就会主动来为你炒作，既是最好的软广告，又能促进与新闻媒介的关系。

5. 正确对待媒介的批评报道

当媒介发表了不利于组织形象的批评报道后，组织应虚心接受并及时采取补救措施，挽回不良影响，并恳请再予传播，切不可对媒介的批评报道置若罔闻，甚至反唇相讥；如果媒介的批评报道有失实之处，亦应诚恳地向媒介提供真实情况，澄清事实真相，切不可剑拔弩张、兴师问罪，或得理不饶人。

案例6.5　　联合利华与媒介关系的处理

1999年10月，在内部条件成熟的情况下，联合利华决定推出两种新款奥妙洗衣粉，同时对原有价格进行大幅度调整。但日用消费品的价格大幅度变动势必引起新闻媒介的关注，新闻媒介在关注此类事件的过程中，一方面会在客观上帮助联合利华传播“奥妙降价”这一重要信息，引起消费者的关注，但另一方面有可能引发不利于联合利华的舆论报道，比如“奥妙降价以牺牲质量为代价”、“奥妙降价冲击国有品牌”等，而这种社会舆论一旦形成，可能导致联合利华这一重大的市场举措失败。处理好与媒介的关系，形成有利于联合利华的社会舆论，关系到“奥妙”降价能否得到市场的认可。因此，与媒介的关系事关重大。

为此，联合利华委托中国环球公共关系公司来处理围绕“奥妙”降价产生的媒介关系事宜。经过认真调查、精心策划、严格实施，在“奥妙”降价之后的一个月内，其销量大幅度上升。调查资料显示，有50%以上的消费者的信息来源是有关的新闻报道，同时绝大多数消费者认为，“奥妙”降价的原因是市场竞争，而不影响产品的质量。这说明，围绕“奥妙”降价事件展开的媒介关系协调工作最终取得成功。

【案例讨论】

收集与本案例相关的资料，说明企业在处理与媒介关系时的注意事项。

6.3.4 与社区关系的协调

社区关系是指组织与地方政府、社会团体、单位、居民之间的睦邻关系。任何组织都生存于一定的社区之中，组织的活动和员工的生活与社区有着千丝万缕的联系。组织的生存发展依赖于所在社区的各种社会服务，如交通、水电供应、治安保卫、消防等；组织员工及家属都生活于所在社区，他们的日常生活依赖于社区内的各种公共利益部门，如社区内的商店、学校、医院、文化娱乐场所等。社区是组织劳动力的重要来源，雇用当地的员工，可减少住宿等费用，并能加强与社区居民的联系；社区还是组织最稳定的顾客和消费者。可见，建立良好的社区关系，争取社区公众的理解、支持与合作，对于组织的生存与发展具有重要意义。

1．积极履行应尽的义务，做社区“合格公民”

组织作为社区的居民，必须遵守地方法规，服从当地政府的领导，做到安全生产，守法经营，照章纳税，保护环境等。要认真避免或纠正组织行为对社区的不良影响，妥善处理与社区出现的矛盾。有条件的组织，还应将自己的文化、福利设施向社区公众开放。

2．热心社区事业，争做社区“好公民”

组织要关心和支持社区建设，积极参与社区的各项公益活动，努力为社区出力、做贡献。例如，赞助社区文化、体育活动；资助养老院、残疾人基金会等社会福利机构的活动；资助社区办学，发展社区教育事业；当社区发生天灾人祸等意外事故时，积极为社区排忧解难等。这样，才会受到社区的欢迎，否则，组织对社区事业毫不关心、“一毛不拔”，就不会在社区有好“人缘”。

3．加强与社区公众的沟通

包括增进组织对社区的了解和促进社区对组织的了解这两个方面。一方面，要增进组织对社区环境的了解。例如，开展各种方式的社区关系调查、意见征询和交流等。通过这方面的工作，组织的公共关系部门可以提高社区公共关系工作的针对性。另一方面，要促进社区公众对组织的充分了解。组织应当主动和经常地向社区通报情况。例如，可以通过大众传播媒介和各种印刷品等努力宣传组织；可以通过邀请社区公众参加座谈、参观和联谊活动等方式加强情感交流；还可以通过积极参加社区活动，使社区对组织有更多、更细致的了解和认识。

案例6.6　IBM的社区公关

IBM进驻中国台湾地区后，坚持“企业并非只是赢利，取之于社会，用之于社会”的经营理念，从事很多社区公益事业，并取得了很大的社会影响。1992年还获得了公关基金会评选的“最佳社区关系奖”。

该公司具有一个专门从事公益活动的公共服务部，该部门对于公益事业的选取，采取了“宁为鸡头，不为牛后”的原则——不做那些企业一窝蜂都去做的事情，而是洞察先机，挖掘别人尚未发现的而又是社会急需解决的社会问题。

为此，该公司组织了多项社会公益活动，其中最著名的是改善社区环境的“认养地下道”和“认养民权公园”活动。

为了清除社区环境的死角，消除地下道脏乱和犯罪根源，IBM公司首先开始了别人不易想到的“认养地下道”活动。第一，估计该活动需要的经费；第二，邀集社区伙伴，发挥众人力量，再找市政府协商，共同解决所需要的庞大经费；第三，在取得政府支持后，在1990年8月与另外四家企业共同认养了部分地下道，该活动取得了极大的成功。1993年《卓越》杂志以投票的方式选举重视社会责任的企业及积极参与社会公益事业的企业，IBM公司分居第二名和第三名。

在“认养地下道”活动的成功带动下，IBM的公关服务部又进行了“认养中国台北民生区民权公园”的活动。此次活动的主题是环保。该公司在“认养民权公园”之后，发动员工以及员工家属三百余人参与民权公园的清理工作。在IBM的精心护理下，民权公园焕然一新，并连续两年被台北市政府公园路灯管理处评选为“认养”绩效第一名。

【案例讨论】

结合案例，分析企业处理社区关系的关键是什么。

6.3.5 与政府关系的协调

政府是国家权力的执行机关，是国家对社会进行统一管理的权力机构。它既包括不同行政层次，如中央政府和各级地方政府，也包括不同职能部门，如公安管理、司法管理、工商管理、税务管理、海关管理、物价管理等。任何一个组织作为社会的一分子，都不能超越政府的管理，政府关系是各种组织都避不开的一种关系。良好的政府关系，有利于组织赢得政府的信任和特别关照。为处理好与政府的关系，组织必须做到以下几点。

1．做政府的“模范公民”

这是构建良好政府关系的基本要求。政府是社会的管理者，而社会中各种社会组织五花八门，具体条件和自身素质以及行为方式也千差万别。所以，政府对社会的管理是极其复杂和繁重的工作。政府期望每一个社会组织都能服从大局、服从管理，做政府的“模范公民”。因此，组织应当把国家利益放在第一位；应当模范地遵守国家的法律、政策；应当替政府着想，为政府分忧。做政府的“模范公民”，是协调社会组织与政府关系的有效原则和方法，是公共关系协调中“公众第一”原则在政府关系协调上的体现。

2．熟悉政府颁布的有关政策、法规

目前，政府对组织的行政干预逐渐减少，主要通过政策、法规来管理社会组织，组织的一切活动都必须在国家政策、法律允许的范围内进行。因此，组织必须熟悉政府所颁布的政策、法规，并及时了解政策、法规的变动，根据变化及时修正组织的方针政策和实际行动。此外，政策对于法律来说灵活性、变通性大，熟悉政策，才能灵活运用，并最大限度地使组织受惠。

3．熟悉政府机构的组织结构及职能

政府机构上至国务院、省、市、县政府，下到街道办事处，其层次各不相同，有的是组织的直接领导，有的是间接领导。组织与政府日常交往的对象是其主管部门或一些相关的具体部门，而并不需要与所有政府部门打交道。熟悉政府机构的内部分工、工作范围、办事程序，并与有关部门的工作人员保持应有的联系，可减少“公文旅行”、“踢皮球”现象，提高办事效率。

4．加强与政府的信息交流

组织除了要了解国家的方针、政策、法规外，还应及时将组织的具体情况反馈到政府的有关部门，根据本地区、本部门、本行业的特殊情况，主动提出政策、法律建议，并通过适当的渠道进行宣传、说服工作，尽量争取有利于自身发展的立法、政策。

5．扩大组织在政府部门中的影响

组织应把握一切有利时机，扩大本组织在政府部门中的信誉和影响，使政府了解组织对社会、国家的贡献和成就。如利用新厂房落成、新生产线投产、企业周年庆典、新技术新产品问世等机会，邀请、安排政府主管部门领导及党政要人出席企业的重要活动，主持奠基仪式或落成剪彩；参观新设备、新产品，通过种种专题活动，提高政府部门对组织的信心和重视程度。

6．建立与政府官员之间的经常联系

组织领导及公共关系人员要经常以个人身份参加政府机构举办的各种活动，加强与政府官员的私人往来，通过交流了解组织所需的各种信息及政府部门对组织的意见、建议，及时调整自身工作。

公关链接　　跨国公司政府公关的原则

（1）坚持合法性原则，不触犯所在国家法律。
（2）坚持长期性原则，不搞短期性行为。
（3）坚持整体性原则，绝不各自为战。
（4）坚持塑造公司领导人的良好个人形象。
（5）坚持与媒体搞好关系。

本章小结

努力协调好组织的内外部公共关系，为组织创造和谐的公共关系环境，是实现组织目标与可持续发展的必要条件。公共关系协调的原则是自觉原则、公众第一原则、传播沟通原则。公共关系协调的内容有利益协调、态度协调、行为协调。

组织的内部公共关系包括组织或组织的公共关系部门与组织内部其他部门，与员工，与非正式组织，与股东的关系等。其中与员工关系的沟通与协调尤为重要。在处理员工关系时，首先，要明确企业与员工关系的焦点是利益；其次，在此基础上确定与员工沟通的内容并正确选择同员工沟通的方式；最后，应该创建优秀的、个性化的企业文化，以此增强企业的凝聚力和提高员工的创造力。而协调好股东关系，吸引更多的投资者，稳定已有的股东队伍，是企业内部公关的新课题。尊重股东、对股东负责、为股东谋利益，是构建良好股东关系的基本要求；加强信息沟通，是构建良好股东关系的基本途径。

处理好消费者关系是为组织创造良好公共关系环境的轴心。要与消费者建立良好的关系，关键是要维护消费者正当合法的权益，为消费者提供满意的产品和服务。公共关系可以帮助组织树立正确的经营理念，同时可运用科学的方式与消费者进行沟通与协调。

组织外部公共关系除了与消费者的关系外，还有与供货商、销售商、新闻媒介、社区、政府部门的关系等。要处理好组织的这些外部关系必须遵循相应的原则并采取相应的方式方法。

思考与练习6

一、选择题

1．企业与员工关系的焦点是（　　）。

A．利益　　B．文化　　C．信息

2．被称为“无冕之王” 的特殊公众是（　　）。

A．内部员工　　B．新闻媒介　　C．社会名流

二、填空题

1．公共关系协调的主要原则有__________、__________、__________。

2．协调企业与公众关系的内容主要是__________、__________、__________。

3．与消费者建立良好关系的基础是__________和__________。

4．要处理好与供货商的关系，应遵循__________、__________、__________三原则。

三、简答题

1．简述协调员工关系的内容有哪些。

2．简述与消费者协调的方式有哪几种。

3．简述协调新闻媒介关系时应注意的问题。

4．简述社会组织如何处理与政府的关系。

课后实训 6

1. 为你所在的组织写一份如何处理好内部公共关系的建议书。

2. 分析你所在组织有哪些社区公众，写一份如何处理好与这些社区公众关系的建议书。

3. 深入调查一家企业，就消费者关系或媒介关系制订一份公共关系活动方案。

第7章

公共关系专题活动

课前思考

★ 你参加过一些组织的公关活动吗？这种活动有什么特点？

★ 为什么现在的组织都热衷于公益活动？公益活动对组织有什么好处？

★ 怎样才能组织好一次成功的新闻发布会？

学习目标

● 公关专题活动的基本特点

● 公关专题活动的类型

● 公关专题活动的程序

● 常见公关专题活动的组织

专题活动是围绕一个明确的主题而开展的特殊公共关系活动，它是企业或组织就某一方面的问题与公众进行重点沟通。公共关系的目标正是通过一系列的专题活动而实现的。

专题活动的种类很多，如庆典活动、联谊会、展览会、交际舞会、记者招待会、赞助活动等，这些活动有它们共同的特点，因而也就有举办这些活动的普遍性方法，即公共关系的一般工作程序法。但是，这些活动往往有不同的具体工作，也就有了不同的具体工作步骤和方法，这就是专题活动方法。

7.1 公共关系专题活动概述

公关专题活动是组织为塑造自身形象围绕某一公共关系主题，有计划、有步骤地组织目标受众参与的集体行动，是组织与公众沟通的有效途径。公关专题活动有鲜明的目的性，以公共关系主题传播为目的；公关专题活动有清楚的诉求对象，这些对象是公关的目标受众；公关专题活动是有计划的、有步骤开展的团体活动。

7.1.1 公共关系专题活动的基本特点

1. 针对性

公关专题活动是在审时度势后，根据组织或公众的某种特殊需要而举办的，这就使得它的目标明确，同时活动也比较集中，能较好地解决某一特殊问题。

2. 传播性

公关专题活动的策划者把活动作为一个信息传播的载体，通过活动内容把信息传达给活动参加者，并且进一步通过参与者的人际传播和大众传播媒介把信息传播扩大到更大的范围。

3. 协调性

公关专题活动的协调性表现在专题活动过程的各个方面与各个环节。第一，目的与内容的协调，一个既定的目的，要通过内容来兑现，两者之间协调，策划构思才能实现；第二，内容与形式协调；第三，实施操作管理的协调，公关专题活动在实施管理过程中，管理事项纷繁复杂，各个实施项目之间要综合协调，否则专题活动不能实现既定的目的。

4. 效率性

公关专题活动讲求效率性，主要体现在两个方面：第一，投入与产出的概念，一个专题活动，应该讲究投入了一定数量的人力和物力，能产生多少效益；第二，现代社会的人们讲究时间观念，参与活动的公众付出了时间的代价，活动策划者应该予以有效的回报。

5. 灵活性

公关专题活动方式多样，举办时间的长短也受限制，其规模大小随需要而定，活动内容可以根据需要不定期安排，在活动过程中也可以做适时调整。

【课堂讨论】

通过某次公关专题活动来分析专题活动的基本特点。

7.1.2 公共关系专题活动的基本类型

公关专题活动有许多不同的类型，可以有以下几种划分方法。

1. 按公关专题活动的规模分类

主要分为以下内容。

（1）大型系列活动。以同一目标为出发点，形成不同内容、不同形式、不同场所，或由不同机构、众多人参加的多项活动。

（2）大型活动。有目的、有组织、有计划的众多人参加的协调行动。

（3）小型活动。在某个机构场所和人员范围内举行的或人数在一百人以下的活动。

2. 按公关专题活动场地分类

主要分为以下内容。

（1）室外活动。在室外进行，受天气影响大，要考虑天气状况、布置物的安全性、公众对环境的适应性等。

（2）室内活动。主要考虑室内通风设施的安全性、房间的整洁性、出入通道是否畅通等。

（3）野外活动。在野外进行，要考虑活动中一些在都市活动中不需要的设施，如救伤设施、通信和交通设施等。

3. 按专题活动性质分类

主要分为以下内容。

（1）商业性活动。如商业促销活动、商业推荐活动等。

（2）公益性活动。如环保、敬老、慈善、救灾活动等。

（3）专业性活动。如科技、文学、艺术、体育等某一专业内容十分突出的活动。

（4）社会工作活动。属于社会工作范畴类的活动，如道德、公民教育等。

（5）综合性活动。融各种性质为一体的活动。

4. 按专题活动形式分类

主要分为以下内容。

（1）会议型活动。如新闻发布会、研讨会、洽谈会、交流会、鉴定会和培训类活动。

（2）庆典型活动。如奠基礼、周年庆典、落成典礼、开业典礼、颁奖典礼、庆功会等。

（3）展示型活动。如展览会、展销会、促销活动等。

（4）综合型活动。融各种活动形式为一体的系列活动。

【课堂讨论】

公共关系专题活动可分为哪些类型？正确区分不同类型的专题活动有何意义？

7.1.3　公共关系专题活动的策划内容与实施程序

1．公关专题活动策划内容

（1）分析企业形象现状及原因。企业形象现状及原因的分析工作，实际上就是要求在公关策划之前，对企业形象现状进行诊断，从而为选择公关活动目标和方法提供依据。

（2）确定目标要求。一般来说，所要解决的问题就是公关活动的具体目标，它服从于树立企业形象这一总体目标。在策划时，公关活动目标应明确、具体，具有可行性和可操作性。

（3）设计主题。公关活动的主题是对公关活动内容的高度概括，它对整个公关活动起着指导作用。主题设计得是否精彩、恰当，对公众活动成效影响很大。

公关活动的主题看似简单，实非易事。设计一个好的活动主题一般要考虑三个因素：公关活动目标，即公关活动的主题必须与公关活动目标相一致，并能充分表现目标；信息特性，即公关活动主题的信息要独特新颖，有鲜明的个性，突出本次活动的特色；公众心理，即公关活动主题要适应公众心理的需要，主题要形象，词句能打动人心，使之具有强烈的感召力。

（4）分析公众。公关活动是以不同的方针对不同的公众展开的，而不是像广告那样通过媒介把各种信息传播给大众。因此，只有确定了公众，才能选定哪些公关活动方案最为有效。不同的公众群体有着不同的要求。

（5）活动方式选择。公关活动方式的选择是策划的主要内容，通过什么方式开展公关活动关系到公关工作的成效。选择活动方式是创造性的工作，公关活动是否新颖、有个性，关键取决于策划人员的创造性思维是否活跃。因此，在选择活动方式时，要充分发挥策划人员的独创能力和潜在能力。

（6）经费预算。公关专题活动的经费预算项目一般由下列十个部分组成。

① 场地费用，包括场地使用权的租赁费。

② 物资费用，包括活动使用的各种道具、器材、设备、文具、礼品及布置场地物品所需的费用等。

③ 礼仪费用，包括礼仪性项目的开支，如邀请乐队、仪仗队、文艺演出的演员等的费用。

④ 保安费用，包括活动期间保卫工作、安全设施、保健项目等费用支出。

⑤ 宣传费用，包括用于活动宣传方面的开支，如摄影、录像、广告宣传、宣传品印刷、展示费用等。

⑥ 项目开支，包括交通运输费、差旅费、办公费等行政性开支或代付费用。

⑦ 餐饮费。假如活动项目中有宴会或餐饮计划，需要安排这一项目。

⑧ 劳务费，包括公关人员和其他劳务人员的薪水。

⑨ 不可预算的费用，包括应急费和大型活动常常有的许多不可预算的开支，通常在这一类费用列支，一般为活动费用总额的5%～10%。

⑩ 承办费。假如是委托专业公关机构承办的，必须支付承办费，这一费用包括承办机构的管理费和利润。

2．专题活动实施的程序

（1）制订实施方案。公关策划人员需要列出具体的实施方案，列出各项筹备工作的要求，列出工作计划的进度表。在拟订实施方案的同时，有两项工作是十分重要的：一是拟订财务开支的计划；二是办理公关专题活动的报批手续。

（2）筹备工作阶段。这一阶段主要的工作有三个方面：一是全面开展各项筹备工作；二是拟订应急程序计划；三是拟订具体的传播计划。

（3）活动进行。这是最紧张的工作阶段，关键是做好现场的指挥和协调，要做到有条不紊，需要优秀的综合管理能力。

（4）活动评估。每一项公关专题活动计划实施之后，都应该进行评估工作。

公关链接　小型活动的实施要点

1．方案的培训

方案培训就是要让全体的实施工作人员理解策划方案精神，熟悉策划方案要求，掌握实施方案的工作方法、步骤和技巧。方案培训首先在于共享信息；其次是明确责权；最后是对实施操作的研讨过程。

2．计划的执行

首先，要深刻领会策划方案的内容；其次，要列出一份具体执行的工作计划表，列计划表的时候要善于把任务具体分解为一项一项独立的项目，规定工作细节，确定完成任务的时间界限。

3．活动场地的布置

因为场地布置是一项规范的工作，所以应该遵循以下工作程序。

（1）领会策划方案意图和了解人文习惯是场地布置的基础工作。

（2）场地考察。

（3）绘制布置图。

（4）制作及准备现场布置物。

（5）现场布置。

（6）安全检查。

案例7.1　宏大创意遭遇完美细节——AIG“丝绸之路”庆典活动案例

1919年，康那利斯·斯达在上海创立了一家小型保险公司，进军人寿保险市场。在这之前根本没有其他西方公司做过这门生意，康那利斯·斯达后来将业务扩展至西方，令AIG成为全球知名的机构。于是在AIG以及“丝绸之路”的发源地，AIG决定举行一次规模空前的庆典活动，来庆祝公司悠久的历史以及所创造的辉煌成就。此次为期3天的庆典活动在2005年6月初举办，参加人数近400人。

居庸关长城圆了绚丽的东方梦想

追本溯源，AIG在中国这片土地诞生，在西方成长，“丝绸之路”这一主题恰如其分地表达了AIG与中国的关联。

首要任务，是寻找一个蕴含东方气质的户外场地。在这场为期3天的活动中，第二天晚上的户外晚宴需要特别斟酌。北京的历史景点确实不少，如午门、太庙、故宫、天坛、颐和园等都是上上之选。可要是再考量场地容量、交通、租金、报批手续和搭建等因素，现有的选择竟然无一完美。居庸关长城最终为所有人圆了一个绚丽的东方梦想。但是莫测的天气变化让户外晚宴极易遭受风雨侵袭，而长城自身没有室内场地容纳如此巨大的人群和餐饮供应。那么，备选场地将设在哪里？

福莱公司在距长城只有10分钟车程的“长城脚下的公社”找到了理想的室内备选场地。即使下雨，蜿蜒在山间的长城仍然隐约可见。

场地的确定，赋予现场布置以极大的发挥空间。在辽阔深远的夜空下，以雄伟的长城做大背景，运用光影勾勒历史的轮廓并彰显现代的华丽。此时此刻，欣赏一组大气而纯粹的中国风味的演出，已成为所有来宾的期待。

活动内容尽情演绎阳刚与柔美

兼具东西方神采的表现形式是庆典的点睛之笔。公关公司经历了一个艰苦的提案、推翻、再提案的过程。为了保证表演的质量，福莱公司的工作人员在一年半的时间中，与数个知名的文艺团体进行接触和协商，最后确定了少林武僧表演。由于近年来少林武僧作为中国文化交流的使者经常出访欧美国家，他们已经在国外树立起很高的知名度和美誉度。与至刚至猛的少林武术反差极大的是女子十二乐坊的柔美和玲珑。

计划制订周详，措施落实得当

组织者意识到只有注意细节，耐得麻烦才能避免于千头万绪中出现慌乱。活动进行的每一个步骤，组织方与活动方的协调，来宾的安置，来宾与活动的融合等，都需要确保万无一失。尽管AIG“丝绸之路”庆典只在北京举行了为期3天的活动，但实际上，福莱公司却为了准备实施这个案子经历了整整3年的筹备工作。

细节执行完善才能成就大局完美

富有创意且周详安排，加上完美的执行细节，使组织者看到了最后的成功。2005年6月7日，一场盛大的充满中国特色的晚宴给活动画上了圆满的句号。3天的活动，客户得到了满意的答卷，组织者获得了宝贵的经验财富。

【案例讨论】

结合案例，分析从策划到实施怎样才能确保专题活动成功地举行。

7.2 公共关系专题活动主要类型

7.2.1 庆典活动

社会组织一般会在内部发生值得庆祝的重要事件时，在人们共同庆祝的重大节日里举行隆重的庆典活动。这种庆典活动实际也是一种展示组织形象、提高社会知名度的公关活动。

组织庆典活动有三大效应：引力效应、实力效应、合力效应。引力效应指组织通过庆典活动吸引公众的注意力。实力效应指通过举办大型庆典活动，显示组织强大的实力，以增加公众对组织的信任感。合力效应指通过开展大型庆典活动，能增强组织内部职工、股东的向心力和凝聚力，提高公众对组织的信任感。

1. 庆典活动的类型

（1）开业典礼。开业典礼，是组织或企业向社会和公众第一次展现自身，以引起社会与公众关注的公关专题活动。开业典礼不同于组织平常的活动，鉴于其特殊性和隆重性，往往会引起社会公众较多的关注。因此，是扩大组织社会影响的极好机会。由于开业典礼一类的活动已经司空见惯且很容易雷同，很难引起人们的注意，而开业典礼又是社会组织的第一次“亮相”。因此，举办开业典礼要精心策划、力求创新。

（2）周年纪念庆典。社会组织利用本单位的周年纪念日，尤其是逢 5 年、10 年的纪念日举行庆典活动，既可以对外宣传本单位的成就，扩大社会影响，又可以对内展望未来的远景，鼓舞士气，凝聚人心。从这个意义上看，周年纪念庆典也是一种很好的公关活动。

（3）剪彩仪式。通常，组织开工典礼、竣工典礼、奠基仪式、开业仪式、展销会、展览会等活动，都要举行剪彩仪式。

案例7.2　百年青啤　盛世庆典

2003 年 8 月 15 日，青岛啤酒股份有限公司将迎来百年华诞。青啤的百年庆典将围绕百年做文章。

零点行动，聚焦百年。8 月 14 日 23 时 30 分至 15 日凌晨，在青岛啤酒厂，把百年最后生产的一百箱啤酒装入特制的木桶精装后赠送贵宾；在青岛啤酒二厂，把新百年最先生产的一百桶纯生啤酒装入特制的木桶精装后编号、公证后赠送贵宾，并将新百年生产的第一桶啤酒作为青岛啤酒百年庆典和十三届啤酒节开幕式将开启的第一桶啤酒，象征青啤新百年正式起航。

8月15日上午9时，在啤酒城门前，青岛啤酒百年华诞庆典仪式与第十三届青岛国际啤酒节开幕式一起举行。

8月15日晚22时，在五四广场浮山湾海面、畅海园内、第三海水浴场、小青岛、北岭山、啤酒城东区广场，青啤公司投资240万元筹备了这场以“青岛啤酒点燃激情”为主题的焰火晚会，献给岛城人民。

8月15日至23日，青啤公司已投资100余万元，设计制作了10辆彩车（每辆车代表10年，10辆车共代表100年），并且组织了菏泽武术队、陕西腰鼓队和江铃吉普车队、青啤爵士鼓乐队，开幕式之后在啤酒城门前等道路上巡游；节庆期间，利用一周的时间在啤酒城和主要繁华街道陆续进行巡游。

8月15日，青岛啤酒博物馆开馆，青啤公司已投资2 000多万元，请国内外著名设计师设计，建造了世界先进、国内一流的啤酒博物馆。

9月，在德国柏林举行了建设青啤纪念亭及举行落成剪彩仪式和“百年青岛、百年青啤”图片展。

【案例讨论】

结合案例，分析庆典活动通常在什么情况下举行。

2. 庆典活动的组织工作

（1）要明确庆典活动的主题，围绕主题来安排活动内容。每次庆典活动都有一个事由，但这仅仅是一个名目，是一个形式主题，公关人员根据组织需要和公众的需要进行精心设计，还可以在形式主题下巧妙地再插进一个主题。在确定真正主题后，再围绕主题来安排穿插有关活动内容和活动形式。

（2）拟定庆典活动的程序，落实有关任务，明确职责分工。庆典活动一般都比较盛大，工作任务繁重，需要组织内部有关人员密切配合，共同完成。要做到有条不紊，忙而不乱，就要确定庆典活动的程序，并按照典礼规格确定司仪，按照有关活动内容将任务具体落实到人。尤其是后勤工作和组织工作一定要有专人负责，对负责签到、接待、摄影、录像、音响、现场布置等人员要讲清活动内容、礼节、纪律等要求，在庆典活动前要仔细检查有关设备和材料。

（3）拟定邀请的宾客名单。邀请的宾客应包括政府有关部门负责人、社区负责人、知名人士、社团代表、同行业代表、新闻记者、公众代表等。拟定好名单后，应将请柬于一至两周前送达出席人员手中，以便被邀请者安排时间，按时出席庆典活动。

（4）确定致辞人员和双方剪彩人员名单。参与致辞的人员要有一定的代表性，或有一定的社会地位，参与剪彩的己方人员应是组织的负责人，客方人员应约请地位较高的和有一定声望的知名人士。

（5）利用新闻媒介做庆典活动的信息传播工作。能够参加庆典的公众毕竟有限，庆典活动作为公共关系活动应争取传播到更大公众范围中去，这就需要借助新闻媒介来扩大影响。要事先确定好要请的新闻媒介名单，安排专人接待新闻记者，为他们提供方便。大型的庆典活动最好设立新闻中心，其组织方法与新闻发布会相似。

【课堂讨论】

庆典活动该如何组织？

案例7.3　“上帝”剪彩与同庆生日

青岛星火家具大世界开业之际，举行了一场别开生面的开业仪式。开业仪式上，既听不到震耳欲聋的鞭炮轰鸣，也看不到成群结队的领导光临，伴随阵阵悠扬悦耳的军乐声，商店工作人员向在场的第一批顾客散发了20束鲜花，然后由得到号码8、18的两位顾客当众为公司剪彩。

此时此刻，此情此景，人们感到顾客就是“上帝”已不再仅仅是商店里装点门面的标语条幅。

长沙友谊华侨公司于某年11月中旬开始进行店堂装修，营业面积扩大400多平方米，商品品种增加200余种，准备在次年元旦重新开业。他们邀请广州乐华电子联合有限公司为联办单位，赶置了一批精巧的生日纪念卡和小礼品，接着在报纸和电视上打出广告，邀请市内历年元旦出生的人趁“友华”重新开张之际，来店同庆节日之喜。

一位81岁高龄的老人闻讯后，高兴地说：“我活了81年，从来没有看到过商店为顾客过生日的，今天看到了。”他特地打发60岁的儿子到店里代他受喜。进店后，这位老人替父亲领了生日纪念品后，又被琳琅满目的商品所吸引，边看边买，出店时，大包小盒提了许多。下午2时，一名男子手持医院证明来到店里，说他女儿当天上午10时才降生。经理代表公司向他表示祝贺，并向他女儿赠送礼品，他激动地说：“你们给顾客带来了生日的乐趣，把‘友华’的美好情意送到了顾客心里。”到下午5时，公司共发出生日礼品千余份，而商店的客流量已超过20万人次，销售额达100万元，相当于过去日平均数的十几倍，创该店历史上的最高纪录，并为以后扩大销售奠定了良好基础。

【案例讨论】

分析案例中两家企业开业庆典活动的成功之处。

7.2.2　开放参观活动

这里的开放参观活动，指的是社会组织邀请内外公众（主要是外部公众）参观本组织的工作条件、环境设施、成就展览等，是公关实务中经常使用的一种团体性专项公关活动。其目的是增进组织与某类重要公众之间的双向了解；消除某些公众对组织的一些偏见和误解；亲善社区或邻里关系，增强组织与公众的联系。

1. 开放参观活动的作用

(1) 提高社会组织的透明度。社会组织对外开放参观，无疑是主动把自己暴露在公众的视线下，让公众直接了解组织各方面的情况，大大提高了组织的透明度。

（2）增加社会组织的“人情味”。组织对外界开放，通过对来宾的礼貌接待，可博取公众对自己的好感，缩短组织与公众之间的距离，促使感情互动，增添组织的人情味。

（3）为组织与公众直接沟通提供机会。开放参观的过程是组织领导人与工作人员同各界参观者直接接触的过程，通过演讲与座谈，介绍组织的情况，回答和解释参观者提出的问题和疑虑，倾听参观者的意见和建议。

（4）形成一种压力，促使组织总体素质的提高。组织要对外开放参观，就必须注意自己的环境形象、人员素质形象，以便给观众留下一个好的印象。所以，无形中会对组织产生一种压力，促使管理者努力提高管理水平，促使全体员工注意自身的言行，使组织的总体素质得以提高。

（5）消除公众对组织的误解或疑虑。一个组织难免会由于某些客观或主观因素的影响，让某些公众产生误解或疑虑。在这种情况下，对外开放参观就是一剂消除误解、排除疑虑的良药。例如，靠搞炸药起家的杜邦公司最初生怕新闻媒体找麻烦，因而层层戒严，绝对不让记者进门，更不能采访报道。但是，在公众中传播的谣言却越来越多。最后，社会上甚至形成了一种可怕的印象：“杜邦”——杀人。“杜邦”心想，自己搞炸药，本是一项化学工业，也是为民造福，怎么偶尔有几下砰砰声，就成了杀人犯了呢？为此“杜邦”好不苦恼。一位在报界工作的朋友告诉他们：与其“闭关锁国”，不如“对外开放”。“杜邦”听此妙言，茅塞顿开，不仅采纳了这一建议，干脆让记者进厂参观，介绍情况，由他摇动笔杆，将真相告诉公众，很快，杜邦公司纠正了过去由于各种爆炸事件和遮遮盖盖给人们造成的坏印象，开始得到公众的好评。

案例7.4　杭州电子科技大学第五届“后勤开放日”之参观食堂活动

2008年5月16日，由后勤服务总公司饮食服务中心、校膳食管理委员会主办的第五届“后勤开放日”之参观食堂活动在杭州电子科技大学下沙校区各大食堂举行。

食堂开放活动为同学贴近食堂、了解膳食工作提供了机会。当天，来自各学院的学生代表和现场报名的同学，在各食堂经理的带领下，分批参观了食堂的操作间，详细了解了食堂的管理、工作流程及食品安全卫生等各方面情况。各食堂经理热心为同学解答疑问，并表示随时欢迎同学们来监督、交流。

“后勤开放日”活动作为该校传统活动之一，充分发挥了联系学生与后勤的桥梁作用，增进了学生对学校饮食服务的了解，受到学生的一致好评。

【案例讨论】

结合案例，谈谈开放参观活动对组织而言有什么作用。

2．开放参观活动的对象

参观活动的对象既要考虑参观者的代表性，又要重视特定的目标受众，同时也要考虑组织的承受能力。如果参观者像潮水般涌来，组织就可能疲于奔命和应付，因此参观对象要仔细选择和确定。参观活动的对象主要包括以下几类。

（1）目标受众，包括客户、经销商、消费者、原材料供应者、生产协作者、运输部门等。

（2）一般公众，包括社会团体、学校、文化单位、研究机构、社会各界代表、职工家属、社区居民等。

（3）股东公众，包括股东、证券商、证券专家和从业人员、证券主管部门等。

（4）党政部门，包括各级党政部门、主管部门、上级部门等。

（5）其他相关部门，包括银行、金融机构、保险公司、新闻媒介、司法部门、环保部门等。

（6）社会名流，包括专家学者、各类明星、新闻人物等。

（7）国外投资者、外国客商、观光者、新闻人物等。

（8）各类慈善组织和社会福利团体等。

3．开放参观活动的组织

要使开放参观活动取得良好的公关效果，必须做好下列周密的组织工作。

（1）开放参观前的准备工作。

① 确定开放参观的时间，注意开放参观时间的合理性。

② 准备好宣传资料，主要是供参观用的小册子及说明书，内容应简明扼要，可介绍参观的一般过程及本单位的基本情况，小册子要带有纪念意义。还须准备好介绍组织情况的幻灯片、录像片和电影资料等。

③ 准备好展览用的实物和模型，展示一些实物可以起到引导参观的作用。

④ 准备好辅助设施和纪念品，如停车场地、休息场所、会议厅等。

⑤ 挑选和训练工作人员，主要挑选和训练接待人员、陪同人员和讲解员。

（2）参观过程中的接待工作。

① 先给参观者放映介绍组织情况的幻灯片、录像片和电影资料等，分发说明书、宣传小册子，并请组织负责人讲话，帮助观众了解组织的概况。

② 引导并陪同参观者沿预定路线参观，同时作必要的介绍、解说，回答提问。

③ 时间较长的参观，中间要安排适当的休息。

④ 参观结束后，可与参观者座谈，最后分发纪念品。

⑤ 在参观过程中，如果参观者提出特殊要求，工作人员要先与有关管理人员或负责人商讨后再作答复，以免妨碍正常工作或发生意外问题。

【课堂讨论】

搞好开放参观活动应做好哪些准备？

7.2.3 公关赞助活动

公关赞助是指组织通过无偿地提供资金或物质对各种社会公益事业做出贡献，以提高社会声誉，树立良好社会形象的公关专题活动。公关赞助是举办专题活动最常见、最重要的形式之一，因为它既可以为社会公益事业的顺利进行提供保障，同时又可以为各类组织的不断发展创造和谐的社会环境。因此，越来越多的营利性组织纷纷以自己收益的一部分回馈社会公益事业，以表示它们乐于承担一定的社会责任和义务。

1．开展公关赞助活动的作用

（1）为企业赢得良好声誉。企业通过对某些社会福利事业、社会慈善事业、社会公益活动进行赞助，可以在社会公众心目中留下关心社会、致力于公益事业的美好印象，受到社会舆论的好评，从而为企业赢得良好声誉。

（2）扩大企业的社会影响。企业在对公益事业，尤其是对体育比赛、文娱活动的赞助过程中，企业的名称和产品的商标等都会频繁出现在新闻媒介的广泛报道之中，进而形成一种广告攻势，本企业的知名度会大大提高，社会影响也会进一步扩大。

（3）博得社会公众的好感。开展公益活动首先能使企业赢得与赞助项目直接相关的组织与公众的好感，同时也能使企业赢得其他社会公众的好感，从而产生一种口碑效应。

（4）提高企业的社会效益。开展公众活动之后，企业赢得了社会公众的普遍好感，知名度与美誉度高了，企业的整体形象也好了。这些虽然不能直接取得经济效益，但却为企业的生存、发展创造了一个良好的外部环境，提高了企业的社会效益。

2．公关赞助活动的类型

（1）赞助教育事业。有远见的企业家，应该注重企业精神，培养企业的爱心，有长远眼光，关心中国教育事业的发展，这既有利于自身发展和对未来人才的选择，又能为社会带来效益。企业可以出资投入希望工程，也可以资助某些中小学或大学。

（2）赞助体育运动。这是赞助活动中最常见的一种方式。因为，体育活动是广大群众喜闻乐见的活动，也是许多公众热心的活动，涉及的公众层面宽、范围大，所以赞助活动影响的广度和深度都很大。

（3）赞助文化活动。文化活动吸引的公众层面较宽，影响较广，品位较高。赞助的文化活动主要有音乐会、电影电视节目、文娱演出、书画展、摄影作品展览等。

（4）赞助科研学术活动。这类赞助活动的影响面虽然不大，但意义重大而深远。一是可推动与本组织性质、产品和服务有关的研究深入发展，为组织发展提供基础研究理论和技术支撑；二是可以提高本组织在同行中的知名度和影响面。

（5）赞助社会福利事业。这类赞助活动有助于组织与社区、政府搞好关系，也可向社会表明其所承担的义务和责任，更能体现组织对社会公益事业的关心，这类赞助人情味最浓，商业味最淡，最易博得公众的好感。赞助对象主要是社会需要救济的对象、有具体困难的公众和社会弱势群体等。

（6）赞助各种竞赛奖励活动。例如，赞助电台、电视台、报社、杂志举办的各种有奖知识竞赛、摄影比赛、小发明、小创作等。

（7）赞助环保事业。环境保护是功在当今、利在千秋的公益事业，涉及广大公众的切身利益，是公众和媒介关注的热点，赞助环保事业能收到经济效益、社会效益和生态效益的三丰收。

（8）其他赞助活动。例如赞助制作宣传用品、旅游图、日历等。

【课堂讨论】

区分公关赞助活动的类型对组织开展公益活动有什么意义？

3. 公关赞助活动的策划与实施

（1）选好赞助对象。选择赞助对象应该从企业的公共关系目标和经营政策入手，从被赞助的公益事业的具体情况出发，从而确定企业的赞助对象、赞助政策及具体办法。企业开展赞助活动最根本的目的是使企业和社会同时受益，必须防止出现赞助与企业的公共关系目标和企业的整体目标相脱离的现象。首先，要考虑所赞助的活动与本组织的联系能否让公众自然地联想在一起，能否对本组织产生有利的影响；其次，要考虑所赞助的活动的社会影响，如媒介报道的可能性、报道频率和报道的广泛性，受益人是谁，受影响的公众的分布情况，影响的持久程度，活动本身能否引起人们的注意，能否产生“轰动效应”等；再次，要考虑本组织在活动中与公众见面和直接沟通的机会有多少，以及赞助费用的多少和赞助的形式；最后，应考察赞助活动对本单位的产品销售有无赞助价值，如果发现值得赞助，便可着手落实。

（2）制订赞助计划。在选择赞助对象的基础上，由负责赞助工作的机构，根据企业的赞助方向和政策，制订出切实可行的赞助计划。赞助计划一般包括赞助宗旨、赞助对象、赞助费用预算、赞助形式、开展赞助的组织管理等。

（3）评估赞助项目。对每一项具体的赞助项目，赞助工作机构都应进行评估。首先对赞助项目进行总体评估，检查是否符合赞助方向；其次对赞助效果进行质和量的评估。

（4）实施赞助方案。赞助方案的实施应由赞助机构指派专人负责落实。要与接受赞助的组织联系赞助事宜，有的赞助还需要签订赞助协议书或合同。在实施的过程中，公关人员应该充分运用各种有效的公共关系技巧，使企业尽可能借助赞助活动扩大其对社会的影响。

公关链接

在1987年第6届全运会上，富士公司的赞助就颇有新招。它除出资和为采访全运会的每位摄影记者免费赠送15卷富士胶卷、并设立服务台免费为采访记者冲洗外，还给采访全运会的每位记者提供一件色彩鲜艳的太空背心，上面印有“富士胶卷六届全运会指定胶卷”字样，全运会开幕几天，广州气温突然下降了许多，无衣御寒的记者们不得不纷纷穿上“富士背心”，他们为抓新闻四处奔波，自然成了富士公司的活广告。

（5）检测赞助效果。赞助是企业的一次重大公关活动。因此，在活动结束时，应该进行效果检测。在检测过程中，大量的工作是调查，收集各个方面如公众、新闻媒介、受赞助组织对此赞助的看法、评论，看是否达到预定的计划，与评估的内容是否相符，完成了或达到了哪些预定指标，还有哪些差距，原因是什么，并把这些写成总结，归档储存，为以后的赞助研究提供参考。

4．实施公关赞助活动的原则

赞助各种有益的社会事业，在推动社会公益活动发展的同时可使本组织同步成名，这是一种行之有效的公共关系手段。任何组织为使公关赞助取得成功都要遵循一定的规则，进行赞助活动须注意以下原则。

（1）传播目标明确。即所赞助的项目须适合本组织的特点和需要，有利于提高本组织的社会影响，或有利于扩大业务领域。

（2）受资助者的声誉和影响。要认真研究和确认被赞助的组织、个人或社会活动本身是否具有良好的社会声誉，是否有积极、广泛的社会影响，以保证赞助活动取得良好的社会效益。

（3）本组织的经济承受力。要考虑赞助额是否合理、适当，本组织能否承担，避免做力不从心的事情。

（4）别具一格的赞助方式。一般来说，凡是符合社会及公众利益的赞助活动，都会引起社会各界特别是新闻界的关注。但是，如果能够以新鲜、别致的方式来实现赞助，效果必定会更好。所以，赞助方式切忌雷同。

案例7.5　人·交通·规范——壳牌公司公关赞助活动

随着我国社会经济的蓬勃发展，机动车的数量不断增加，交通安全问题日益受到政府和社会各界的普遍重视。据 1996 年底有关数据显示，中国交通伤亡人数平均每天达到 200 人。

普及交通规范教育，提高道路安全意识，预防悲剧的发生已成为社会的共识。作为一家世界领先的石油化工公司，荷兰皇家/壳牌公司在全球范围内积极参与各种社会公益事业。作为在这一地区的运营公司，壳牌（大中华）集团在秉承企业这一优良传统，在积极贡献于中国能源和交通等事业发展的同时，将在中国的公益事业集中在教育、道路安全和环保三大领域，从而树立鲜明的企业特色和良好的企业形象。

中小学生的自我安全保护能力较弱，他们的安全问题牵动着千家万户的心，为了加强对中小学生的安全教育，国家教育部规定每年 3 月的最后一个星期一为“中小学生安全日”，每年选择不同的主题，重点宣传某一方面的安全，1997 年的主题是“交通安全”。

1996 年下半年，在上海交警大队的协助下，壳牌公司与上海科学教育制片厂合作拍摄了一套大型系统交通安全科教片——“人·交通·规范”。该片全长 120 分钟，分 3 个部分，20 个章节，分别介绍了与行人、机动车和自行车有关的交通规则和注意事项。该片针对不同的道路使用者，以科学的方法和丰富的实例，生动形象地介绍了道路安全常识和遵守交通规则的重要性。

公司选择全国范围内 18 个大中型城市的交管局和中小学校，向它们捐赠了近万盘这套科教片的录像带。这 18 座城市或有壳牌的办事处，或有壳牌投资的企业。这些城市市内交通发达，因而交通事故的发生率也很高，对这些城市的中小学校的交通安全教育将会显得非常有意义。

壳牌在中国的主要产品——润滑油、沥青等与交通、道路紧密相关。通过这次系列活动，树立了壳牌良好的公司形象，对推动业务的发展影响良好。

壳牌捐赠录像带的消息见报后，收到18个城市之外的其他城市教育部门的来函，索要录像带，如浙江嵊县教育局、安徽省宿松县木梓乡教委，说明社会效益十分明显。

【案例讨论】

结合案例，分析组织该如何结合自身特点开展赞助活动。

7.2.4 展览会

展览会是一种综合运用各种传播媒介、手段推广产品，宣传组织形象和建立良好公共关系的大型活动，它通过实物、文字、图表来展示成果，图文并茂，给公众以极强的心理刺激，从而加深公众的印象，提高组织和产品在公众心目中的信誉。

1．展览会的特点

为了成功地举办展览会，首先应该了解展览会的特点。通常，展览会具有以下五个特点。

（1）展览会是一种复合性的传播方式。所谓复合性传播方式，指的是同时使用多种媒介进行交叉混合传播。一个展览会通常会同时运用多种传播媒介，包括声音媒介，如讲解、交谈和现场广播；文字媒介，如印刷的宣传手册、介绍材料；图像媒介，如各种照片、幻灯片和录像等。

（2）展览会是一种非常直观、形象和生动的传播方式。一个展览会通常以展出实物为主，并进行现场的示范表演，如纺织品展览会上的时装表演。

（3）展览会能给组织提供与公众进行双向沟通的机会。展览会上，一般都有专人回答参观者的问题，并就他们感兴趣的东西进行深入的讨论。

（4）展览会是一种高效率和高度集中的沟通方式。

（5）展览会是一种综合性的大型活动，往往能成为新闻媒介追踪的对象，是新闻报道的好题材。

2．展览会的类型

（1）按展览会的规模划分。

① 大型展览会。其规模可大至世界性的博览会，这类展览会是综合性的，参展的组织多，展出的项目多，涉及面也广，需要有较高的专业技术水平才能办好。

② 小型展览会。其规模较小，常常由一个组织自己举办，展出的项目比较单一。

③ 微型展览会。这是最小规模的展览会，如商店橱窗的商品展览。

（2）按展览会的内容划分。

① 综合性展览会。综合展示一个国家、一个地区或一个组织的建设成就，既有整体概括，又有具体形象，观众参观后会有一个比较完整的印象。例如，世界著名的“日本筑

波国际博览会”、我国举办的“改革开放成果展览会”等，都是在世界范围内全面展示一个国家、一个地区优秀成果的展览活动。

② 专业专题性展览会。介绍某一些专业或专题的情况，虽不要求全面系统，但也要内容集中、主题鲜明、有一定深度。例如，我国举办的“中国酒文化博览会”，专门以酒为核心，通过酒来展示企业文化和中国传统的酒文化。

(3) 按展览会的性质划分。

① 贸易性展览会。举办这种展览会的目的是促进商品交易，展出的是一些实物产品和新技术等。

② 宣传性展览会。通过展品向观众宣传某一思想或观点，或让观众了解某一史实，其特点是重在宣传，没有商业色彩，展品通常是照片、资料、图表及实物等。

(4) 按展览会的时间划分。

① 长期展览。展览形式是长期固定的，如故宫博物院等。

② 定期展览。展出的内容定期进行更换。

③ 短期展览。这是一种展出时间较短、展览结束后即行拆除的展览会。

(5) 按展出的地点划分。

① 室内展览。在室内举行，不受天气影响，不受时间限制，可展出较为精致、价值很高的展品。

② 室外展览。在室外举行，规模可以很大，布展也比较简单，但会受到天气的影响。

③ 巡回展览。这是一种流动性的展览，往往利用车辆运往各地巡回展出。

【课堂讨论】

展览会的举办对组织形象的树立有什么实际意义？

3. 展览会的策划与实施

在举办展览会之前，首先要分析其必要性和可行性。展览会是大型综合性的公关专题活动，需投入较多的人力、物力、财力，如不对其必要性和可行性进行科学的分析论证，就有可能造成不良后果：一是费用开支过大而得不偿失；二是盲目举办而起不到应有作用。

在确定举办展览会之后，应认真做好各项会务工作。组织展览会的一般原则是展览会主题思想明确，布局结构合理，布置美观大方、经济、新颖，解说精练、流畅、动人，给人以深刻印象。

(1) 明确主题思想。明确展览会的主题和目的、展览会的传播方式和沟通方式，确定整个展览会的领导者、策划者、执行者和工作人员。

(2) 确定参展单位、参展项目和展览会类型。举办者可以采取广告或给有可能参展的单位发邀请函的方式吸引相关单位参加，广告和邀请函要写清展览会的宗旨、展出的项目类型、展览会的要求和费用以及对参观人数和类型的预测等，给潜在参展单位提供决策所需的资料。

(3) 明确参观者的类型。使展览会的策划者和讲解人有针对性的准备材料。

(4) 选择展览会的时间和地点。有些展览会要顾及到时间性和季节性，在选择地点上要考虑：方便参观者，展览会地点的周围建筑是否与展览会主题相得益彰，辅助设施是否容易配备和安置等。

（5）培训工作人员。展览会工作人员的素质和展览技能的高低对整个展览会效果有重要影响。因此，必须对展览会工作人员如讲解员、接待员、服务员和操作员等进行良好的公关意识和技能培训，并就展览会内容进行必要的专业知识培训。

（6）成立专门对外发布信息的机构。该机构负责与新闻界联系一切事宜，并要制订信息发布计划，如确定发布的内容、时机、形式等，公关人员应发掘展览会上有新闻价值的东西，以扩大展览会的影响。

（7）准备展览会所需要的各种辅助宣传资料，如录音、录像带、光碟、幻灯片、各种小册子、展览会目录表、招贴画等。

（8）准备展览会的辅助设施和相关服务，如业务洽谈室、合同签订室、文书业务、影视、音响、灯光、展柜、广告栏及银行、邮政、海关、检验、交通运输、停车场等。

（9）布置展览厅。在展览厅入口，设置咨询服务台和签到处，并贴出展览会平面图，作为参观指南，展览会布置应考虑角度、方向、背景、光线等综合因素，要使展品展出后整齐、美观、富有艺术色彩，给人以美感。

（10）设计制作展览会徽标，备好展览会纪念品，以强化对展览会的印象。

（11）策划采用一些展览会技巧。如邀请政府要员或知名人士出席或剪彩，为参观者签名留念等，总之尽量把展览会办得生动活泼、别具一格、富有创意，吸引社会公众注意。

（12）制定展览会经费预算。具体列出展览会的各项费用，加以核算，有计划地分配展览会的各项经费，防止超支和浪费。

【课堂讨论】

分析企业怎样才能举办一次成功的展览会？

公关链接　企业选择展览会的技巧

1. 展会性质

每个展览会都有不同的性质，按展览目的可分为形象展和商业展；按行业设置可分为行业展和综合展；按观众构成可分为公众展与专业展；按贸易方式可分为零售展与订货展；按展出者划分，又有综合展、贸易展、消费展等。凡此种种，不一一列举。

2. 知名度

现代展览业发展到今天，每个行业的展览都形成了自己的“龙头老大”，成为买家不可不去的地方，如芝加哥工具展、米兰时装展、汉诺威工业博览会、广州全国出口商品交易会等。通常来讲，展览会的知名度越高，吸引的参展商和买家就越多，成交的可能性也越大。如果参加的是一个新的展览会，则要看主办者是谁，在行业中的号召力如何。名气大的展览会往往收费较高，为节省费用，可与人合租展位，即使如此，效果也会好于参加那些不知名的小展览会。

3. 展会内容

现代展览业的一大特点是日趋专业化，同一主题的展览会可细分为许多小的专业展。例如，同样是有关啤酒的展览会，其具体的展出内容可能是麦芽和啤酒花，可能是酿造工艺，可能是生产设备，可能是包装材料与技术，也可能是一场品牌大战。参展商事先一定要了解清楚，以免“误入歧途”。

4. 展会时间

任何产品都具有自己的生命周期，即新生、成长、成熟、饱和、衰退五个阶段。展出效率与产品周期之间有一定的规律，对于普通产品而言，在新生和成长阶段，展会有事半功倍的效果；在成熟和饱和阶段，展出的效果可能事倍功半；到了衰退阶段，展出往往会劳而无功。

5. 展会地点

参加展览会的最终目的是向该地区推销产品。所以，一定要研究展览会的主办地及周边辐射地区是不是自己的目标市场，是否有潜在买力，必要时可先进行一番市场调查。

4. 展览会举办效果的评估

对展览会举办效果的评估是对实施展览工作所带来的社会效益的测量与评估，它主要体现在参观者对展品的反应，对组织的认识和对整个展览会举办形式和效果的看法等方面。其评估方法主要有以下几种。

（1）参观者留言的形式。举办者或参展者在展览厅出口处设置参观者留言簿，主动征求参观者意见。

（2）召开观众座谈会。在展览会过程中，随机找一些观众座谈，谈论一下对展览会的观后感，并要求提出其看法和意见。

（3）记者采访的形式。在展览会期间，记者活动在展览会上，随时随地提出一些双方感兴趣的问题让观众回答，来收集观众意见。

（4）问卷调查的形式。展览会结束后，向观众分发调查问卷，了解展览会举办的实际效果。

（5）当场举办有关展览会内容的知识竞赛，当场提问，当场解答，当场发奖。

7.2.5 新闻发布会

新闻发布会又称记者招待会，是政府、企业、社会团体和个人把各新闻机构的有关记者邀请来，宣布某一或某些重要消息，并让记者就此进行提问，然后由召集者回答的一种具有传播性质的特殊会议。社会组织召开新闻发布会可以达到两个目的：一是广泛传播有关本组织的重要信息；二是与新闻界保持一种密切的联系。

1. 新闻发布会的特点

（1）权威性强。社会组织以记者招待会的形式发布组织信息，其形式比较正规、隆重，而且规格比较高，有极强的权威性。

（2）针对性强。新闻发布会上，答问是活动的主要形式，在活动中记者就自己感兴趣的话题进行提问，针对性强；同时，在提问中，记者们还可相互启发，能更深层地掌握信息。

（3）较高的价值性。举办新闻发布会一般在组织急需的情况下进行，要求紧迫，这样导致召开新闻发布会的信息必然具有较高新闻价值，值得新闻媒介和广大公众广泛重视和报道。

（4）难度大、要求高。召开新闻发布会不仅成本高，而且占用组织者和与会记者的时间也较长，对组织发言人和主持人的要求较高，如要求发言人和主持人头脑清晰、思维敏捷，逻辑性和应变能力强。因此，举办记者招待会与其他专题活动相比，难度较大。

（5）有利于感情交流。在新闻发布会上，主持人或主要发言人与记者进行面对面的交流，可就一些问题达成共识，加强了组织与新闻记者的相互沟通。

2．新闻发布计划的制订程序

（1）事由。“无风不起浪”，制订计划总要有它的缘由：近期发生了什么大事或计划做什么大事？这个“大事”应当是与组织机构的发展有直接的重大关系的；或者发生在组织机构内，已经或将要波及社会；或者发生在社会，必然会影响到组织机构内部来。

（2）动议。制订新闻发布计划的依据是有这方面的提议。要宣传“大事”可以通过新闻发布会，也可以直接给报社写稿，还可以做广告。只有有了开新闻发布会的提议，计划程序才能开始。提议者可以是最高决策层，也可以是一个部门，普通的公关员也可以发出召开新闻发布会的“动议”。

（3）分析。新闻发布会是否进入计划程序要经过分析。召开新闻发布会的“动议”是否合理？召开新闻发布会是否有必要？会产生什么影响？在当前形势下召开新闻发布会是否与整体传播规划相适应？有没有比新闻发布会更合适的形式？

（4）建议。公关员对是否举行新闻发布会和会议的格调向最高管理层提出建议。建议举行的理由是什么？确定什么样的主题？何时可以拿出具体的计划？反对举行新闻发布会的理由是什么？是否需要替代？

（5）核定。组织机构领导审阅上述建议，对是否举行、如何举行新闻发布会做最后审核。

（6）启动。如果领导批准举行新闻发布会，则启动计划程序，开始拟订计划。

【课堂讨论】

怎样才能启动一个新闻发布计划？

3．新闻发布计划的内容

（1）确定举行新闻发布会的必要性。在举行新闻发布会之前，必须对所要发布的信息进行认真的研究分析，分析这些信息是否重要、发布这些信息的紧迫性与最佳时机以及这些信息是否具有广泛传播的新闻价值等。在企业中通常有必要举行新闻发布会的事件一般有新开张；新产品的开发、生产与投放市场；企业重组上市；发生重大（或紧急）事件；受到公众和新闻界的公开批评；开展重大的社会公益活动；重要的人事变动；企业的重要庆典或纪念活动等。

（2）确定新闻发布会的主题。主题是新闻发布会的核心内容，整个活动都要围绕主题开展。在召开新闻发布会之前，必须确定会议的中心议题。

（3）确定举行新闻发布会的时机与地点。举行新闻发布会需要选择最佳时机，以便有关本组织的重要新闻能在最合适的时间里向社会公众进行传播。这一时间的选择应遵循两个原则：一是要在所要传播的信息最具有新闻价值的时候；二是被邀请的记者都能到会。

在地点的选择上主要考虑要给记者创造各种方便采访的条件，如录像、灯光、视听辅助工具等，还要考虑交通是否方便，会议地点环境要求安静不受干扰。同时，会场的桌椅要尽量适合于记者记录、拍摄使用等。

（4）选择发布会的主持人和发言人。记者的职业要求和思维习惯会使他们在新闻发布会上提出一些深刻、尖锐而且可能棘手的问题，这就对新闻发布会的主持人与发言人提出了较高的要求。主持人的作用在于把握主题范围，掌握会议进程，控制会场气氛，促成会议的顺利进行，此外在必要时还承担着消除过分紧张的气氛、化解对立情绪、打破僵局等特殊任务，应由有较高公共关系专业技巧的人担任。新闻发言人要透彻地掌握本组织的总体状况及各项方针政策，面对新闻记者的各种提问，需要头脑冷静、思维清晰、反应灵敏，具有很强的语言表达能力，措辞精确，语言精练、流畅，发表的意见具有权威性，新闻发言人一般由组织主要负责人或部门负责人担任。

（5）确定要邀请记者的范围。邀请哪些记者出席新闻发布会要根据所要发布信息的重要性和影响程度来确定一个邀请的范围。从地域范围看，如果新闻内容仅限于本地，则以邀请当地新闻单位的记者出席为主；如果新闻内容涉及较为专业的业务，则以邀请专业性新闻单位的记者出席为主；如果新闻内容涉及全国范围，则邀请全国性的新闻单位记者为主。从传媒范围看，应该邀请各种传播媒介的记者出席，既要有电台、电视台的记者，也要有报纸杂志的记者；既要有文字记者，也要有摄影记者，以便使本组织发布的重要新闻在社会上形成立体传播的态势。

（6）准备发言提纲和辅导材料。要组织熟悉情况的人成立专门的发言起草小组，全面收集有关资料、信息，写出准确、生动的发言稿供发言人参考，还可以写出报道提纲，在会上发给记者作为采访报道的参考。要特别注意发言稿和报道提纲的内容是否统一，防止会上口径不统一。如有必要，还应提前向与会记者提供与本次新闻发布会有关的背景材料，以便让记者对会议有更多的了解。

（7）组织记者参观的准备。新闻发布会前后，可以配合会议主题组织记者进行参观活动，给记者创造实地考察、采访、摄影、录像等机会，增加记者对会议主题的感性认识。为使参观活动达到预期目的，应该在会前安排好将要参观的地点，并派专人接待，陪同及介绍情况。

（8）布置会场。布置会场是召开新闻发布会之前的重要准备工作之一，要为新闻发布会创造一个良好的会议环境，即安静、无干扰，室内座椅舒适，灯光适宜。

（9）制定经费预算。经费预算可按记者招待会不同的规格和规模去进行制定，预算时应留有余地，以备急需，其经费预算一般包括：场租费、会场布置费用、印刷费、饮食费、礼品费、文书用具费、音响器材费、邮费、交通费、电话费、传真费、上网费等。

公关链接　新闻发言人制度

组织机构的新闻发布制度是从国家的新闻发言人制度中衍生出来的。新闻发言人制度是当今世界大多数国家推行的一种基本的信息发布制度，这项制度的首创者是美国总统富兰克林•罗斯福。1933年，罗斯福执政后为挽救严重的经济危机而采取了被称为“新政”（the New Deal）的施政纲领，此后罗斯福为了推动“新政”的顺利实施，就“新政”的推行情况定期约请广播电台的记者到自己的办公室或寓所，以“炉边谈话”的形式向社会发布新闻，从而开创了新闻发言人制度的先河。

我国政府于1983年4月开始设立新闻发言人制度，国务院设新闻办公室和新闻发言人，此后每年的全国人大会议和全国政协会议期间和举行其他重大活动时都要举行大规模的中外记者招待会。这一体现公开性和透明度的行之有效的政治制度也在工商企业界和其他社会服务领域得到了普遍的推广。

与国家的新闻发言人制度一样，组织机构新闻发布制度的实施，不仅为组织的信息传播开辟了一个更具有权威性的途径，而且对促使工商企业和其他社会组织由传统的封闭型经营方式向现代开放式经营模式的转变具有特别重要的意义。

【课堂讨论】

新闻发言人对组织而言可以起到什么作用？一位合格的新闻发言人要具备什么素养？

4．新闻发布会的注意事项

（1）所发布的信息必须是准确无误的。

（2）发布会的主持人与新闻发言人代表组织出现在记者面前，应维护好组织的形象。

（3）发布会的主持人应充分发挥主持和组织作用，既要调动记者提问的积极性，又要控制好会场，使发布会的整个过程不偏离主题，掌握好发布会的节奏。

（4）发言人发布的信息和回答的问题必须准确无误，并且主要发言人和其他发言人的口径要统一，防止因口径不统一而引起记者猜疑和会场秩序的混乱。

（5）对于不愿发表的意见和不便透露的信息，应婉转地向记者作解释，希望记者理解，不要吞吞吐吐，否则会使记者追根究底，造成难堪的局面。

公关链接　国务院办公厅《关于在京举办新闻发布会问题的补充通知》（1993年8月8日）规定

（1）国务院各部门和各省、自治区、直辖市及计划单列市在北京举办新闻发布会，应以改革开放、经济建设、精神文明建设和人民群众关心的重大问题为主要内容。

（2）国务院各部门和各省、自治区、直辖市及计划单列市在北京举办新闻发布会可自行决定，抄报新闻出版署备案。北京市所属单位召开的新闻发布会报北京市人民政府批准，批件抄报新闻出版署。国务院各部门和各省、自治区、直辖市及计划单列市所属单位，以及企事业、群众团体和个人在北京举办新闻发布会，应先分别由国务院有关部门和有关省、自治区、直辖市、计划单列市人民政府审核批准，持审核同意的批件，到新闻出版署办理登记手续。具体登记办法由新闻出版署制定。

（3）凡涉及物质产品、科技成果、技术专利等内容的新闻发布会，登记时应提供省、自治区、直辖市、计划单列市以上质量、监督、检验、专利等主管部门的认定书或证明书。

（4）应登记而未登记的新闻发布会，新闻单位不予采访，不作报道。

（5）举办新闻发布会的单位要严格遵守新闻必须真实的原则。不得泄露党和国家的机密。

（6）举办新闻发布会要贯彻节俭精神，不得以任何名义向记者和新闻单位赠送礼金、有价证券。新闻发布会的规模要适当，要讲求实效。

【课堂讨论】

2005 年 8 月 6 日，第四届哈尔滨啤酒节开幕，当地啤酒生产企业向哈尔滨市中心休闲广场注入大量啤酒，据称此举目的在于打造全国第一个“啤酒喷泉”，让人们从中感受啤酒文化。你对此有何看法？

5. 新闻发布会的程序

（1）签到。在接待处设签到处，接待最好由组织的一个主要人物出面迎宾，一方面表示出主人的礼貌和会议的郑重，另一方面也可以通过问候寒暄加强接触了解，建立感情。

（2）发放资料。在会议正式开始前，要将准备好的资料有礼貌地分发下去，让记者对会议有一个粗略的了解，以便在发言人发布信息时对会议主题有更进一步的认识和理解。

（3）会议开始。由主持人说明召开会议的目的，所要发布的信息和有关情况的介绍和说明。

（4）发言人讲话。发言人就事件的内容做详细、准确的讲述。

（5）答问。

（6）会议结束。

6. 新闻发布会的会后工作

（1）尽快整理出新闻发布会的记录材料，对发布会的组织、布置、实施、主持和回答问题等方面的工作进行评估，总结经验，吸取教训，并将总结材料归档备查。

（2）对照会议签到簿，看与会记者是否发了与本次新闻发布会有关的稿件。收集已经发表的新闻稿，进行分类登记，并对记者所发稿件的内容及倾向做一分析，检查是否达到了举办新闻发布会的预定目标。

（3）若出现不利于本组织的报道，应做出良好的应对策略。若出现不正确或歪曲事实的报道，应采取行动，说明真相，向新闻机构提出更正要求；若报道的虽然是正确事实，但不利于本组织，则应通过该报道的媒体向公众表示歉意，并说明改进的措施，以挽回对企业声誉的损失。

（4）收集与会记者及其他来宾对新闻发布会的反应和对本次会议的意见，以便今后改进工作。

【课堂讨论】

为什么说新闻发布会的会后工作很重要？

本章小结

公关专题活动指组织为塑造自身形象围绕某一公共关系主题，有计划、有步骤地组织目标受众参与的集体行动，是组织与公众沟通的有效途径。公共关系专题活动的基本特点是针对性、传播性、协调性、效率性、灵活性。公关专题活动常见的形式有庆典活动、开放参观活动、公关赞助活动、展览会、新闻发布会等。

社会组织一般会在内部发生值得庆祝的重要事件时，在人们共同庆祝的重大节日里举行隆重的庆典活动。

开放参观活动是指社会组织邀请内外公众（主要是外部公众）参观本组织的工作条件、环境设施、成就展览等。

公关赞助活动是指企业或其他社会组织以无偿提供资金、物质进行帮助或支持的方式发起、组织、参与某一有广泛群众基础，同时能获得一定的形象传播效益的社会活动。

展览会是一种综合运用各种传播媒介、手段推广产品，宣传组织形象和建立良好公共关系的大型活动，它通过实物、文字、图表来展示成果，图文并茂，给公众以极强的心理刺激，从而加深公众的印象，提高组织和产品在公众心目中的信誉。

新闻发布会又称记者招待会，是政府、企业、社会团体和个人把各新闻机构的有关记者邀请来，宣布某一或某些重要消息，并让记者就此进行提问，然后由召集者回答的一种具有传播性质的特殊会议。

思考与练习7

一、选择题

1．以下属于庆典性活动的是（　　）。

A．交流会　　B．庆功会　　C．展销会

2．（　　）是一种复合性的传播方式。

A．展览会　　B．开业典礼　　C．促销活动

二、填空题

1．公共关系专题活动的基本特点有________、________、________、效率性与灵活性。

2．组织庆典活动有三大效应，分别是________、________、________。

3．新闻发布会的特点有________，________，________，难度大、要求高，有利于感情交流。

三、简答题

1．简述如何组织庆典活动。

2．简述开放参观活动的作用有哪些。

3．简述公关赞助活动应注意的原则。

4．简述新闻发布会有哪些注意事项。

课后实训 7

1．请你为气象局制订一个“开放日”活动计划。

2．请你为某商场策划一次节日专题活动方案。

3．假设你是某汽车公司公关部的经理，请你拟定一份赞助一位车手无后援自驾车30日环游中国内地的计划书（要点：项目的缘起、赞助的意义、赞助内容、车手的义务、相关公关宣传报道计划、其他内容等）。

4．请策划一次班级风采展。

第8章

公共关系危机管理

课前思考

★ 什么是公关危机？公关危机有哪些特点？
★ 为什么会发生公关危机？具体有哪些原因？
★ 公关危机发生后，应该怎样处理？其程序怎样？
★ 公关危机的对象不同，处理方式应有哪些变化？

学习目标

● 公共关系危机的含义、特点、原因与类型
● 公共关系危机的预防
● 公共关系危机处理的原则
● 公共关系危机处理的程序
● 公共关系危机处理的对策

现代社会中，各种危机时刻存在。公共关系危机管理是现代管理领域的一个新的研究课题。现代组织的公共关系人员必须了解公共关系危机产生的原因，树立公共关系危机意识，做好公共关系危机的预防工作，并能根据公共关系危机管理的原则、程序、策略妥善处理各种危机事件，使组织转危为安。危机不能消灭，但要正视危机、转化危机。

8.1 公共关系危机概述

危机是指由非常性因素所引起的某种非常事态。也就是说，危机是突然发生的、危及组织生存和发展的严重恶性事件。危机这个词是由危险和机会组成的，它本身是一个中性词。危机中孕育着机会，危机不仅带来麻烦，也蕴藏着无限商机。

公共关系危机也称公关危机，是指由于主观或客观的原因，企业与公众的关系处于极度紧张的状态，企业面临十分困难的处境。例如，企业因产品质量不合格、劳资纠纷、法律纠纷、重大事故等被媒体曝光给企业带来的危机，它会令企业美誉度遭受严重考验。

8.1.1 公共关系危机的特点

1．必然性与偶然性

危机的必然性是指危机不可避免，即只要有公共关系就会有公共关系危机，必然性是公共关系作为开放复杂系统的结果。危机的偶然性是指危机的爆发往往是由偶然因素促成的，偶然性则决定于系统的动态特征。由于公共关系大系统是开放的，每时每刻都处于与外界的物质、能量信息的交换和流动之中，其中任何一个薄弱环节都可能因某种偶然因素而导致失衡、崩溃，形成危机。

2．突发性与渐进性

冰冻三尺，非一日之寒。公共关系危机的爆发是一个从量变到质变的过程，酿成危机的因素是一个累积渐进的过程，通过一定的潜伏期的隐藏和埋伏后，如果未能得到有效控制，它就会继续膨胀，就会形成组织公共关系危机的总爆发，并迅速蔓延，产生连锁反应，使公众与组织关系突然恶化。

3．破坏性与建设性

危机一旦出现，在本质上或事实上都会起破坏作用，不只是对组织而言，也是对社会而言的。因此，应尽力防范和阻止。根据系统学的观点，危机既有破坏性特征，又有建设性特征。认识危机的破坏性，才不会掉以轻心、麻痹大意；认识到危机的建设性，才会采取主动姿态，沉着冷静而满怀信心地面对危机，为组织建立富有竞争力的声誉，树立组织的形象和为组织的重大问题创造机会。正如伟达公关公司一位经理所说：“危机，即危险加机遇。”对受损的组织形象的恢复要有迅速的、切实有效的危机对策。

4．急迫性与关注性

组织公共关系危机总是在短时间内猛然爆发，具有很强的急迫性，一旦爆发会造成巨大影响，又令人瞩目。它常常会成为社会和舆论关注的焦点和讨论的话题，成为新闻界报道的内容，成为竞争对手发现破绽的线索，成为主管部门检查批评的对象。总之，组织公共关系危机一旦出现，它就会像一颗突然爆炸的“炸弹”，在社会中迅速扩散开来，对社会造成严重的冲击；它就会像一根牵动社会的“神经”，迅速引起社会各界的不同反应，令社会各界密切关注。因此，若控制不利，必然产生严重后果。所以必须牢记“兵贵神速”这一兵法格言，强调危机公关管理方案的时效性。

公关链接　　危机：如影随行

经过千辛万苦发展起来的企业，谁都不希望有什么坏消息发生，但事实上，我们看到的则是另外一种境况，即危机无处不在。

企业在飞速发展的过程中由于资金链的断裂而使企业运转戛然而止，甚至轰然倒塌，如安然公司、德隆集团；

企业内部管理和沟通不善而导致混乱或纷争事件，如家乐福“进场费”风波、格力“父子之争”事件、联想“裁员”风波、普华永道“员工怠工”事件、沃尔玛“拒建工会”事件、2005 年 6 月“光明牛奶”事件；

企业因产品缺陷而引发的召回事件，如索尼“彩电召回”事件、宜家“家具召回”事件、默克“万络召回”事件；

强势领导人生命的意外终结而导致企业群龙无首致使企业未来前景不明的，如均谣集团王均谣、钢铁集团李沧海；

企业核心经理人团队的集体出走而导致企业伤筋动骨、大伤元气的，如创维原陆强华团队的集体出走、上海太平洋百货董事总经理率队集体离职；

企业广告宣传不当而引发危机事件，如北京新兴医院“虚假广告”事件、金龙鱼“虚假广告”事件、腾讯 QQ“保钓事件”；

企业违法操作触犯法律事件，如朗讯“行贿丑闻”事件、创维“黄宏生被拘”事件、健力宝老板“张海被拘”事件、谢瑞麟珠宝行“谢氏父子被拘”事件；

文化冲突引发的危机事件，如耐克“恐惧斗室广告”风波、丰田“霸道广告”事件、CECT 手机“中国种的狗”事件；

外部环境变化引发的危机事件，如肯德基“苏丹红”事件、三鹿“毒奶粉”事件、红牛“进口假红牛”风波；

科技进步提升检测手段并提高对致病因素认识而导致的危机事件，如强生“婴儿油有害”事件、联合利华“立顿红茶氟超标”事件、高露洁“牙膏致癌”危机，等等。

推而广之，大到一个国家，更有自然灾害性的危机，如东南亚诸国的“海啸”事件；政治分歧而引发的危机，如日本首相坚持参拜靖国神社而引发的与中国、韩国等周边国家关系的危机；经济分歧而引发的危机，如中国与欧盟之间的反倾销危机；等等。我们生存在一个危机如影随形的时代！

（资料来源：节选于：考验：危机管理，在修炼中成长，全球品牌网，2006-04-25）

【课堂讨论】

请选择体会最深的一个或几个公关危机的特点，谈谈你的认识。

8.1.2 公共关系危机产生的原因

美国危机管理专家诺曼·奥古斯丁形容说："危机就像普通的感冒病毒一样，种类繁多，难以一一列举。"的确，经营管理不善、市场信息不足、同行竞争，甚至遭到恶意破坏等，或其他自然灾害、事故，都可能使得现代组织处于危机四伏之中。分析危机发生的原因，对于制定正确的预防和处理对策有着十分重要的意义。企业危机产生的原因很多，一般来说，大致可以分为企业内部环境原因和企业外部环境原因。

1. 企业内部环境原因

（1）经营管理不善。组织管理水平越高，管理效率越高，发生危机的可能性越小；相反，管理者缺乏有效措施、管理方法不科学、缺乏有效沟通等，引发企业危机的可能性就越大。

（2）员工自身素质低。包括企业领导者和企业普通员工自身素质较低，在危机产生前对危机的认识不够和危机出现后对危机处理不善。

（3）工作不规范。缺乏严格的规章制度和员工的行为规范，表现在管理制度不健全，无章可循；员工行为无规范，工作过程不严格，操作无标准等，埋下隐患。

（4）决策失误引起。这是最常见的引起企业公关危机的原因。主要有三点：一是领导的素质不高；二是对行情发展趋势所做的判断不正确；三是缺少市场周密调查，做出不科学的决断，表现在方向失误、时机失误、策略失误。

2. 企业外部环境原因

企业所处的外部环境是异常复杂的，某一方面发生变化，尤其是突如其来的变化，都会给企业以重击，使企业陡然陷入困境，企业形象面临前所未有的挑战。

（1）自然环境突变。包括天然性的自然灾害和建设性破坏两个方面。天然性自然灾害，如山脉、河流、海洋、气温等所形成的灾害，是不以人的意志为转移的，它往往给组织带来意想不到的打击。正所谓："人在家中坐，祸从天上来。"

（2）企业恶性竞争。恶性竞争即不正当竞争，是指在市场经济活动中，违反国家政策法令，采取弄虚作假、投机倒把、坑蒙拐骗等手段牟取利益，损害国家、生产经营者和消费者的利益，扰乱社会经济秩序的不良竞争行为。

（3）政策体制不利。国家的经济管理体制和经济政策是企业难以控制的外部因素，它对企业的经营和发展产生着重大影响和制约作用。一般来讲，任何企业都希望国家经济管理体制和经济政策有利于本企业的生存和发展，但这些希望又在某些特定的情况下无法实现，如果体制不顺，政策对企业发展不利，那么企业就可能在经营活动中遭遇很大风险，出现严重问题，甚至陷入一种欲进不能、欲退不忍、欲止不利的困境。在这种情况下，出现一种公共关系危机是完全可能的。特别是传统经济体制的约束、传统思想观念的影响、行业封锁、产品垄断、条块分割的种种弊端，诸如此类的人为因素，甚至可以把企业逼上绝境。

（4）社会公众误解。公众对组织的了解并不是全面的，有的公众会因信息的缺乏或专听一面之词对组织形成误解。这包括几个方面：一是服务对象公众对组织的误解；二是内部员工对组织的误解；三是传播媒介对公众的误解；四是权威性机构对组织的误解等。无论哪一类公众对组织的误解，都有可能引发组织的危机。特别是传播媒介和权威性机构的误解，更可能使误解范围扩大，程度加深，形成极为不利的舆论环境。

除了上述所列危机发生的原因之外，还有下列原因：劳资争议以及罢工、股东丧失信心、具有敌意的兼并、股票市场上大股东的购买、谣言、大众传媒泄露组织秘密、恐怖破坏活动、组织内部人员的贪污腐化等。组织只有在广泛收集有关信息的基础上，对造成企业公共关系危机的原因进行深入分析，才能拿出充分的依据，为公共关系危机的管理奠定坚实的基础。“把握症结，对症下药”应成为企业牢记的信条。

案例8.1　“黑公关”之“安勇事件”

公共关系作为现代社会文明的产物，在企业传播、品牌构造等方面发挥着举足轻重的作用。随着行业的不断壮大，一些不以商业道德为底线的“黑公关”近年来也层出不穷，其中涉及租车、乳业、饮料食品业等多个行业。“安勇事件”就是典型代表。

2010年7月起，“深海鱼油造假严重”的新闻和圣元“性早熟”相继被媒体报道，并在网上广泛流传。最后矛头直指伊利实业集团股份有限公司生产的“QQ星儿童奶”和“圣元奶粉”，并有愈演愈烈扩展至其他品牌的风向。

伊利集团公司迅速向呼和浩特市公安局经济技术开发区分局报案，警方经过为期两个多月的调查发现，这起看似商战的事件，确系“一网络公关公司受人雇用，有组织、有预谋、有目的、有计划，以牟利为目的实施的”损害企业商业信誉案。整个操作链由蒙牛“未来星”品牌经理安勇、北京博思智奇公关顾问公司（现改名“友拓”）一手策划操作。最终，安勇及博思智奇公司的数名员工锒铛入狱。

多行不义必自毙。命运多舛的中国乳品行业，如何才能恢复消费者的信心？伤害自己，伤害行业，最终伤害的依旧是消费者。而这样没有底线的公关公司，对其他客户是否也会再策划出如此“震撼”的事件？又有多少个行业会在这样的不良竞争中走向不归路？

（资料来源：http://live.china.com.cn/2013-04/19/content_5891381.htm）

【案例讨论】

请盘点近期发生的“黑公关”事件，分析其特点及危害，并提出对策。

8.1.3 公共关系危机的种类

按照不同的分类标准，可将危机分为多种类型，在公关工作中，对于危机可按危机的内容和形式两个方面进行分类。

1．按危机内容划分

内容如下。

（1）信誉危机。它是指公关组织由于在经营理念、组织形象、管理手段、服务态度、组织宗旨、传播方式等方面出现失误造成的社会公众对组织的不信任，甚至怨愤的情绪。信誉危机也称形象危机。信誉危机是真正意义上的公关危机，它是组织形象在公众心目中的倒塌，是公关工作的重大失误，如不及时想办法挽救，很快就会波及组织的其他领域，带来灾难性的损失。

（2）效益危机。它是指组织在直接的经济收益方面面临的困境。例如，同行业产品价格下调；原材料价格上涨；行业的恶性竞争；该产品市场疲软，产品过剩；组织的投资出现了偏差，等等。

（3）综合危机。它是指兼有信誉形象危机和经济效益危机在内的整体危机。这种危机的爆发往往是出现了影响重大的突发性事件，而且情况总是从信誉危机引起，由于处理不及时，或者是事态发展太快而造成了经济利润的全面下降，促成了互相联系的连锁损失。

2．按危机形式划分

内容如下。

（1）点式危机。它的出现是独立的、短暂的，和其他方面联系不大，产生的影响比较有限，它往往是产生在一定范围内的局部性危机，这也是一种程度较轻的危机状况。

（2）线性危机。它是指由某一项危机出现的影响而造成的事物沿着发展方向出现的一系列接二连三的危机连锁现象，根本原因在于事物之间的联系。如果某一环节上出现偏差不及时处理，造成失控，那么困难的局面就会像多米诺骨牌一样发生连锁反应，最终由一次危机演变成一系列的危机。

（3）周期性危机。它是一种按规律出现的危机现象。例如，某些产品的销售，有旺季，也有淡季，当进入淡季后，就要有相应的处理措施，以应付不利的局面。这种周期性困难是一种可以预测、能够预防的危机。

（4）综合性危机。它是指在一个社会组织中，突然出现了兼有以上几种危机汇成的爆炸性危机。它一般是先因点式危机处理不得力造成了线性危机，再加上其他因素的作用，使危机的事态急剧恶化，短期内迅速发展成一种一败涂地的重度危机局面。

除了以上几类危机情况外，在公关中经常遇到的还有根据公关危机危害程度的不同将危机分为一般性公关危机和重大型公关危机。前者程度较轻，是局部性的，危害小；后者情况严重，是整体性的，危机深重。另外，根据公关危机事件呈现的状态，还可以分为隐性公关危机（即某些局部要素上的隐患）和显性公关危机（即已经形成事实的整体性危机事件）。

【课堂讨论】

请选择某一个类型的公关危机，谈谈你的认识。例如，常见的信誉危机有哪些？它有什么特点？

8.2 公共关系危机管理

8.2.1 公共关系危机管理程序

公共关系危机管理是指公共关系从业人员在危机意识或危机观念的指导下，依据管理计划，对可能发生或已经发生的公共关系危机事件进行预测、监督、控制、协调处理的全过程。公共关系危机管理主要包括危机预测、危机防范、危机识别、危机处理及危机善后等五个方面。

1. 公关危机预测：监测环境，制定图表

成立公关危机管理委员会，对企业内外部环境做详细周密的分析和检测，其内容包括可能发生哪些危机，危机可能具备的性质和规模等，并对危机进行分类列表。例如，A 表示最可能发生的危机，如产品质量、媒介关系、环境变化等；B 表示次级危机，如广告误解、合作伙伴违约等；C 表示再次级危机，如产品投毒等。

2. 公关危机防范：日常贯彻，严格控制

制订公关危机管理计划，即制订一个具体的、有针对性的、可操作性强的危机公关管理计划。计划应结合公司实际，考虑市场的变化，具有一定弹性。

树立全员公关，让员工参与危机管理，把计划应用在企业运转的全流程中，并确保被严格执行。

做好内部培训，把所有程序的执行落实到每个人的头上，责权明晰，并设立人员监督，定期检查。

3. 公关危机识别：正确区分，制定对策

悟空般的火眼金睛非常关键，应尽快识别危机。市场变化瞬息万变，公司内部千头万绪，问题越早发现，处理越容易，所花代价越小，等到事态扩大就会比较麻烦。

4．公关危机处理：注重沟通，迅速行动

一旦危机不可避免地发生了，要临危不乱，重在沟通，快在行动。要做好内外部沟通工作：对内要统一口径，避免内部的猜疑和谣言，保证一个声音对外；对外沟通要及时，不能只是以“电话无人接听”、“等待鉴定结果”、“企业负责人不在”、“我们会对整个事情负责”等笼统的理由来搪塞，应尽快发布真实的进展信息。只有在内部充分沟通的基础上，及时进行外部沟通，并且在沟通的过程中，站在消费者利益的角度诚恳地认识存在的错误，表现企业负责任的态度，才能赢得公众的理解。

5．公关危机善后：总结经验，重视反馈

危机管理善后包括对内和对外两部分。对内整顿，总结经验，找出不足，制订一个更切实可行的危机管理计划。对外则将公司可能造成的不良影响列成表格，重视双向反馈，根据不同对象、程度、方面进行具体分析，并做出有效的应对策略。如在媒体上进行公益宣传，召开新闻发布会，与相关部门保持良好接触，设立一个与公众自由交流的渠道，等等。

公关链接　**危机管理计划书**

一、序言

1. 封面。计划名称、生效日期及文件版本号。

2. 总裁令。由公司最高管理者致言，并签署发布，确保该文件的权威性。

3. 文件发放层次和范围。明确规定文件发放层次和范围，确保需要阅读或使用本计划的人员能够正确知悉本计划的内容。同时文件接收人应签署姓名和日期，以表明对本计划的认可。

4. 关于制订、实施本计划的相关管理制度。包括保密制度，制订、维护和更新计划的方案，计划审计和批准程序以及启动本方案的时机和条件。

二、正文部分

正文部分通常包括下列 12 个方面的内容。

1. 危机管理的目标和任务。主要对建立危机管理体系的意义、在企业中的地位和要达成的目标进行描述。

2. 危机管理的核心价值观和企业形象定位。这是企业进行危机管理的纲领。强生公司在“泰诺”中毒事件中成功的关键是因为有一个“作最坏打算的危机管理方案”。而这一危机管理方案的原则正是公司的信条，即“公司首先考虑公众和消费者的利益”，这一信条在危机管理中发挥了决定性的作用。希尔顿饭店为长远发展定下了两条原则：一是顾客永远是对的；二是即使错了，请参看第一条。希尔顿把顾客摆到了绝对没有错误的位置上，真正体现了消费者至上的理念。

3. 危机管理的沟通原则。危机管理的核心是有效的危机沟通，是保持对信息流通的控制权。危机管理的沟通原则包括内部和外部沟通原则，为危机管理的沟通定下基调。

（1）对员工的沟通原则。
（2）对受害者的沟通原则。
（3）对公众的沟通原则。
（4）对媒体的沟通原则。
（5）对政府的沟通原则。
（6）对股东和债权人的沟通原则。
（7）对供应商和经销商的沟通原则。
（8）对竞争对手的沟通原则。

4. 建立危机管理小组。

（1）确定首席危机官或危机管理经理。
（2）确定危机管理小组的组成人员，并对各成员的权利和职责进行描述和界定。
（3）制订培训和演习方案。
（4）制订替补方案。这是指如果在危机发生后，危机管理小组成员因故不能履行职责时，人员替补的方案及计划变通的方案。
（5）组成外部专家组成员。
（6）制定指挥、沟通与合作程序。

5. 危机管理的财物资源准备。

（1）危机管理计划的预算。包括危机管理小组的日常运转和费用、危机管理设备的购买、维护和储备的费用以及危机管理计划实施的费用。
（2）财物资源的管理。由谁管理，通过何种途径获得，如何使用等。
（3）财物资源的应急措施。即当企业所储备的资源用完后，应如何获取相应资源。
（4）财物资源的维护制度。如定期检查、修理或更换制度。
（5）财物资源的使用制度。由谁使用，如何使用等。

6. 法律和金融上的准备。紧急状态下在法律和金融方面的求助程序。

7. 危机的识别与分析。

（1）识别危机。对企业的薄弱环节及内外部危机诱因进行列举。
（2）分析危机。对危机发生的概率、严重性进行分析和评估。

8. 危机的预控措施。

（1）预控的政策。
（2）检查和督促。

9. 危机的发现、预警和报告程序。

（1）建立危机预警体系的程序。
（2）由谁建立、改进和维护危机预警体系。
（3）如何界定危机信息。
（4）危机信息汇报的原则和程序。
（5）危机预警后的反应措施。

10. 危机的应变指挥程序。界定不同的危机应变的方式和危机管理人员的应变职责。

（1）启动危机管理程序。

（2）确定危机应对方案。如何减小损失和消除负面影响。
（3）危机管理小组成员工作的原则和程序。
（4）信息汇报制度。
（5）决策制度。
（6）人、财、物的调度制度。
（7）内部和外部沟通制度和程序。
（8）求助程序。向哪些机构或组织寻求帮助。
11. 恢复和发展计划。
（1）恢复和发展的原则。
（2）危机带来哪些长期影响？如何消除影响？
（3）如何恢复正常的组织运营程序和经营活动？
（4）危机管理小组成员在危机后的工作安排。
（5）回答员工关心的问题，统一员工思想。
（6）解除外部公众和媒体的疑问。
（7）稳定债权人、股东、供应商和经销商队伍，争取他们的支持。
（8）积极与政府部门配合。
（9）赢得竞争对手的尊重。
12. 危机管理的评估。危机结束后，对危机管理的评估程序。
（1）文件存档。
（2）评估损失。
（3）检讨危机管理行为。
三、附录部分
罗伯特·希斯把附录部分称为 PACE（清单）：P 指 Preparation，即准备；A 指 Action，即行动；C 指 Contact，即联络；E 指 Equipment，即装备。
我们把附录内容分为四个部分：流程图、应用性表单、内部联络表、外部联络表。
（1）流程图。危机管理各流程的图表。
（2）应用性表单。整个危机管理程序中所涉及的环节中必须应用的表单，如危机记录和监控表单、危机汇报表单等。
（3）内部联络表。危机管理人员的姓名、职位、联系方式及职责。
（4）外部联络表。在危机应对过程中，外部相关组织（如政府、行业协会、银行、保险公司、供应商、经销商等）的联络方式。
（资料来源：节选于：游昌乔．如何制定危机管理计划．中国营销传播网，2004-11-08）

8.2.2 公共关系危机的处理原则

1．快速时效原则

危机发生后，要在最短的时间内挽回组织的损失，维护组织的形象；及时、果断、快速地处理，采取有力措施，稳定地控制局面，防止危机失控。

2. 积极原则

积极调查判断，积极提出解决方案，主动投入调查、了解、分析、判断、决策工作，寻求最佳的解决方案，争取专家的帮助和公众的支持与谅解。

3. 冷静真实原则

必须主动向公众讲明事实的全部真相，不遮掩，否则会增加公众的好奇、猜测乃至反感，要防止误解。

4. 信任责任原则

不找客观理由推卸责任，要建立信任，无论事件的危害有多么严重，作为组织也要勇于承担责任，做到不推卸、不埋怨、不寻找客观理由。

5. 全局团结原则

考虑全局影响，不就事论事；要妥善安排危机后续事宜；动员企业全体员工团结一致，献计献策，共渡难关。

公关链接

在危机处理时，以下言论或行为是不妥当的，有损于当事人的形象。

（1）声称“任何企业或个人都可能会发生同类事件”。

（2）声称“事件的发生是由于供应商或别人的原因”。

（3）声称“此类事件属于不可抗力”。

（4）不直接、简明扼要地阐述自己在为处理事件具体做什么，而是说一些不传达任何有效信息的废话。

（5）面对媒体和公众时态度不严肃、不诚恳，表现出不耐烦或怒气冲冲。

（6）事件发生后显得不温不火，似乎对事件造成的损失和影响漠不关心、若无其事。

（7）嘴上说在处理，但行动上迟迟不见动静。

（8）在处理危机事件时，显得手足无措，不知如何是好。

（9）态度强硬，面对媒体或公众，发言混乱，出现前后矛盾或多个声音。

【课堂讨论】

举例说明处理公共关系为什么要遵循上述原则，谈谈自己的看法。

8.2.3 公共关系危机的处理策略

当然，并不是说完善的企业运行机制就不会出现危机。危机是一种客观存在的现象，它会不时地出现在企业面前。所以，对危机进行处理就会显得更为迫切。公共关系危机的处理策略有下面几个环节。

1. 采取紧急行动

（1）了解事件真相。当危机事件发生时，企业负责人首先要做的便是召集企业高层听取关于危机事件的报告。报告应由一线员工或亲历员工汇报，力求准确、全面、详尽、客观。如果隐瞒一些可能涉及自己或公司责任的事实或情节，会影响对危机事件的全面正确评估。

（2）成立临时专门机构。临时的专门机构是危机处理的领导部门和办事机构，一般由企业的主要领导负责，公关人员和有关部门负责人参加。成立这样一个机构，对于保证危机事态能够顺利和有效地进行处理是十分必要的。

危机处理的专门机构主要有三方面作用：一是内外通知和联络；二是为媒介准备材料；三是成立公共信息中心，加强对外界公众的传播沟通。

（3）制订危机处理计划。根据现有的资料和情报以及企业拥有或可支配的资源来制订危机处理计划。计划必须体现出危机处理目标、程序、组织、人员及分工、后勤保障和行动时间表以及各个阶段要实现的目标，其中还须包括社会资源的调动和支配、费用控制和实施责任人及其目标。

2. 积极处置危机

（1）积极主动，具有高度的责任感。危机发生后，企业应主动承担义务，积极进行处理。

（2）迅速隔离危机险境。应重点做好公众的隔离和财产的隔离，对于伤员更是要进行无条件的隔离救治，这也是危机过后有可能迅速恢复企业形象的基础。

（3）控制危机蔓延态势。在严重的恶性事件爆发后的一段时间内，危机不会自行消失，相反，它还可能进一步恶化。因此，必须采取措施，控制危机范围的扩大，使其不致影响别的事务。

（4）查明危机事件真相，收集相关信息。危机发生后，如果没有人能站出来说些什么，那么谣言听多了，也就成了真理，所以应及时组织人员，深入公众，了解危机事件的各个方面，收集关于危机事件的综合信息，并形成基本的调查报告，为处理危机提供基本依据。

（5）高层领导直接面对危机，要比工作人员更容易取得事半功倍的效果。

（6）要重视危机的处理态度，牢记“精诚所至，金石为开”。在危机发生后，企业要诚意地公开它的态度，对人们而言，感觉更胜于事实。

（7）分析研究，确定对策。企业危机处理人员提交危机事件的专题调查报告之后，应及时会同有关职能部门，进行分析、决策，针对不同公众确立相应的对策，制订消除危机事件影响的公关方案。

（8）及时与媒体联系，发布信息。美国明尼阿波利斯的诺维特银行突然失火，大火吞噬了 16 层的银行大楼，很多人惊慌失措，储户们一心急于提款，对他们来说，银行失火就意味着他们的钱也着火了。失火后，银行总裁通过广播和电视告诉储户，他们的款项和其他物件都很安全，整个大楼已经投保，各分行照常营业，并在银行对面设立了“临时”

办公室，集中处理客户及媒体的来信，记者还可与总裁直接通话。一些职员身穿易辨认的红白色且有银行字样的 T 恤在街上奔忙，以导引顾客去银行营业部。最后银行顺利地度过了这场灾难性的危机。

3. 汇报结果，总结经验教训

危机事件解决方案的达成和实施，并不意味着危机处理的过程已结束，对企业来讲，最为重要的一个危机处理环节便是总结经验教训。这个环节之所以如此重要是因为企业可以从这个环节中发现企业经营管理中存在的问题，并且有针对性地进行改进和提高，同时企业还可以从中总结经验，并对之进行发扬光大。

公关链接　危机管理的“4S”

（1）Stop。就是这件事立即打住，不能再发展、扩大事端了。

（2）Shut up。这时候企业只有一个发言人，其他的人都闭嘴。企业发生危机公关时，媒体都会想方设法地从企业中获取消息。

（3）Sorry。公关危机处理中的重要一环就是认错。企业永远处于消费者的下方，不要作任何的解释，以免应验重复性原则。有时候可能不是企业的错，但企业必须积极处理、坦诚相待，消费者是上帝不只是说说。应在新闻界树立一个正面形象。

（4）Survive。危机转化以后，就要面对企业的生存问题。

【课堂讨论】

在处理公关危机过程中，每个环节之间有什么关系？你认为最重要的是哪个环节？为什么？

8.2.4　公共关系危机的处理对策

公关危机的处理对策包括总对策和具体对策。其中总的对策要求是重视事实，迅速调查，妥善处理，做好善后工作，再造组织形象。而具体则要根据不同的公众对象分别采取不同的对策。

1. 企业内部对策

迅速成立处理事件的专门机构；辨明情况、制定对策；安抚受损人员及相关人员；奖励有功人员。

2. 针对受害者的对策

认真了解受损情况，实事求是地承担责任，并诚恳道歉；冷静听取受害人的意见，做出赔偿损失的决定；避免发生不必要的争执；给受害人以同情和安慰；派专人负责处理受害者的要求，并给予重视。

3．针对新闻界的对策

实事求是、不回避、不隐瞒；设置临时记者接待场；主动向新闻界提供事实真相和相关的信息，并表明自己的态度；在事实结果没有明朗之前，不信口开河，盲目加以评论，与新闻界密切合作，表现出主动和信任；以客观公正的态度表明自己的看法，不带有主观情绪；借助新闻媒介表达自己的歉意，并向公众做出相应的解释。无论哪种情况，公关人员都不能用“无可奉告”来抵挡公众及新闻媒介。气急败坏的否认不但于事无补，反而“越描越黑”。

4．对上级主管部门的对策

事故发生后，及时、主动向组织的主管部门汇报，汇报应实事求是，不能文过饰非，更不能歪曲真相，混淆视听；事故处理中，定期汇报事态的发展情况，求得上级主管部门的指导和支持；事故处理后，对事件的处理经过、解决方法和今后的预防措施要及时总结并向上级详细报告。

5．对消费者及其团体的对策

事故发生后，组织要及时通过各种可以利用的渠道，如零售网络、广告媒介等，向消费者说明事件的经过、处理办法及今后的预防措施；热情接待消费者团体及其代表，因为他们代表消费者的利益，在新闻界很有发言权，应热情并慎重地接触。

课堂实训

阅读以下材料，完成下列各项分析。

（1）从材料中顺序出现的年份，分析“时间”与企业形象的关系；分析“时间”与处理公关危机的关系。

（2）发生危机后，如果你是媒体记者，你会关注哪些问题？如果你是消费者，你最关心的是什么？请分别拟出5个问题，并以企业高层的身份，对提出的问题做好回答，作为回应媒体和消费者的资料。

（3）分析该企业在处理危机时存在哪些问题，如果你是企业高层，你会怎么做？请列出处理该危机的程序。

资料：

1975 年，一个日本僧人在北海道一座古老的酿酒作坊发现酒糟中的酵素，可以让女人抛弃岁月的痕迹。

1980 年，此配方的化妆品，由日本 MAXFACTOR 公司推广上市。

1991 年，该化妆品被 P&G 收购。

1999 年，该化妆品进入中国内地市场。

2004 年，在中国内地销售额已经达到高端市场的前三名。

2005 年 4 月，已在中国内地建成 78 个专柜。

2005年，一位名叫吕萍的江西消费者，听信刘嘉玲SK-II“连续使用28天，细纹及皱纹明显减少47%”的广告宣传，购买了一支25克包装的SK-II紧肤抗皱精华乳。使用后出现皮肤瘙痒和灼痛，于是将SK-II告上了法庭。

2006年9月14日，国家质检总局通报称，SK-II品牌系列化妆品日前在广东检出禁用物质铬和钕。

2006年9月15日，SK-II声明，强调其产品的安全和质量有充分保障。

2006年9月16日，SK-II抛出复杂的“退货程序”和歧视性“霸王条款”，成为SK-II事件升级的“导火索”。

同日，北京、广州、大连等地SK-II专柜问题产品相继下架。SK-II第三次发出声明。

2006年9月18日，上海、北京、济南、杭州等地遭遇消费者退货潮。

2006年9月21日，上海市30多名消费者由于对SK-II设置的重重退货门槛及“霸王条款”不满，将公司大门的玻璃砸碎。

2006年9月22日凌晨，SK-II紧急发出声明，决定暂停其在中国的产品销售。

同日，香港有线电视报道称，倩碧、兰蔻、迪奥、雅诗兰黛四个品牌的化妆品被香港标准及鉴定中心查出含有铬、钕等违禁物质。

同日晚，央视《经济半小时》栏目就SK-II事件进行了报道。

SK-II留给消费者的服务电话也很难接通，整个退货过程和后续服务过程一片混乱，基本看不出宝洁公司的诚意。

同时，《经济半小时》栏目还追踪报道了亚洲地区其他国家对于该事件和该产品的态度。据了解，韩国、新加坡也对SK-II产品进行了检查，并实施了下架要求。

案例8.2　苹果危机公关

2013年3月15日晚，央视“3 · 15”晚会曝光苹果手机在中国市场实施不同于国外的售后政策，其在中国宣称的“以换代修”、“整机交换”并没有真正实现更换整机，而通常沿用旧手机后盖，以逃避中国手机“三包”规定，涉嫌歧视中国消费者。

随后，在没有开通企业微博的情况下，苹果公司通过“@新浪科技”发布名为《苹果回应央视“3 · 15”报道》的官方声明，声明称“苹果公司致力于生产世界一流的产品，并为所在市场的消费者提供无与伦比的用户体验。这也是为什么我们在每一家苹果零售店的Genius Bar（天才吧）提供深受消费者喜爱的面对面支持。我们也与全国270多个城市的超过500个授权服务点密切合作。我们的团队一直努力超越消费者的期望，并高度重视每一位消费者的意见和建议”。

“3 · 15”晚会结束后，大批媒体记者一起来到苹果西单大悦城店。在现场，一些消费者看了电视节目后来讨说法。对于苹果手机如何执行整机交换政策，店内工作人员表示暂时还不能回答，会通知苹果公司公关人员予以解释。该店负责人王先生联系了苹果公司公关部门，王先生称相关负责人将来到店内，但记者始终未见到。这位王先生提供的媒体热线座机号码也无人接听。

3月16日上午，多名记者来到苹果公司北京办公地点进行采访，虽然灯是亮着的，但始终没有人出现。之后连续多天，央视《新闻联播》、《焦点访谈》、《经济半小时》等栏目不断曝光苹果手机的相关问题。

3 月 23 日，苹果公司二度回应：中国消费者享有苹果公司最高标准的服务，“我们的政策完全符合本地法律法规，苹果公司在中国所提供的保修政策和在美国及世界各地大致相同”。

3 月 25 日，《人民日报》连续 5 天“炮轰”苹果公司。

3 月 29 日，央视记者采访苹果公司总部未果，被拒网上视频传播。

4 月 1 日晚，苹果公司中文官网在主页醒目位置，发布了苹果公司 CEO 提姆 · 库克《致尊敬的中国消费者的一封信》。苹果公司表示，对过去两周里收到的在中国维修和保修政策的反馈意见进行了“深刻的反思”，意识到对外沟通不足而导致外界认为苹果公司“态度傲慢，不在意或不重视消费者的反馈”，并对此表示“诚挚的歉意”。同时，苹果公司提出四项改进措施，包括 iPhone4 和 iPhone4S 维修政策、在苹果公司官方网站上提供简洁清晰的维修和保修政策说明、加大力度监督和培训苹果公司授权服务提供商，以及确保消费者能够便捷地联系苹果公司，并得到反馈服务的相关问题。

对于此前被广泛质疑的保留后盖的维修方式，苹果公司称，对 iPhone4 和 iPhone4S 维修政策进行改进，自 2013 年 4 月起，苹果公司将 iPhone4 和 iPhone4S 服务包升级为全部采用新部件的设备更换，并且自更换之日起重新计算 1 年保修期。

［资料来源：游昌乔. 苹果危机公关：迟来的道歉. 公关世界，2013，331（8）］

案例8.3　农夫山泉“标准门”风波

2013 年 3 月 15 日，某南方网站报道农夫山泉水中出现黑色不明物。对此，农夫山泉回应称，含有天然矿物元素的瓶装水在运输储存过程中，有时会受到温差等影响而析出矿物盐，并不影响饮用。

3 月 22 日，中国广播网报道，有消费者投诉农夫山泉瓶中有不少棕红色的漂浮物。经销商在未取走问题样品的情况下回复，产品是从湖北丹江口工厂进的货，经过厂家检测得出的结果是，棕红色的不明物质为矿物质析出所致，水可以正常饮用。农夫山泉总裁办主任钟晓晓在接受采访时也坚称，农夫山泉生产工艺肯定没有问题。

3 月 25 日，某南方网站报道农夫山泉丹江口水源地污染，报道称，在农夫山泉取水点周边水域岸上，遍地是各种各样的生活垃圾，其中不乏大量疑似医用废弃药瓶，俨然“垃圾围城”之势。对此，农夫山泉回应称，媒体所报道的不整洁区域距离其公司取水口下游约 1.4 公里，对取水质量并无影响。此外，农夫山泉取水口水源符合 DB33/383-2005《瓶装饮用天然水》天然水源水质量要求。

4 月 9 日，《国际金融报》报道，农夫山泉在广东万绿湖水源地、浙江千岛湖水源地和湖北丹江口水源地均采用的是 DB33/383-2005 标准，而该标准是浙江地方标准。令人奇怪的是，广东也有本省的饮用天然水标准，但广东万绿湖水源地的产品却未采用该标准，仍采用对水质要求较低的浙江标准。

4 月 9 日，华润怡宝在钓鱼台国宾馆发起 2013《中国瓶装水企业社会责任倡议书》，向国内瓶装饮用水企业发起全面承担企业社会责任的倡议，旨在倡导做有责任的企业，做有责任的品牌。

陷入“标准门”之后，农夫山泉一直保持沉默，4 月 11 日，农夫山泉终于在其官方微博做出郑重声明：农夫山泉饮用天然水的产品品质始终高于国家现有的任何饮用水标准，远远优于现行的自来水标准；农夫山泉产品的砷、镉含量低于检测限值，含量低至无法检出；霉菌和酵母菌亦均无法检出。

此外，农夫山泉还将矛头指向了华润怡宝。农夫山泉在声明中指出，近期针对农夫山泉的一系列报道是蓄意策划的，隐藏在幕后的就是国有控股饮用水企业——华润怡宝。

农夫山泉罗列了一系列华润怡宝的“罪证”，并表示：“作为国有控股的饮用水企业，利用民众对食品安全和环境污染的恐慌心理作为行销手段，以达到打击竞争对手、扩大市场份额的目的，这一做法令人遗憾。”

农夫山泉所列证据包括已被删除的华润怡宝此前推出的“中国饮用水之殇”的网页和广告截图，以及华润怡宝用“大自然搬运过来的水，你还敢喝吗”，将矛头直指农夫山泉公司广告语“大自然的搬运工”等。

农夫山泉引用 21 世纪网的调查新闻标题，暗示 21 世纪网也参与了所谓的“策划”。对此，21 世纪网已发表严正声明予以驳斥。

农夫山泉还邀请电视、报纸和网络媒体以及消费者对农夫山泉水源、生产过程和产品品质进行全面的实地访问和监督，拟邀请人数不少于 5 000 人。

4 月 11 日晚，华润怡宝发布声明称：“我公司从未以任何方式对农夫山泉声明中所提到的做法予以任何形式的参与；作为一家有社会责任的企业，我公司一贯反对任何企业不正视自身问题、推卸自身责任，通过利用媒体转移公众视线将自身危机转嫁给竞争对手的任何行为；我公司保留对农夫山泉采取法律行动的一切权利。”

4 月 16 日，华润怡宝声明称，为维护自身合法权益，已向深圳市南山区人民法院对农夫山泉提起诉讼，该诉讼已于 2013 年 4 月 15 日被该院正式受理。

同时，农夫山泉也将矛头对准了曝光媒体。《京华时报》等媒体报道了农夫山泉水质标准低于国家标准。4 月 14 日，农夫山泉进行回应，称《京华时报》所谓的“相对于农夫山泉从未从严修订标准，其从宽修订标准却显得非常积极”完全是置事实于不顾，颠倒黑白，并称《京华时报》无知，甚至在 15 日的微博中放出狠话：“你跑不掉，也别想跑。”

对此，《京华时报》官方微博 16 日上午发微博回应：“标准面前，你跑不掉，也别想跑。”

4 月 15 日，农夫山泉声明自称其标准中甲苯、亚硝酸盐指标限值是严于自来水标准的，并称“就一两项指标就判定整个标准谁高谁低是毫无法律依据的”。对此，中华民族卫生协会健康饮水专业委员会秘书长马锦亚表示：“我们看一个标准的高与低，更重要的是关注其中对人体有害的指标，哪怕你只有一项低于国家标准，你的标准就是不如国标。”

4 月 18 日，马锦亚还表示，农夫山泉不仅没有正视自己的问题，还公开指责该协会是“莫名其妙的协会”、“信口雌黄”，决定将农夫山泉从协会中除名。

4 月 19 日，《京华时报》发表声明称，对于本社指出的农夫山泉执行的地方标准在部分指标上低于国家标准一事，农夫山泉不正视自身存在的问题，反而反复通过强调“产品品质高于国家标准”来混淆视听，转移视线，并通过言语恐吓、制造舆论影响等手段，打压媒体责任，挑战新闻媒体的舆论监督职责，严重侵犯了本社名誉权。本社保留对农夫山泉股份有限公司的上述行为采取法律行动的一切权利。

（资料来源：http://www.chinapr.com.cn/templates/T_ListA/index.aspx?nodeid=42）

【案例讨论】

比较【案例 8.2】与【案例 8.3】，分析并总结企业处理公共关系危机的经验与教训。

本章小结

公共关系危机是指由于主观或客观的原因，企业与公众的关系处于极度紧张的状态，企业面临十分困难的处境。公共关系危机管理是指公共关系从业人员在危机意识或危机观念的指导下，依据管理计划，对可能发生或已经发生的公共关系危机事件进行预测、监督、控制、协调处理的全过程。

公共关系危机的特点为必然性与偶然性；突发性与渐进性；破坏性与建设性；急迫性与关注性。企业危机产生的原因很多，一般来说，大致可以分为企业内部环境原因和企业外部环境原因。例如，经营管理不善、市场信息不足、同行竞争，甚至遭到恶意破坏等，或其他自然灾害、事故，都可能使得现代组织处于危机之中。

公共关系危机的处理策略有下面几个环节。

（1）采取紧急行动。企业公共关系危机一旦出现，首先应听取危机事件汇报，成立临时专门机构，制订危机处理计划。

（2）积极处置危机。积极主动，具有高度的责任感；迅速隔离危机险境；控制危机蔓延态势；查明危机事件真相，收集相关信息；高层领导直接面对危机；要重视危机的处理态度；分析研究，确定对策。

（3）汇报结果，总结经验教训。发现企业经营管理中存在的问题，并且有针对性地进行改进和提高。

公共关系危机的对策包括总对策和具体对策：总的对策是重视事实，迅速调查，妥善处理，做好善后工作，再造组织形象；具体对策是根据不同的公众对象分别采取不同的对策。公共关系危机预防是指对公共关系危机的隐患进行监测、预控的危机管理活动。

思考与练习 8

一、选择题

1．企业内部原因导致的危机是（　　）。

A．企业恶性竞争　　B．自然环境突变　　C．企业决策失误

2．公关组织由于在经营理念、管理手段、服务态度等方面出现失误造成的社会公众对组织的不信任属于（　　）。

A．信誉危机　　B．效益危机　　C．综合危机

二、填空题

1．公关危机事件按形式划分有：点式危机、________、________、________。

2．危机处理的专门机构主要有三方面作用：________、________、________。

3．危机公关的总对策要求是：________，________，________，做好善后工作，再造组织形象。

三、简答题

1．简述公共关系危机管理的程序。

2．简述公共关系危机处理的原则有哪些。

3．简述危机公关中针对新闻界的具体对策如何。

课后实训 8

1．通过网络、报刊等媒体，收集并整理一个公关危机案例，然后完成以下练习。

(1) 列出该公共关系危机产生的原因，要求3条以上。

(2) 如果你是该事件中的公共关系主管，你会如何处理？请列出你的处理方案，要求5条以上。

2．访问本地一家企业，与其消费者服务部门进行交流沟通，了解近年该企业接受的消费者投诉事件，学习处理该类事件的方法和技巧。

3．请为你所在的组织制订一份公共关系危机管理计划。

第9章

公共关系礼仪

课前思考

★ 什么是公关礼仪？公关礼仪有什么特点？
★ 为什么要重视公关礼仪？
★ 公关礼仪有哪些形式？分别有哪些特点？
★ 如何做好个人仪容、见面、交谈、接待、宴请等礼仪工作？

学习目标

- 公共关系礼仪的概念与主要形式
- 礼仪在公共关系活动中的重要作用
- 常用的公共关系礼仪

9.1 公共关系礼仪概述

9.1.1 公共关系礼仪的作用

礼仪是礼节和仪式的总称，是人们在日常交往和交际场合中，相互表示尊重、问候、致意、致谢、祝颂、慰问、哀悼以及给予必要协助与照料的惯用形式。公共关系礼仪，简称公关礼仪，是指公关人员在公共活动中尊重他人、讲究礼节的程序。

公关礼仪是由公关礼貌、公关礼节、公关仪式三要素组成的。公关礼貌是指在交往中所表现出的敬重和友好的行为，如守时、尊重妇女、面带微笑等。公关礼节是礼貌在语言、行为、仪表等方面的具体规定，如拜访客人的礼节、致意的礼节。公关仪式是一种具有固定性质的礼貌、礼节，如奠基仪式、庆典仪式、迎宾仪式等。公关人员讲究公关礼仪的作用表现在以下三个方面。

1. 提升个人素质

公关人员的素质是公关人员个人的修养和个人的表现。教养体现细节，细节展示素质。作为从事公共关系活动的人员，应该从我做起，只有在每一件小事上都注重礼仪修养，做到“内慧外秀”，才能树立起良好的个人形象。

2. 塑造组织形象

礼仪的基本目的是树立和塑造企业及个人良好的形象。良好的礼仪修养是公关人员必备的素养，是公关工作的前提，同时也可以塑造良好的组织形象，从而更好地开展公关工作。比尔·盖茨说过“企业竞争，是员工素质的竞争”，进一步讲就是企业形象的竞争。

3. 建立和谐关系

公关礼仪能调解冲突、化解矛盾、消除分歧、增进理解、达成谅解、调适人际关系，使之趋于和谐，建立起相互尊重、彼此信任、友好合作的关系，进而有利于各种事业的发展。

案例9.1　巧取九龙杯

有一次，某外国贵宾来我国访问，在上海市参观期间，东道主为他举办了招待宴会。

宴会上使用的酒杯是一套价值连城的九龙杯，其外形古朴苍劲、玲珑剔透，特别是龙口上那颗光耀夺目的明珠更是巧夺天工。客人被这精美而又珍贵的艺术品深深吸引了，拿在手上仔细欣赏，赞不绝口，啧啧称奇。也许是由于饮酒过多的缘故，他竟将一只九龙杯有意无意地顺手装进了自己随身携带的公文包中。我方陪同人员看见后，说也不是，不说也不是，觉得直接索要又不太礼貌，甚至还会影响到两国的关系，只得眼巴巴地看着客人夹起公文包兴冲冲地离去。

有关人员及时将这一情况向当时正在上海视察工作的周恩来总理做了汇报。周总理听后指示：九龙杯是我国的稀有珍宝，一套 36 只，缺一岂不可惜，不能就这样让他轻易拿走，当然追回也应采取最为合适的办法。当周总理得知这位贵宾将要去观看杂技表演时，思忖片刻，心生一计，便把有关人员叫来，如此这般地吩咐了一番。

晚上，明亮的表演大厅里笑语欢声，热闹非凡。精彩的杂技表演使观众如痴如醉，特别是那位贵宾被中国演员精湛的技艺所折服，一个劲地热情鼓掌。台上表演正值高潮，只见一位魔术师走上舞台，潇洒地将 3 只杯子摆放在一张桌子上。观众定睛一看，原来是奇光耀眼的九龙杯。再看魔术师举起手枪，朝九龙杯扣动扳机，随着一声枪响，转眼间那 3 只九龙杯只剩下两只，另一只不知去向。观众兴趣热烈，既为魔术师的技艺叹服，又都在纳闷：那只九龙杯到底被藏在了什么地方？

这时，那位魔术师对观众说道："观众同志们，那只杯子刚才被我一枪打进了坐在前排那位尊贵的客人的皮包里了。"说完，便轻步走下台来，对那位贵客说道："先生，能打开您的包吗？"贵客明知是计，但不好作声，便从包里将那只九龙杯取了出来，当他看到满场的观众都在热烈地鼓掌时，也高兴地笑了起来。

【案例讨论】

结合案例，说明礼仪的作用。

9.1.2 公共关系礼仪的原则

1. 真诚尊重的原则

真诚是对人对事的一种实事求是的态度，是待人真心真意的友善表现，真诚和尊重首先表现为对人不说谎、不虚伪、不骗人、不侮辱人，所谓"骗人一次，终身无友"；其次表现为对他人的正确认识，相信他人、尊重他人，所谓"心底无私天地宽"，真诚的奉献，才有丰硕的收获，只有真诚尊重方能使双方心心相印，友谊地久天长。

2. 平等适度的原则

平等在交往中，表现为不要骄狂，不要我行我素，不要自以为是，不要厚此薄彼，不要傲视一切，目中无人，更不能以貌取人，或以职业、地位、权势压人，而是应该时时、处处平等谦虚待人，唯有如此，才能结交更多的朋友。适度的原则是交往中把握分寸，根据具体情况、具体情境而行使相应的礼仪，如在与人交往时，既要彬彬有礼，又不能低三下四；既要热情大方，又不能轻浮谄谀，要自尊不要自负，要坦诚但不能粗鲁，要信人但不要轻信，要活泼但不能轻浮。

3. 自信自律的原则

自信是社交场合一份很可贵的心理素质，一个有充分信心的人，才能在交往中不卑不亢、落落大方，遇到强者不自惭，遇到磨难不气馁，遇到侮辱敢于挺身反击，遇到弱者会伸出援助之手。

4. 信用宽容的原则

在社交场合，尤其要讲究：一要守时，与人约定时间的约会、会见、会谈、会议等，决不拖延迟到；二要守约，即与人签订的协议、约定和口头答应的事，要说到做到，即所谓言必信，行必果。故在社交场合，如没有十分的把握就不要轻易许诺他人，许诺做不到，反落了个不守信的恶名，从此会永远失信于人。宽容是一种较高的境界，容许别人有行动与见解自由，对不同于自己的见解能耐心公正地容忍。

案例9.2

20世纪30年代，世界经济一度处于大萧条之中，全球旅馆业倒闭了80%，希尔顿宾馆也负债50万美元，但希尔顿的老板没有灰心丧气。他教导员工，无论旅馆本身的命运如何，在接待旅客时千万不可愁云满面，他说，希尔顿宾馆服务人员脸上的微笑永远是属于旅客的。自此，员工们的微笑服务使旅客对希尔顿旅馆充满了信心，在社会经济普遍不景气的背景下，不仅挺过萧条，而且一枝独秀。

【案例讨论】

结合案例，谈谈你对公关礼仪的一些理解。从上述案例中你得到了哪些启示？

9.1.3 公关人员的礼仪修养

1. 真诚

交往时，待人要真心诚意，心口如一。待人真诚的人，才会得到别人的信任；表里不一，口是心非，缺乏诚意的人，即使在礼仪形式上做得无可指摘，最终还是得不到他人的信任，使交往难以继续。

2. 热情

公共关系人员对人要热情。热情会使人感到亲切、温暖，从而缩短他人与你的感情距离，愿意与你接近、交往。但热情过分，会使人感到虚情假意，因而有所戒备，无意中筑起一道心理防线。

3. 温和

公共关系人员与各种公众、不同思想性格的人打交道，要处理各种各样的问题。对对方的误解、无礼，要有气量，宽大为怀；要允许不同观点的存在，也要原谅他人对你利益的无意侵害。你谅解了他人的过失，允许别人与你的不同，可以化解矛盾，赢得他人的敬重，有利于大局。

4. 大方

公共关系人员需要代表组织与社会各界人士联络沟通，参加各种社交活动，所以要讲究姿态和风度，既要稳重端庄，又要落落大方，举止自然，讲话、表演、道歉、走路等都要大方，表现出自信和成熟，使人感到你所代表的组织可敬重。

5. 幽默

公关人员应当争取交往中的位置。言谈幽默风趣，使他人觉得因为有了你而兴奋、活泼，并使人从你身上得到启发和鼓励。这样，你就会成为交往中的一个核心，他人乐于与你在一起，围在你的周围，有利于你开展有关工作。

6. 注意小节

有的人做事大大咧咧，行为没有约束，不拘小节。例如，进入他人办公室，推开门就往里闯；展览会上随便触摸展品；当众掏鼻孔、剔牙齿等。作为一个公关人员，注意小节，彬彬有礼，是最起码的交往行为修养。

案例9.3

一位女推销员在美国北部工作，一直穿着深色套装，提着一个男性化的公文包。后来她被调到阳光普照的南加州，仍然以同样的装束去推销商品，结果成绩不够理想。她改穿色彩淡的套装和洋装，换了一个女性化的皮包，使自己有亲切感，着装的这一变化，使她的业绩提高了25%。

【案例讨论】

谈谈如果你是一个公共关系从业人员，应该从哪些方面注意自己的礼仪修养。

9.2 公共关系礼仪的主要形式

9.2.1 仪表礼仪

仪表礼仪指一个人在容貌、举止方面保持美好的礼节规范和要求，主要包括仪容礼仪、举止礼仪和服饰礼仪等。

1. 仪容礼仪

整洁是仪容礼仪最基本的要求。要做到面容清洁、头发光顺、口腔清爽、手部洁净。参加社交活动之前，应简单修饰一下自己，除了身体各部位要干净之外，还要注意修面、剪鼻毛、剪指甲，男士应剃胡子、梳理好头发，女士应整理一下发型。

2. 举止礼仪

举止礼仪是指人们在社交活动中各种表情与姿态行为的规范，包括人的站姿、走姿、坐姿、面部表情等。

（1）站姿。中国人素有“站如松、坐如钟、卧如弓、行如风”之说，优美而典雅的站姿，是发展人的不同质感动态美的起点和基础。良好的站姿应该是直立、头端、肩平、挺胸、收腹、梗颈。在具体要求上，男女略有不同。

① 女士站姿。公关小姐在正式场合最优雅动人的站姿应当是全身直立，双腿并拢，双脚微分，双手搭放在腹前，抬头、挺胸、收腹、目视前方。

双脚的脚跟应靠拢在一起，两只脚尖应相距10厘米左右，其张角为45度，呈“V”字状。两只脚最好一前一后，将重心集中于后一只脚上，切勿两脚分开。

在正式场合双膝应挺直，而在非正式场合则伸在前面的那一条腿的膝部可以略为弯曲，为“稍息”状态。但是不论处于哪一种场合，双膝都应当有意识地靠拢。

双手在站立时若非拎包、持物，则最好是将右手搭在左手上，然后贴在腹部，同时应当注意放松双肩，使双肩自然下垂。不要把手插在口袋或袖子里，也不要双手相握，背在身后。

下颌要微微内收，脖颈要挺直，双目要平视前方，以便使自己显得自然放松。

② 男士站姿。男士站立时，应将身体的重心放在两只脚上，头要正，颈要直，抬头平视，挺胸收腹不斜肩，两臂自然下垂，从头到脚成一条线。双脚可微微分开，但最多与肩同宽。站累时可向后挪半步，但上体仍须保持正直。这种站姿从外观上看有如挺拔的青松，显得刚毅端庄，精神饱满。

（2）走姿。走姿即人们行走时的姿态，它是以优雅、端庄的站姿为基础的。一般说，行走时步履应自然、轻盈、敏捷、稳健，不要左顾右盼，不要左右摇摆。男士的步伐要反映男士的刚健、有力、英武，给人以“动”的壮美感。女士的步态要有女性的温柔、轻盈、典雅，给人以“静”的优美感。切忌走路时不入神或做出怪姿，如叉腰背手、双手放入口袋、边吃边走、勾肩搭背等。

在公关活动的具体实践中，行姿也有不少特殊之处，公关人员需加以掌握。例如，与人告辞或退出上司的写字间时，不宜立即扭头便走，给人以后背。为了表示对在场的其他人的敬意，在离去时，应采用后退法。其标准做法是目视他人，双腿轻擦地面，向后小步幅地退三四步，然后先转身，后扭头，轻轻地离去。又如，在楼道、走廊等道路狭窄之处需要为他人让行时，应采用侧行步，即面向对方，双肩一前一后，侧身慢行。这样做，是为了对人表示“礼让三分”，也是意在避免与人争抢道路，发生身体碰撞或将自己的背部对着对方。

作为公关人员，应当懂得稳重大方和不妨碍他人的重要性，所以在公共场合，即使遇到急事，也不要轻易表演“百米冲刺”。稍微快走几步则是许可的，不要走起路用力过猛，尤其是公关小姐穿着钉有铜跟的高跟鞋行走时不要忘记这一点。这种声音对你可能妙不可言，对于别人则绝对是噪声。

（3）坐姿。坐姿是指人们就座时和坐定之后的一系列动作和姿势。一般来讲，坐姿应当高贵、文雅、舒适自然。基本要求是腰背挺直，手臂放松，双腿并拢，目视于人。

公关人员在入座时一定要做到不紧不慢，不慌不忙，大大方方地从座椅的左后侧接近它，然后不声不响地轻轻坐下。不要大大咧咧地一把拉过椅子，“扑通”一声地把自己扔进座椅里，落座时搞得响声大作，是没有教养的表现。所以，落座时切忌用力过猛，尤其是走向他人对面的座椅落座，可采用后退步接近属于自己的座椅，尽量不要背对自己将要与之交谈的人。公关小姐若坐下之后所要面对的是异性，则通常应当在入座前用手将裙子拢一下，显得娴雅。要是面对一位异性坐定之后，才大模大样地前塞后掖自己的裙摆，难免会失之于庄重。

要善于利用坐姿来表示对他人的敬意。面对不同的情况，可以选择不同的坐姿，以适当的坐姿来表示对他人的尊重和敬意。例如，前去拜访长辈、上司或贵宾时，不宜在落座后坐满座位，甚至就像与家人拉家常一样架起“二郎”腿。若是只坐座位的1/2，则能充分地表示对对方的敬意，当然，也没必要只坐椅子边上，那样会显得有些过于虚伪了。在与来宾会晤时，如双方对面而坐，最好彼此间有1米左右的距离，使双方在调整各自的坐姿时不至于腿部“打架”。如双方并排而坐，则有必要目视对方，以示恭敬，此时最好的办法是上身微侧，双手叠放于侧过身来一侧的那条腿上，双脚亦同时并拢，向同一方向倾斜。

课堂实训

女士、男士正确站姿和坐姿的练习。

（4）面部表情。所谓面部表情是指眼、眉、嘴、鼻等部位和面部肌肉的情感体验的反映。公关人员在与公众打交道时，面部表情的基本要求应是热情、友好、诚实、稳重、和蔼。

① 学会看人。第一，注视的时间。对于不太熟悉的人，不可长时间地盯着对方的眼睛，以免引起对方的恐惧和不安。如果感觉与对方谈得来，可以一直看着他，让他意识到你喜欢与他交往。他可能也会有所回报，以建立良好的默契。这样的谈话，起码要有60%以上的时间注视对方。第二，注视的位置。比如公事注视，这是指人们在工作交往中，联系业务、洽谈生意及外事谈判时，目光所及区域在额头至两眼之间。这种注视给人一种郑重、严肃的感觉。如果同对手谈判，采用公事注视，对方会认为你对工作认真、严肃，同时也很看重对方，有诚意，因而会慎重考虑你的意见，你在一定程度上也就拥有了控制权。再比如社交注视，这是在舞厅、茶话会、宴会及朋友聚会时用的，区域在两眼到嘴之间。这种注视会令人感到舒服，也很有礼貌，较前者在气氛上要缓和多了。

② 克服不良的看人习惯。不要盯住对方的某一部位"用力"地看，这是愤怒的最直接表示，有时也暗含挑衅之意；不要浑身上下反复地打量别人，尤其是对陌生人，特别是异性，这种眼神很容易被理解为有意寻衅闹事；不要窥视别人，这是心中有鬼的表现；不要用眼角瞥人，这是一种公认的鄙视他人的目光；不要频繁地眨眼看人，反复地眨眼，看起来心神不定，挤眉弄眼，失之于稳重，显得轻浮；不要左顾右盼，东张西望，目光游离不定，会让对方觉得用心不专。

③ 经常微笑。在公关活动中，为了表示对交往对象的友好与尊重，公关人员的最佳表情应是面带微笑。微笑传达的信息常能促进双方沟通，融合双方感情，比如当谈话取得一定效果，谈判达成一定协议时，双方能会心地微微一笑，常常能弱化或消除存在于心中的戒忌和隔阂，增进彼此的理解和友谊。日本航空公司的空中小姐，仅微笑一项，就要训练半年之久，这足以说明微笑对人际交往的突出效用。要掌握好它，诀窍只有一个：发自真心，有诚意。微笑既不是奴颜婢膝地曲意奉承，强作笑颜，也不是例行公事似地皮笑肉不笑，或是笑得夸张放肆。微笑的基本做法是不发声、不露齿、肌肉放松、嘴角两端向上略为提起、面含笑意、亲切自然，使人如沐春风。其中亲切自然最重要，它要求微笑出自内心、发自肺腑，而无任何做作之态。也只有这种发自真心和诚意的微笑，才能使一切与你接触的人都感到轻松和愉快。

公关链接　　**微笑练习**

准备

先准备好一面小镜子，以便辅助训练。

（1）用手遮住自己的鼻子和嘴，只露出眼睛，练习让自己的眼睛笑起来。这时眼角是微微上提的，眉头也一定是舒展的，就是我们说的眉开眼笑。

（2）嘴角上翘。嘴角上翘表示喜、乐、欢愉、满足等；嘴角下垂表示哀、怒、讨厌、生气等，应尽量避免。微笑的基本要领：摆"一"字口形，用力抬高嘴角两端，下唇迅速与上唇并拢至不露齿程度。

练习

（1）上扬嘴角10秒后，恢复原状，隔3秒再次上扬，如此重复3次。在嘴角上扬时，还可以仰头，保持头颈肌肉的紧张和伸展，有利于颈部皮肤更加紧致和富有弹性。

经过嘴角上扬的练习，大多数女性都可以在与人接触时，嘴角保持自然上扬状态，显得更加年轻、柔和。不但会笑得更美，而且原本有下垂趋势的面颊肌肉，经过一段时间的练习后，也会比以前更紧实了。这样，可让你看上去更自信、开朗，并达到美容的效果。

（2）对着镜子，咬住一根筷子，露出上排牙齿，你可以用双手按住两颊肌肉，调整嘴角上扬的角度，直到你认为是最好的位置为止。然后把筷子拿掉，这就是你最理想的微笑表情。看着镜子，记住这个表情。

3. 服饰礼仪

所谓服饰，包括服装和饰品两部分。

服饰打扮首先应考虑自己的社会形象。比如超短裙穿在青春少女身上，倍显亮丽活泼，而穿在女教师身上，则会引起非议，并有损教师的形象；而政府官员、公司职员穿上乞丐服，同样不可理喻。一般情况下，穿着保守些肯定会有利于塑造个人和组织的良好形象。

生意界几乎尽人皆知，IBM 公司强制实行着一套颇为严格的服装守则，尤其是对它的推销员，其中一条主要的训令是必须穿标准的白色衬衫。这对 IBM 公司在竞争中取得惊人的成功帮助很大。因为，IBM 的服装体现出一种积极的道德特征，取得了公众的信任。

TPO 原则是国际上公认的穿衣原则。TPO 是英文 time（时间）、place（地点）、object（目的）三个单词的缩写。

T 原则是指服饰打扮应考虑时代的变化、四季的变化及一天各时段的变化。服饰应顺应时代发展的主流和节奏，不可太超前或太滞后；服饰打扮还应考虑四季气候的变化，夏季应轻松凉爽，冬季应保暖舒适，春秋两季应增减衣服并防风；服饰还应根据早中晚气温的变化及是否有活动而调整。

P 原则是指服饰打扮要与场所、地点、环境相适应。在严肃的写字楼里，小姐穿着拖地晚礼服送文件，将是什么情景？在工作场所应穿职业服，回到家里应穿居家服，不同的时空应选择不同的服饰。

O 原则是指服饰打扮要考虑此行的目的。参加国事活动，服饰打扮自然要稳重大方；而与女友蜜月旅行，则应穿得轻松舒适些。

总之，TPO 原则是互相沟通、相辅相成的。人们总是在一定的时间、地点，为某种目的进行活动。因此，我们的服饰打扮一定要合乎礼仪要求，这是工作、事业及社交成功的开端。

【课堂讨论】

参考身边的例子，谈谈公众场合不恰当的着装有哪些。

9.2.2 公共关系见面礼仪

1. 介绍

介绍，简单地说，就是向有关人士说明有关情况，使双方相互认识。通过符合礼仪的介绍可以使互不相识的人之间解除陌生和畏惧，建立必要的了解和信任。属于社交场合的介绍基本上有两种，即自我介绍和为他人作介绍。

（1）自我介绍。自我介绍是跨入社交圈、结交更多朋友的第一步。如何介绍自己，如何给对方或其他人留下深刻的印象，可以说是一门艺术，这与个人的气质、修养、思维和口才密不可分。一个人是否有人缘、魅力或者说吸引力，往往在第一面时就已胸中有数。学会自我介绍，可以树立自信、大方的个人形象。

自我介绍时，须先向对方点头致意，得到回应后，可根据情况，主动向对方介绍自己的姓名、身份、工作单位，同时递上事先准备好的名片，如“我是某某，是某某公司公关部经理，很高兴认识您（或很高兴和大家在此见面），请多关照”。

（2）为他人作介绍。为他人作介绍，首先应了解双方是否有结识的愿望，切不可冒昧引见，尤其在双方职位或地位相差悬殊的情况下。最客气的介绍方法是以询问的口气问，例如：“某某，我可以介绍某某和您认识吗?”“您想认识某某吗?”如对方同意，那么正式介绍时，最好先说诸如“请允许我向您介绍……”“让我介绍一下”等礼貌语。介绍时，应面带微笑，说话要简洁，如“尊敬的约翰·威尔逊先生，请允许我把杨华先生介绍给您”等比较随便一些的话，可以略去敬语与被介绍人的名字，如“张小姐，让我来给你介绍一下，这位是李先生”。

介绍的先后顺序应当是先向身份高者介绍身份低者，先向年长者介绍年幼者，先向女士介绍男士等，特别尊重的一方有了解的优先权。在口头表达时，先称呼应特别尊重的一方，再将被介绍者介绍出来。介绍时，应有礼貌地以手示意，不能伸出手指指来指去。被介绍时，除年长者或妇女外，一般应起立；但在宴席、会谈桌上不必起立，而以微笑、点头表示即可。

公关链接　　自我介绍的几种形式

（1）应酬式。适用于某些公共场合和一般性的社交场合，这种自我介绍最为简洁，往往只包括姓名一项即可。例如：“你好，我叫××。”“你好，我是××。”

（2）工作式。适用于工作场合，它包括本人姓名、供职单位及其部门、职务或从事的具体工作等。例如：“你好，我叫××，是××公司的销售经理。”“我叫××，在××学校读书。”

（3）交流式。适用于社交活动中，希望与交往对象进一步交流与沟通。它大体应包括介绍者的姓名、工作、籍贯、学历、兴趣及与交往对象的某些熟人的关系。例如：“你好，我叫××，在××工作。我是××的同学，都是××人。”

（4）礼仪式。适用于讲座、报告、演出、庆典、仪式等一些正规而隆重的场合，它包括姓名、单位、职务等，同时还应加入一些适当的谦辞、敬辞。例如：“各位来宾，大家好！我叫××，是××学校的学生。我代表学校全体学生欢迎大家光临我校，希望大家……”

（5）问答式。适用于应试、应聘和公务交往。问答式的自我介绍，应该是有问必答，问什么就答什么。

（资料来源：礼仪世界，http: //www.eexb.com）

课堂实训

请分别用三种不同的方法介绍与你邻座的同学。

2．握手

握手既是见面的一种礼节，又是一种祝贺、感谢或相互鼓励的表示。

（1）握手的姿态与时间。距离对方约一步左右，两足立正，上身微微前倾，面带微笑，伸出右手握住对方的右手。伸出的右手应四指并拢，拇指自然张开，紧握住对方的手，上下摇晃三下就松开自己的手，握手时间应以3～5秒为好。

（2）握手的顺序。基本规则是主人与嘉宾相互握手，主人应先伸出手来，宾客待主人伸出手后，方可伸手握之；年长者与年轻者相互握手，年长者应先伸出手来，年轻者待年长者伸出手后，方可伸手握之；身份高者与身份低者相互握手，身份高者应先伸出手来，身份低者待身份高者伸出手后，方可伸手握之；女士与男士相互握手，女士应先伸出手来，男士待女士伸出手后，方可伸手握之。在码头、车站、机场等场合迎接客人，主人应先伸手，表示非常友好地欢迎对方。

握手时应注意：男子在握手前应脱下手套，摘下帽子；男女握手，一般男子只要握一下女方的手指部分即可，多人同时伸手时，注意不要交叉，待别人握完后再伸手。

（3）握手十忌。握手礼，在现代人的社交中用得非常普遍，以下禁忌应特别注意。

① 忌握手的时间过长或过短，一般以3～5秒为好。长时间地用力握着异性的手不放是不礼貌的。

② 忌握手时冷而无力，缺乏热情；应热情伸手，面带笑容。

③ 忌握手时东张西望，心不在焉。

④ 忌握手时一言不发，应配以适当的敬语或问候语，如“您好”、“见到您很高兴”、“久仰”、“恭喜”等。

⑤ 忌同女士握手时先伸出手。

⑥ 忌戴手套握手。女士及地位较高的人戴手套握手，被认为是可以的。

⑦ 忌握手时用力过大，捏得对方咧嘴喊疼。

⑧ 忌几个人在场时，只同一个人握手，对其他人视而不见。同时多人相互握手时，要注意待别人握完再伸手，不可交叉握手。

⑨ 忌握手时不讲究先后次序。握手的先后次序是根据握手人双方所处的社会地位、身份、性别和各种条件来确定的。

⑩ 忌伸给对方脏手。如客人到来，主动向自己伸出手，碰巧自己在洗东西、擦油污，这时可以一面点头致意，一面摊开双手，说明情况，表示歉意，然后赶紧洗手，热情接待。

3．递、接名片

名片，用于社交场合中的相互了解，并在自我介绍或相互介绍之后使用。在递、接名片时，如果是单方递、接，最好能用双手递、双手接；双方互送名片时，应右手递，左手接；两种情况都要求名片的正面（写中文字样的一面）朝着对方。接过对方的名片应点头致谢，并认真地看一遍，最好能将对方的姓氏、主要职称或身份轻轻地读出来，以示尊重，遇有看不明白的地方也可以请教。将对方的名片放在桌子上时，其上面不要压任何东西。收起名片时，要让对方感觉到，你是将其名片认真地放在了一个最重要、最稳妥的地方。切记不要接过对方的名片一眼不看就立即收起，也不要将其随意地摆弄。因为，这样会被对方感觉是一种不敬。

如果是事先约定好的面谈，或事先双方都有所了解，不一定忙着交换名片，可在交谈结束、临别之时取出名片递给对方，以加深印象，表示保持联络的诚意。

拜访性名片，可用于下列情况：寄送礼物时，可将名片附在其中；赠送鲜花或花篮时，可将名片附在其上；在非正式的邀请中，可用名片代替请柬，并写清时间、地点及内容；拜访好友或相识的人而未相遇，可以名片作为留帖，并附上适当的文字。

感谢与祝贺性名片，可用于当朋友送来礼品或书信时，代作收条或谢帖；当朋友举行重要的庆典活动时，可寄送一张附上亲笔题写祝语的名片作为对朋友的祝贺。

如果收名片人非单身，祝语应以夫妇俩为对象。此外，寄送名片，还可以用于对朋友及其亲属的问候等。

课堂实训

请模拟交换名片，注意正确的礼仪。

9.2.3 公共关系交谈礼仪

交谈礼仪是指人们在交谈活动中应遵循的礼节和应讲究的仪态等。交谈，包括听和说两个方面。

1．交谈中的聆听礼仪

（1）聆听的方式。要用心听，不能心不在焉、左顾右盼、处理他事或摆弄东西，勿不时走动。

（2）聆听时应注意的问题。

① 选择一个安静的环境进行交谈，以减小外界噪声的干扰。如果交谈环境不理想，比如外界干扰、噪声太大，或者室温过高、过低，都要尽力设法摆脱。同时保持冷静，不受个人情绪和当时气氛的影响。这样才能保证有效地倾听。

② 设法使交谈轻松自如，不要使对方感到拘束，以消除心理上的障碍，不要预先存在想法，不可显示出不耐烦的样子，也不要过早地做出判断，因过早表态往往会使谈话夭折，要少讲多听，不要随意打断对方。

③ 注意谈话者的神态、表情等非语言传播手段，这些往往会透露出话外之意。

④ 注意自己的“身体语言”。在他人讲话时，应尽可能地以柔和的目光注视着对方，以便与对方进行心灵上的交流与沟通。要学会用声音、动作去呼应，也就是说要随着说话的人情绪的变化而伴以相应的表情。身体稍稍倾向于说话人，面带微笑。在说话者谈到要点，或是其观点需要得到理解和支持时，应适时适量地点点头，或是简洁地表明一下自己的态度，或通过一些简短的插话和提问，暗示对方对他的话确实感兴趣，或启发对方，以引起感兴趣的话题。这样做，会使对方感受到无声的鼓励或赞许，可以赢得其好感。

公关链接

插话、不赞成或不认同时可这样说。

想插话时：“你的看法的确有道理，不过请允许我打断一下”或“请让我提个问题好吗？”

不赞成对方时：“我对这个问题倒也十分感兴趣，只不过好像我不这样认为。”

认为对方观点错误时：“在我的记忆中这个问题好像不是这样的”或“我在某本书上看到的好像与你讲的不完全一样。”

（资料来源：http: //www.chinahrlab.com）

2. 交谈中的说话礼仪

（1）话题应尽量避开个人隐私和一些不宜在友好交谈中出现的事情。

（2）话题应尽量符合交谈双方的年龄、职业、思想、性格、心理等特点。例如，同是 40 岁的女士，第一位女士安于现状，不思进取；第二位女士不甘落后，仍在努力拼搏。你如果在第一位女士面前夸奖第二位女士，肯定会引起第一位女士不快，谈话亦无法继续下去。

（3）应尽量寻找双方都感兴趣的话题，使谈话富有创新性和吸引力，始终在趣味盎然的氛围中进行。所谓“道不同不相为谋”，志同道合是双方走到一起交谈的前提。

（4）再好的谈资也要看对象、分场合。一个关心国家政治经济发展的人和一个只知道埋头做生意的人，大谈政治体制改革、经济发展格局，就好像对牛弹琴，丝毫引不起对方的共鸣，谈话也很难进行。

（5）适度幽默，轻松活泼，善用情感，绘声绘色，要使说话在友好愉快的气氛中进行。

（6）控制声调、表情等因素。

（7）有勇气适时说“不”。拒绝别人的思想观点、利益要求及行为表现的时候总是多于承诺、应允的机会。然而，在现实生活中，我们常常遇到一些人，怕伤了对方或自己的自尊心，怕伤了和气或招来不测的后果，也有的是在利益面前经不住诱惑，不愿、不敢说“不”，结果并不一定就好，往往落个“言而无信”或“不负责任”的恶名。说“不”，的确需要勇气，然而为了长远、有效、脚踏实地地发展公共关系或人际关系，公共关系人员应建立起随时说“不”的自信。

公关链接　　接待规范五句话

第一句话，问候语，您好。一定要养成习惯，对外人也好，对自己人也好，要先说“您好”，或者“你好”，再说其他的话。如果是在重大的商务会展或接待之中为了体现你的教养，你问候对方时最好采用所谓的时效性问候，就是要加上具体时间，如下午好、晚上好、周末好。

第二句话，请求语，请字。当你需要别人帮助、配合、理解、支持时，你要说个“请”字，如请坐、请稍候、请用茶。

第三句话，感谢语，谢谢。别人帮助了你，理解了你，支持了你，要说“谢谢”。知恩图报，感恩之心长存，其实都是做人、做事的基本教养。

第四句话，抱歉语，对不起。怠慢了客人，伤害了客人，影响了客人或者不方便帮助对方的时候，有求不能做到必应的时候，要说“抱歉”或者“对不起”。

第五句话，道别语，再见。当客人离去时，一定要主动与之道别，去有送声是最基本的礼貌常识。

3．使用手机的礼仪

（1）在一切公共场合，手机在不使用时，都要放在合乎礼仪的常规位置，不要在不使用的时候放在手里或挂在上衣口袋外。放手机的常规位置：一是随身携带的公文包里，这种位置最正规；二是上衣的内袋里；有时候，可以将手机暂放腰带上，也可以放在不起眼的地方，如手边、背后、手袋里。不要放在桌子上，特别是不要对着对面正在聊天的客户。

（2）在会议中、和别人洽谈的时候，最好的方式还是把手机关掉，起码也要调到振动状态，这样既显示出对别人的尊重，又不会打断发话者的思路。而那种在会场上铃声不断，像是业务很忙，使大家的目光都转向你，则显示出你缺少修养。

（3）注意手机使用礼仪的人，不会在公共场合或座机电话接听中、开车中、飞机上、剧场里、图书馆和医院里接打手机，就是在公交车上大声地接打电话也是有失礼仪的。

（4）给对方打手机时，尤其当知道对方是身居要职的忙人时，首先想到的是，这个时间他（她）方便接听吗？并且要有对方不方便接听的准备。不论在什么情况下，是否通话还是由对方来定为好，所以“现在通话方便吗？”通常是拨打手机的第一句问话。其实，在没有事先约定和不熟悉对方的前提下，我们很难知道对方什么时候方便接听电话。所以，在有其他联络方式时，还是尽量不打对方手机。

（5）在公共场合特别是楼梯、电梯、路口、人行道等地方，不可以旁若无人地使用手机，应该把自己的声音尽可能地压低，绝不能大声说话。

（6）在一些场合，比如在看电影时或在剧院打手机是极其不合适的，如果非得回话，采用静音的方式发送手机短信是比较适合的。

（7）在餐桌上，关掉手机或是把手机调到振动状态还是必要的。避免正吃到兴头上的时候，被一阵烦人的铃声打断。

（8）不要在别人能注视到你的时候查看短信。一边和别人说话，一边查看手机短信，对别人不尊重。

（9）在短信的内容选择和编辑上，应该和通话文明一样重视。因为通过你发的短信，意味着你赞同至少不否认短信的内容，也同时反映了你的品位和水准，所以不要编辑或转发不健康的短信，特别是一些带有讽刺伟人、名人甚至是革命烈士的短信，更不应该转发。

4．电子邮件礼仪

（1）标题要提纲挈领，切忌使用含义不清、胡乱浪漫的标题，如“嘿！”或“收着！”等。添加邮件主题是电子邮件和信笺的主要不同之处，在主题栏里用短短的几个字概括出整个邮件的内容，便于收件人权衡邮件的轻重缓急，分别处理。尤其是回复的信件，重新添加、更换邮件主题是要格外注意的环节，最好写上来自××公司的邮件，年、月、日以便对方一目了然又便于保留。

（2）电子邮件的文体格式应该类似于书面交谈式的风格，开头要有问候语，但问候语的选择比较自由，像“你好”、“Hi”，或者仅仅是一个简单的称呼皆可，结尾也可随意一些，如“以后再谈”、“祝你愉快”等；也可什么都不写，直接注上自己的名字。但是，如果你写的是一封较为正式的邮件，还是要用和正式的信笺一样的文体，开头要用“尊敬的×××：您好！”或“先生/女士：您好!”；结尾要有祝福语，并使用“此致/敬礼!”这样的格式。

（3）内容简明扼要。针对需要回复及转寄的电子邮件，要小心写在电子邮件里的每一个字，每一句话。因为现在法律规定电子邮件也可以作为法律证据，是合法的，所以发电子邮件时要小心，如果对公司不利的，千万不要写上，如报价等。发邮件时一定要慎重，还要定期重新审查你发过的电子邮件，评估其对商业往来所产生的影响。

（4）一定要清理回复的内容。在美国加州有一位传播学专家摩根女士曾举例说：我最近收到一份电子邮件，其中包括辗转收送的十二个人之姓名，我实在没有必要知道这些信息。有一个妙方就是寄信时用“匿名附件收信者（BC）”取代“附件收信者（CC）”，或是在转寄之前删除一切无关紧要或重复的内容，例如，原件中摘要部分之主题、地址及日期等。

注意回答问题的技巧。当回件答复问题的时候，最好只把相关的问题抄到回件上，然后附上答案。不要用自动应答键，那样会把来件所有内容都包括到回件中；但也不要仅以“是的”二字回复，那样太生硬了，而且让读的人摸不着头脑。

（5）合宜地称呼收件者，并且在信尾签名。虽然电子邮件本身已标明了邮自哪方，寄予何人，但在邮件中注明收信者及寄件者大名乃是必需的礼节，包括在信件开头尊称收信者的姓名，在信尾也注明寄件者的姓名以及通信地址、电话等，以方便收信者未来与你的联系。越是在大型的公司，你越是要注意在自己的邮件地址中注上自己的姓名，同时在邮件的结尾添加个人签名栏。人们通常会把邮件转发给过多的人，打开邮箱你可能发现有一半的邮件是与你无关的，删除它们费时费力，所以在转发前要做一下整理，把邮件的数量控制在最小范围。条件允许的话要每天检查自己的邮箱，及早回复邮件。重要邮件发出后要电话确认。另外，重要的机密和敏感的话题不要使用电子邮件，因为它不能保证严守机密。

（6）切忌全文使用英文大写字母。这样写成的邮件太强势，甚至暗示寄件人懒得使用正确的文法。毕竟，这仍是种文字沟通方式，遵守标准的文书规范是一种职业礼貌。

（7）接收到邮件，如果自己是主送方，应当在最短的时间内给予回应，表示已经收到。简短的回应如“已经收到，我会尽快安排，谢谢！”等。

公关链接

接待一个重要的客户，为了表示对他的尊重，不仅要把手机调成振动或者关机，还要让他知道你特意为他而关机。这时，可以把手机取出来，然后告诉对方：“王总，不好意思，今天我负责接待您，我先把手机关掉，不能让别人打扰我们。”

不但要把手机关掉，还要当着客户的面关掉。如果不这样，客户可能不知道你关机了，他只知道你的手机长时间没有响，没准还怀疑你比较清闲，那么长时间都没人联系你，所以要在客户面前关机。关机的时候，要说一声，如果不说，客户也不知道。你拿着手机，他可能会怀疑你正在看手机短信。你告诉了他，则说明：我为你而关机，我的眼里只有你，我对你是非常尊重的。

总之，既要了解别人，更要被对方所了解。这是礼仪所要求的表达与沟通的意识。

【课堂讨论】

手机短信是重要的交流方式之一，请谈谈发手机短信应该注意哪些问题。

9.2.4 公共关系接待礼仪

接待工作是公关人员日常工作的一项重要内容，要做好这项工作就要注意把握以下几个方面。

1. 接待礼仪

对于来访者，无论是何人，都应以微笑礼貌地表示欢迎，热情招呼来访者坐下，给来访者端上一杯热茶，然后委婉而迅速地了解清楚来访者的身份、来访目的和具体要求，以便决定接待的规格、程序和方式。

对于特别重要的来访者，应由公关部经理亲自出面接待并立即传报上级主管乃至最高负责人；按照客人的身份安排对等的接待者是必要的，但通常公关部经理被授权代表组织，甚至代表最高负责人出面接待，可适用于各种级别或不同层次的客人。

对于专业性较强的访问，公关部应立即与有关的专业技术部门联系，积极引荐有关方面的权威人士，并协助其做好一切安排。

对于新闻记者或意见领袖，应特别谨慎和热情、周到。首先采取合作的态度了解清楚对方的意图，但不轻易表示赞成或反对；必要的话，回答有关敏感问题之前，应向最高层或有关部门请示；在实事求是地提供情况的前提下，尽可能树立组织的正面形象和信心。其次，注意为他们提供各种便利条件，真心实意地协助他们工作。

对于一般的顾客，应耐心地倾听他们的投诉，热情地回答他们的咨询，尽可能解决他们的实际问题，让他们带着满意的心情离去。

对于社区代表或赞助团体，在认真考虑他们的要求后，应根据企业的赞助条例或有关规定，结合企业利益分别对待，无论是接受、商榷或拒绝，都应不失礼节。公关部应具备较好的接待条件，如相对独立、安静、舒适的接待环境，基本的服务设备和用具，供来访者了解情况用的各种宣传性画册、刊物和资料，送给来访者作留念的小纪念品等。这本身就表达了对客人的敬意。

2．迎送礼仪

（1）了解客人的基本资料。准确记住客人的名字、相貌特征（如事先有照片的话），弄清楚客人的身份、来访目的，与本组织的关系性质和程度，到来的时间，乘何种交通工具，以及其他背景材料。

（2）确定迎送规格。根据以上资料，结合本组织的具体情况，确定迎送规格。对较重要的客人，应安排身份相当、专业对口的人士出面迎送；亦可根据特殊需要或关系程度，安排比客人身份高的人士破格接待，或安排副职、助理出面；对于一般客人，由公关部派员迎送即可。

（3）做好迎送准备工作。例如，与有关交通部门联系，核实客人的班机或车船班次、时间；安排好迎送车辆；预先为客人准备好客房及膳食；如果对所迎接的客人不熟悉，需要准备一块迎客牌子，写上“欢迎×××先生（小姐、女士）”以及本组织的名称；如需要，可准备好鲜花等。

（4）严格掌握和遵守时间。无论迎送，均需要提前15分钟赶到车站或机场迎候客人，要考虑到中途交通与天气原因，绝不能让客人在那里等你。如果你迟到了，无论怎样解释，都很难消除客人的不快和对你失职的印象。如送行时客人需办理托运或登机手续，可由公关部派员提前前往代办。

（5）迎接与介绍。接到客人后，即表示欢迎或慰问，然后相互介绍。通常先将前来欢迎的人员介绍给来宾；或自我介绍，并递上名片。客人初到一般较拘谨，应主动与客人寒暄，话题宜轻松自然，如客人的旅途情况，当地的风土人情、气候特点、旅游特色，客人来访的活动安排、筹备情况、有关建议，以及客人可能关心的其他问题。除客人自提的随身小件行李外，应主动帮助客人提行李。

（6）妥善安排。客人抵达住地后，尽可能妥善安排，使客人感到宾至如归。例如，向客人提供活动的日程计划表、本地地图和旅游指南；向客人介绍餐厅用膳时间及主要的接待安排，了解客人的健康情况及特殊需要（如回程机、车、船票）；到达后不要马上安排活动，迎接人员不必久留，以便让客人更衣、休息和处理个人事务；告别前应该约好下次见面的时间及联系方法等。

公关链接　　电梯里的礼仪

（1）伴随客人或长辈来到电梯厅门前时，先按电梯呼梯按钮；轿厢到达厅门打开时，若客人不止1人，可先行进入电梯，一手按“开门”按钮，另一手按住电梯侧门，礼貌地说“请进”，请客人们或长辈们进入电梯轿厢。

（2）进入电梯后，按下客人或长辈要去的楼层按钮。

若电梯行进间有其他人员进入，可主动询问要去几楼，帮忙按下。

在电梯内可视状况决定是否寒暄，例如，没有其他人员时可略做寒暄，有外人或其他同事在时，可斟酌是否有必要寒暄。

在电梯内应尽量侧身面对客人。

（3）到达目的楼层时，一手按住“开门”按钮，另一手做出请出的动作，可说：“到了，您先请！”

客人走出电梯后，自己立刻步出电梯，并热诚地引导行进的方向。

【课堂讨论】

董事长因临时有事未能及时赶去与客人见面，一位公关接待人员负责去接待。以下是她跟客人说的话。评论：她说得好吗？好在哪里？说得不好，请指出不好之处。如果是你，你会怎么说？

公关接待人员：“王经理，董事长在路上呢，让我先赶过来。老板说了，说我们有求于你，让我好好招待你，要什么给什么。您喝点什么？”

9.2.5　公共关系宴请礼仪

1. 宴请种类

宴请的种类和形式较多，但以宴会、招待会、茶会、工作餐为主。

（1）宴会。宴会为正餐，分为国宴、正式宴会、便宴和家宴四种。

① 国宴是国家元首或政府首脑为国家庆典或为外国元首、政府首脑来访而举行的正式宴会，因而规格最高。宴会厅内可悬挂国旗、奏乐，席间致辞或祝酒。

② 正式宴会除不挂国旗、不奏国歌以及出席规格不同外，与国宴基本相同。宾主均依据身份就位。有些宴会对服饰规格、餐具、酒水、菜道、陈设以及服务人员的着装、仪表等都做出了严格要求。

③ 便宴是非正式宴会，常见的有午餐、晚餐，有时也有早餐。便宴形式简单，不排座位，不作正式讲话，随便亲切，菜道也可以酌减。西方人的午宴有时不上烈性酒，不上汤。

④ 家宴是在家中设宴招待客人。这种形式亲切友好，往往由主妇亲自下厨，家人共同招待。

（2）招待会。招待会是指各种较为灵活的，不备正餐但备有食品和酒水饮料的宴请形式。招待会期间不排座位，宾客自由活动。常见的有冷餐会、酒会两种形式。

① 冷餐会，即自助餐。其特点是不排座位，菜肴以冷食为主，也可有热菜，供客人自取，客人可以自由活动，也可以多次取食，酒水可以放在桌上，也可由招待员端送。冷餐会可在室内或庭院、花园等地举行，可设小桌、椅子自由入座，也可不设椅子站立进餐。举办时间可在中午 12 时至下午 2 时；下午 5 时到 7 时。冷餐会有三大优点：能安排下更多的客人，即无论室内室外，客厅或餐厅，只要有位子都可以在冷餐会上派上用场；缺乏人手招待时也毫不影响，客人可自己拿取食物；不受任何正宴礼仪上的约束，无论是用餐前还是用餐中，客人都可以自由活动。

② 酒会，又称鸡尾酒会。这种宴请形式活泼，便于广泛接触交谈。招待品以酒水为主，略备小吃。不设座椅，仅设桌、茶几以便客人随意走动。酒会举行的时间亦较灵活，中午、下午或晚上均可。

（3）茶会。茶会是一种简单的招待形式，举行的时间多在上午 10 时或下午 4 时左右，以茶或咖啡招待客人。茶会通常设在客厅，而不在餐厅。厅内设茶几、座椅，不排座次。茶会对茶叶和茶具的选用应有所讲究，一般用陶瓷器皿，而不用玻璃杯。

（4）工作餐。工作餐是现代交往中经常采用的一种非正式宴请形式，利用进餐时间，边吃边谈问题。这类活动一般只请与工作有关的人员。工作进餐按时间可分为工作早餐、工作午餐和工作晚餐。宴请的菜肴、程序从简，甚至采用快餐形式或由参加者各自付费。

2. 宴请活动组织工作

（1）确定宴请的目的、名义、对象、范围与形式。

① 宴请目的。宴请的目的多种多样，既可以为某人，也可以为某件事。例如，为某人某团赴约谈判；为某展览、展销、订货会的开幕、闭幕；为某工程的破土与竣工等。总之，目的需要明确。

② 名义与对象。对象主要依据主客双方的身份，即主宾双方身份要对等。

③ 范围。邀请范围是指请哪方面人士，哪一级别，请多少人；主人一方请什么人出陪，这要考虑宴请的性质、主宾身份、惯例等多方面因素，不能只顾一面。邀请范围确定后，就可草拟具体邀请名单。

④ 形式。采用何种形式，很大程度上取决于习惯做法，可根据习惯和需要选择宴请形式。目前，无论是国际或国内，礼宾工作都在简化，宴请的范围趋向偏小，形式更加简便，更注重实际效率和效果。酒会、冷餐会被广泛采用。

（2）确定宴请的时间、地点。宴请的时间对主、宾双方都应适宜。一般不要选择对方的重大节假日，有重要活动或有禁忌的日子。宴请时应先征求对方的意见，口头当面约定较方便，也可用电话联系。

对于宴请地点的选择，一般来讲，正式的隆重的宴请活动安排在高级宾馆大厦内举行，其他可按宴请的性质、规模大小、形式、主人意愿及实际可能而定。原则上选定的场所要能容纳全体人员。

（3）发出邀请及请柬格式。

① 发出邀请。各种宴请活动，一般都发请柬，这既是礼貌，也是提醒客人备忘之用。请柬一般提前一到两周发出，有些地方还需要再提前，以便被邀人及早安排。

② 请柬格式。请柬的内容包括活动形式，举行的时间、地点，主人的姓名。请柬行文不加标点，所提到的人名、单位名、节目名等都应用全称。中文请柬行文中不提被邀请人姓名，其姓名写在请柬封面上。请柬可以印刷也可以手写，但手写字迹要美观清晰。请柬信封上被邀请人的姓名、职务书写要准确。

（4）订菜。宴请的酒菜根据宴请形式、规格及规定的预算标准而定。选菜不以主人的爱好为准，主要考虑主宾的爱好与禁忌。如果宴会上有个别人有特殊要求，也可以单独为其上菜。无论哪种宴请，事先都应列菜单，并征求主管负责人的同意。

宴请的菜肴一般都较丰盛。例如，在中餐宴席上，除冷盘和甜点外，还有鸡、鸭、鱼、肉、虾等数道热菜；最后是汤、冷食和水果。一般都备有精致的菜谱，分别放在第一主人及第二主人的下手。上菜的先后与菜谱相符。

中餐宴会菜肴的道数，并不一定以主宾身份的高低而定。一般国宴在礼仪规格、场面上，虽然都十分宏伟壮观，但菜肴并不一定十分丰富。而一些企业间的互相宴请，其费用标准之高，菜肴道数之多，山珍海味之丰盛，选料之精，往往是国宴无法相比的。

西餐宴请的菜肴与中餐不同。一般菜肴道数不多，其选料、丰盛程度及可口美味诸方面，实在无法与中餐相比。西餐一开始先喝汤，然后陆续上两三道菜，这些菜或是肉类与蔬菜搭配，或水产品（如鱼类）与蔬菜搭配，之后就是甜点、冷饮（如冰激凌）等，至于咖啡，可离席而饮。西餐常以生菜（即色拉）、奶酪配之。

（5）席位安排。正式宴会一般均排席位，也可只排部分人的席位，其他人只排桌次或自由入座。无论哪种坐法，都要在入席前通知每个入席者，现场还要有人引导。常见席位安排如图9.1所示。

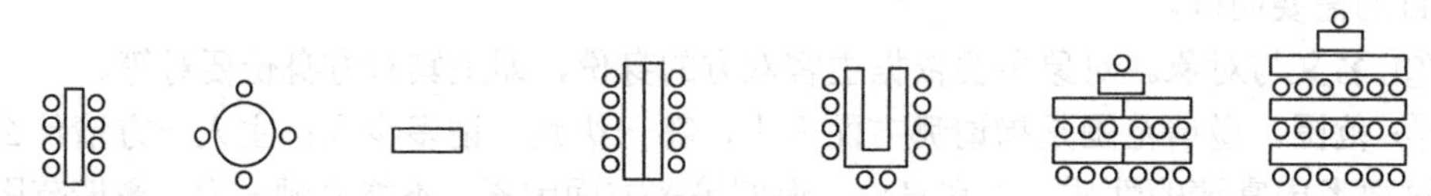

图9.1　常见席位安排

国际上的惯例，桌次的高低以离主桌位置远近而定，右高左低；同一桌上，席位高低以离主人远近而定。外国习惯，男女穿插安排，以女主人为准，主宾在女主人右上方，主宾夫人在男主人右上方。我国则习惯于按各人本身的职务排列，如夫人出席，通常把女方排在一起，即主宾坐男主人右上方，其夫人坐女主人右上方。

有关宴会座位具体安排，大致可分为下列几种情况。

① 圆桌。如宴请只设一桌时，一般以设宴的房间正对着房门的一边为正席，排第一主人席。正席的正对面为副席，排第二主人，也可排第一主人的夫人。席次排位讲究右高左低，同一桌上席位高低以距离主人座位远近而定。如果男、女主人并肩坐于一桌，则男

左女右，尊女性坐于右席；如果男、女主人各居一桌，则尊女主人坐于右桌；如果男主人或女主人居于中央之席，面门而坐，则其右方之桌为尊，右手旁的客人为尊；如果男、女主人一桌对坐，则女主人之右为首席，男主人之右为次席，女主人之左为第三席，男主人之左为第四席，其余位次依序而分，如图 9.2 所示。

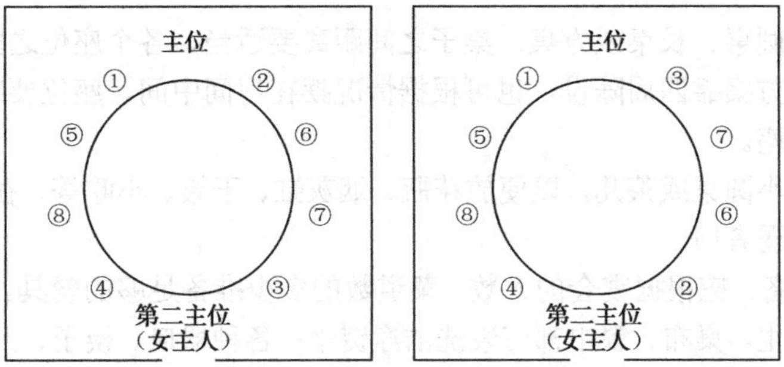

图 9.2　圆桌宴会的座次

如果参加宴请的人数较多，可排多桌。如桌次多，第一桌称为主宾桌，人数可适当安排得多一些。十几人到二十几人均可。用大桌时，桌中央可以采用鲜花制篮填空。其他桌次以十人至十二人为好。多桌的正席，应面向主宾桌的正席（第一主人席），排法如同圆桌的排法一样。在每桌上，应设置桌序牌，供来客按桌次与席次入座。桌序号的排法，除主宾桌外，自右向左，按二、三、四等依序排列。

② 长方桌。采用长方桌安排席位时应排席桌，常常根据房间的形状和席桌的形状而定。例如，举行宴请的房间是长方形时，可将主宾全安排在一张长方桌上就座，其排法如下。

正席可安排在长方桌一顶端，也可安排在长方桌宽边的中央，如图 9.3 所示。

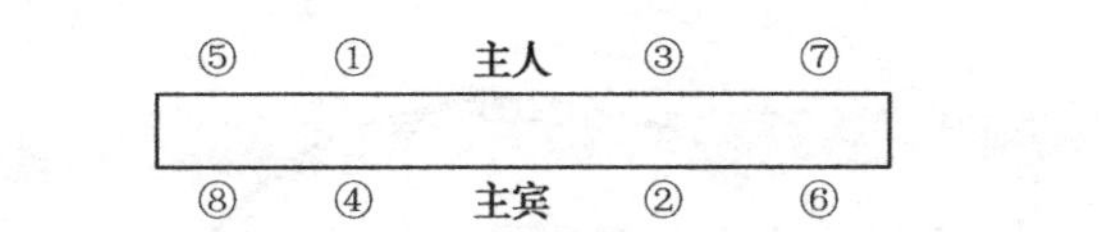

图 9.3　方桌宴会的座次

如果正席安排在长方桌顶端，则副席为长方桌的另一顶端。来宾与陪客按身份高低的礼宾顺序，仍以先右后左的次序，间隔地分别坐于第一主人和第二主人两侧。

如果正席安排在长方桌宽边的中央，则另一宽边中央为副席。来宾与陪宾也按礼宾顺序，以先右后左的顺序，间隔地分别坐于第一主人或第二主人两侧。

不论是圆桌还是长方桌，也不论是一桌还是多桌，一般将参加宴会的人的姓名与职称写在名签上，摆在每人应坐的桌前。

（6）现场布置。宴会厅、休息厅的布置取决于活动的形式、性质。官方和其他正式的活动场所的布置应严肃、庄重、大方。不要用彩灯、霓虹灯装饰，可以少量点缀鲜花、刻花等。

宴会上可用圆桌、长桌或方桌。桌子之间距离要适当，各个座位之间距离要相等。

冷餐会常用方桌靠四周陈设，也可根据情况摆在房间中间。座位要略多于全体人数，以便客人自由就座。

酒会一般摆小圆桌或茶几，以便放花瓶、烟灰缸、干果、小吃等，在四周可设些椅子供妇女和年迈体弱者用。

（7）餐具准备。应根据宴会的人数、菜道数的多少准备足够的餐具。餐桌上一切用品都要十分清洁卫生，桌布、餐巾都应浆洗洁净熨平；各种器皿、筷子、刀叉等都要预先洗净擦亮，如果是宴会，还应备好每道菜撤换用的菜盘。

① 中餐具及其摆设。中餐主要用筷子、碗盘、匙、小碟、酱油罐等，水杯放在菜盘上，右上方放酒杯；酒杯数目和种类应与所上酒品品种相同。餐巾叠成花插在水杯中，或平放在菜盘上。在宴请外国客人时，以中餐西吃为宜，此时要备必要的西餐具，酱油、醋、辣油等作料，通常一桌数份。公筷、公勺应备有筷、勺架子，其中一套摆在主人面前。餐桌上应备有烟灰缸、牙签等。

② 西餐具及其摆设。西餐具有刀、叉、匙、盘、杯等。刀分为餐刀、鱼刀、肉刀、奶油刀、水果刀；叉分为餐叉、鱼叉、肉叉；匙有汤匙、茶匙等；杯的种类更多，茶杯、咖啡杯均为瓷器，并配小碟；水杯、酒杯多为玻璃制品，不同的酒使用的酒杯规格不同。宴会有几道酒就配有几种酒杯。公用刀叉一般大于食用刀叉。

西餐具的摆设是正面位放餐盘（汤盘），左手位放叉，右手位放刀；食盘上方放匙（汤匙及甜食匙），再上方放酒杯，右起烈性酒杯或开胃酒杯、葡萄酒杯、香槟酒杯、啤酒杯（水杯）。餐巾插在水杯内或摆在食盘上。面包奶油放在左上方。吃正餐，刀叉数目应与菜道数相等，按上菜顺序由外至里排列，刀叉呈“八”字形摆放，刀齿朝下，刀口向内，如图9.4所示。用餐时按此顺序使用。食毕，刀叉朝四点钟位置，如图9.5所示。也可刀叉重叠，既方便服务生收拾，又可避免发出大的响声。撤盘时，一并撤去使用过的刀叉。

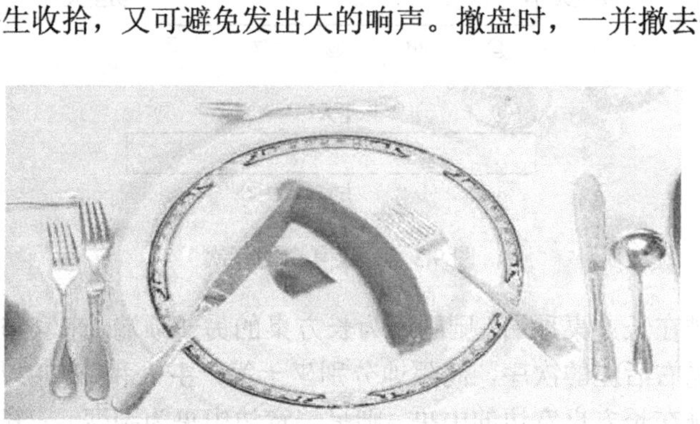

图9.4 西餐餐具的摆放

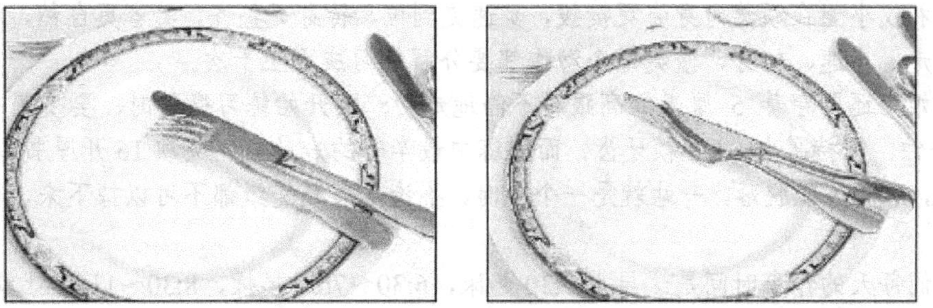

图 9.5　用餐后餐具的摆放

（8）宴请程序及现场工作。主人一般在门口迎接客人，与客人握手后，由工作人员引到休息厅，无休息厅可直接入宴会厅，但不入座。休息厅内应有相应身份的人员照料，由招待人员送饮料。

主宾到达后，由主人陪同进入休息厅与其他客人见面。如其他客人尚未到齐，可由其他迎宾人员代表主人在门口迎接。

主人陪同主宾进入宴会厅，全体客人就座，宴会即开始。吃完水果，主人与主宾起立，宴会即告结束。

主宾告辞，主人送至门口，主宾离去后，原迎宾人员顺序排列，与其他客人握别。

【课堂讨论】

如果你是一家单位的公关接待人员，你和司机开车接待一位重要的客人，开的是一辆双排座的轿车，你会安排客人坐哪个位置？为什么？

公关链接　　奥运礼仪小姐的汗水与微笑

1896 年，第一届现代奥运会在希腊雅典举行，那时就有了最早的奥运礼仪小姐。1988 年，汉城奥运会身着韩服盛装亮相的韩国礼仪小姐让人感到历史庄重的同时，也产生了一种时空的错觉。在 2004 年雅典奥运会上，身着民族服饰的希腊礼仪小姐，质朴又不失雍容，有一种深沉而博大的古典美。礼仪小姐，奥运的“门面”，代表主办国的形象。要想成为奥运礼仪小姐，必须经过一番专门的训练。

北京奥运会选用 380 名颁奖礼仪志愿者，入围的基本标准为一是具有较高的政治觉悟、较强的奉献精神和团队合作意识；二是必须是女性，出生日期在 1983 年 7 月 1 日至 1990 年 6 月 30 日，身高 1.68～1.78 米；三是要求身体健康，心理素质良好，能够接受较高强度的体能训练；四是要容貌姣好，五官端正，举止端庄，具有亲和力；五是要求具有一定的英文听说能力，发音准确。

虽然在奥运会颁奖典礼上，姑娘们上场只有短短的几分钟，但是为了充分展现“中国式美丽”，她们要经过基础训练、颁奖流程的训练，还有舞蹈课和形体课，以及专家讲座，熟悉奥运知识，还特别增加了奥运安保、拓展运动和艺术观摩等课程。除此之外，连女孩子最感兴趣的描眉、扑粉、画口红，一天都要练上几个小时。每个细节不容有丝毫马虎。

为了让礼仪小姐在颁奖时身姿更挺拔，步速更到位，转身更整齐，笑容更自然，培训中站姿、行走、步速、转身、微笑每个动作都要分解练习成百上千次。

姑娘们还要穿着 5 厘米的高跟鞋不停地走动；刚开始练习微笑时，要咬着一根筷子 20 多分钟，保持露出 6～8 颗牙齿。而训练中最辛苦的是站立：头顶 16 开厚书，腿夹 A4 复印纸，中间不能脱落，一站就是一个小时，不论是书还是纸都不可以掉下来，否则就得重做。

她们每天的作息时间是：早上 5:30 起床，6:30～7:00 早操，8:30～11:45 上课，11:45 午餐、休息，下午 2:00～5:00 上课，晚上 7:00～8:30 上课。

礼仪志愿者经过艰苦的训练，她们绽放在北京奥运会的颁奖台上，展示了温婉的东方美，诠释了东方礼仪之邦的魅力。

案例9.4

王峰在大学读书时学习非常刻苦，成绩也非常优秀，几乎年年都拿特等奖学金，为此，同学们给他起了一个绰号“超人”。大学毕业后，王峰顺利地获取了在美国攻读硕士学位的机会，毕业后又顺利地进入了美国公司工作。一晃 8 年过去了，王峰已成为公司的部门经理。

今年国庆节，王峰带着妻子女儿回国探亲。一天，在大剧院观看音乐剧，刚刚落座，就发现有 3 个人向他们走来。其中一个边走边伸出手大声地叫：“喂！这不是‘超人’吗？你怎么回来了？”这时，王峰才认出说话的人正是他的高中同学贾征。贾征大学没考上，自己跑到南方去做生意，赚了些钱，如今回到上海注册公司当起了老板，今天正好陪着两位从香港来的生意伙伴一起来看音乐剧。这对生意伙伴是他交往多年的、年长的香港夫妇。

此时，王峰和贾征彼此都既高兴又激动。贾征在大声寒暄之后，才想起了王峰身边还站着一位女士，就问王峰身边的女士是谁，王峰这才想起向贾征介绍自己的妻子。待王峰介绍完毕，贾征高兴地走上去，给了王峰妻子一个拥抱礼。这时贾征想起了该向老同学介绍他的生意伙伴。大家相互介绍、握手、交换名片和简单的交谈，之后就各自回到自己的座位上观看音乐剧了。

【案例分析】

上述场合中的见面礼仪有无不符合礼仪的地方？若有，请指出来，并说明正确的做法。

本章小结

公关礼仪，是指产生于一定文化道德基础之上的用以调节组织与公众关系，促成相互均衡和谐发展的行为规范和准则，是人们在现代社会交往中各种符合公关精神、准则、规范的交往方式、行为方式、社会活动、典礼程序以及与之相适应的标志、服饰等的总称。

公关礼仪有利于提高个人素质，有利于建立良好的人际沟通，有利于提升组织的形象。要成为一名优秀的公关人员，必须具备一定的文化知识，性格乐观、容貌漂亮、气质不凡、风度翩翩、服饰美观；真诚、热情、温和、大方、幽默、注意小节是公关人员所必须具有的行为修养。

仪容礼仪指一个人在容貌、举止方面保持美好的礼节规范和要求，主要包括个人卫生礼仪、举止礼仪和服饰礼仪等。见面礼仪包括介绍、握手、称呼、致意、问候和名片几个重要细节。交谈礼仪是指人们在交谈活动中应遵循的礼节和应讲究的仪态等，包括听和说两个方面。

迎送客人要做好接送的准备工作，确定迎送规格，掌握客人抵离时间。交谈时要尊重对方，谅解对方，及时肯定对方，并注意自己的语速、语调和音量。会见客人时要做好相应准备，介绍得体，时间长短适宜。在公关活动中，无论参加宴会、招待会、茶会还是工作进餐，都应注意餐桌上的各种礼仪。

思考与练习9

一、选择题

1．女士站姿要求双脚的脚跟应靠拢在一起，两只脚尖应相距（　　）厘米左右。

A．5　　B．10　　C．15

2．正确的介绍顺序应当是（　　）。

A．先向身份高者介绍身份低者

B．先向年幼者介绍年长者

C．先向男士介绍女士

3．一般的礼节性握手时间以（　　）为宜。

A．1～2秒　　B．3～5秒　　C．6～8秒

4．正式宴会一般要求（　　）。

A．挂国旗　　B．奏国歌　　C．席间致辞

二、填空题

1．公关人员讲究公关礼仪的作用有________、________和________。

2．举止礼仪包括人的_______、______ 、_______、面部表情等。

3．国际上公认的穿衣原则——TPO原则是________、_______、_______三个英文单词的缩写。

4．招待会常见的两种形式是_______和_______。

三、简答题

1. 简述公关人员的礼仪修养有哪些内容。
2. 简述握手顺序的基本规则如何。
3. 简述在递、接名片时应注意哪些礼仪。
4. 简述迎送礼仪有哪些讲究。

课后实训9

1. 如果你要参加谈判会议、庆功晚会、假日出游三种不同的活动，该怎样注意你的服饰穿着？请利用网络进行实训，查找相关图片，并说明你选择的理由。
2. 请给你的父母或长辈，发一封节日问候邮件，注意邮件礼仪。
3. 对电视媒体中有关节目的“自我介绍”的形式进行点评，并发展或完善自己的介绍方式和内容。
4. 模拟宴会，拟一份座位安排表，并说明理由。
5. 练习正确的握手方式。

第10章

公共关系文书

课前思考

★ 公共关系文书与其他文书相比较有哪些共同之处，又有哪些独特之处？

★ 公共关系文书的基本写作有什么要求？

★ 公共关系常用文书有哪几种？

学习目标

- 公共关系文书的特点
- 公共关系文书写作的一般要求
- 公共关系事务类文书的写作格式与要求
- 公共关系礼仪类文书的写作格式与要求

“内求团结，外求发展”是每一个现代社会组织开展公共关系活动时所追求的目标。那么，如何实现这一目标呢？途径多种多样，但其中极为重要的、不可缺少的一种就是公共关系文书写作。任何一个公关从业人员要想成为从事公共关系事业的多面手和优秀人才，就必须系统而全面地掌握公关文书写作的方法与要求。

10.1 公共关系文书概述

10.1.1 公共关系文书的特点

公关文书是为实现公共关系目的和开展公共关系活动而制作使用的各种书面材料。公关文书与一般应用文书有一些共同点，如实用性、程式性、广泛性、时效性等。但由于公共关系独特的职能，使公共关系文书具有不同于其他应用文体的独特之处，甚至如广告、新闻、公文、计划、总结等，一旦纳入公关范畴，也就或多或少具有了新的特征。

1. 鲜明的目的性

公关写作既不能无病呻吟，在没有什么问题时有意制造问题，也不能无的放矢，在不知道自己的组织或公关活动要达到什么目的时盲目写作，只有在既明确要解决什么问题，又明确要达到什么目的时，才能进行写作。这样写出来的公关文书才能真正解决问题，达到组织或公关活动的预期目的。公关组织的创造力在于“协调”，因而可以说，公关文书写作的目的正是协调各方面的关系。这种协调从宏观上看，可分为内部协调和外部协调两个方面。

2. 反映的客观性

公共关系活动的一项主要工作是传播信息，而一般来说，传播信息这一工作本身并不难，难的是如何客观地、实事求是地传播信息。因为，信息传播是否客观、实事求是，与组织、公众皆有利害关系。

公关文书写作要客观地传播信息，首先，必须客观地掌握事实，公关人员在调查、了解有关事实时，应不带偏见，而且必须杜绝主观随意性，力求事实的公正与真实；其次，公关文书在写作时对材料的要求要非常严格，必须认真鉴别，反复核实，实事求是，不容许有任何虚构。

3. 传播的主动性

社会组织是公共关系的主体，是关系调节的主方，同样，处于关系主导地位的社会组织的公关文书写作，也必须在关系调节中积极主动。

公关文书写作的主动性，首先表现在内容上，它是为公共关系活动服务的，是为了了解公共关系活动中存在的实际问题，对公共关系活动起着直接的作用。例如，公关新闻稿是为了把组织好的有关信息传播给公众；公关计划是为了给公共关系活动绘制出蓝图，安排好工作进程。这些都应该是积极主动的，而不是被动的。其次，在瞬息万变、丰富多彩的公共关系活动中，一切公关文书的写作都不可能是永恒不变的，不是一种机械式的固定模式，而是因人、因事、因时、因地而宜的。公关写作要主动根据具体情况灵活运用，才能获得理想的传播效果。另外，公共关系以及公关写作本身也处于一个动态的过程，不会永远停止在一个水平上。因此，公关文书的写作要适应公共关系实践的需要，必然是变化发展的，正是这种丰富多彩的表现，才充分体现了公关写作的主动性这一特征。

4. 很强的针对性

公关文书写作还有一个明显的特征就是针对性。这里所说的针对性，主要体现在以下几个方面。

（1）有明确的涉及范围和对象。一般的文章或文学作品所涉及的读者范围及对象是笼统的，既没有明确的规定，也没有很强的制约力。但公关文书写作却不然，无论是策划、信息咨询或大众传播文书，还是人际沟通及组织内部公务类文书，读者对象一般都有明确的范围或特定的公众。

（2）针对具体问题而写作。公关文书写作，总是针对公共关系活动或组织的存在与发展中的具体问题而进行的，因而写成的文章，一般都有高度的针对性。

（3）选择特定的惯用程式。所谓程式，指在长期的实践中总结形成的有关内容要素、行文格式、书写位置以及一些习惯用语等方面的基本要求。

【课堂讨论】

公共关系文书与其他文书相比较有什么特点？

10.1.2 公共关系文书的写作要求

1. 公关文书的沟通性

公关活动可以借助于写公函、拍电报、写书信、发请柬、发聘书、送慰问信、送表扬信等，达到传递信息、安排工作，争取社会效益和经济效益的目的。公关工作的沟通是双向的，公关文书的使用也要考虑反馈效应。理解、信任、支持与合作，是在相互交往中建立的，公关文书可以作为联络的纽带，架设友谊的桥梁。

2. 公关文书的竞争性

开展公关活动要善于利用文字手段，在同行或同类产品中，利用自己的优势去争取社会与公众的支持与赞誉，进而树立组织的公关形象，开拓并占领广大市场，在竞争中求得组织与产品的生存与发展，使自己立于不败之地。

3．公关文书的时效性

作为传播、服务的工具，公关文书必须公开、迅速、通畅地发挥作用。它的写作要快，传递要快，反馈要快，要紧密配合市场经济的发展，联系贯彻国家现行方针、政策的实际，及时地抓住时机开展工作，求得高速度、高效率。时间就是生命，就是金钱，任何迟滞都会使公关文书失去作用。

4．公关文书的务实性

公关文书的写作是一种实用写作，每种文书的起草都要明确写作目的、意图，从公关工作实际出发，提出和解决现实中的问题。

5．公关文书的可信性

公关文书必须说真话、办实事，与公众坦诚相见，凡是文书上允诺的就要执行守信。

6．公关文书的简洁性

公关文书是处理公务的实用文，为便于沟通、交往与传播，必须去粗取精，简明概括，切忌拖泥带水。

7．公关文书的规范性

为便于流通与管理，提高用文的效率，公关文书的写作必须按习惯通用的格式与要求进行写作。

8．公关文书的精美性

公关文书不仅要求内容的新与实，而且对文面的设计也要求庄重大方、热烈而富有艺术感染力。

9．公关文书的准确性

运用语言的准确严密，合乎逻辑与语法，合乎事实与政策，是公关文书用语的基本要求之一。

【课堂讨论】

公共关系文书写作的一般要求是什么？

10.2 公共关系事务类文书的写作

10.2.1 公共关系企划书

公关企划书是企业系统地、科学地策划公关活动的一种书面材料。公关企划书通常要明确的内容有活动主题、活动目标、综合分析、活动程序、传播与沟通方案、经费预算等。

1．活动主题

主题的拟定应言简意赅，并易于公众理解、记忆。

2．活动目标

活动目标既应与企业总体目标相一致，又应能够体现某次活动的具体特点。简而言之，活动目标应是企业总体目标在某次活动中的具体体现。

3．综合分析

综合分析包括对企业概况的介绍、产品简况、市场分析、消费者分析。在单个活动的企划书中，综合分析可以略去，但企划者必须对上述企业概况、产品、市场、消费者等四个方面的情况有较深入的了解，否则企划会难免不切实际。

4．活动程序

说明本次活动的基本安排，什么时间由什么人做什么。

5．传播与沟通方案

指活动宣传通过什么样的传播媒介进行传播沟通。

6．经费预算（略）

范文10.1　　××公司公关宣传活动企划书

一、活动主题

万名大学生携“××牙膏”为您服务。

二、活动目标

通过大学生宣传及上门为消费者服务，在目标国各城市普及、宣传、提高××牙膏的知名度，增进消费者对××牙膏的品牌、特性、功能以及价格的了解，并通过后续的公关活动，树立××公司尊重科学、关心青年学生身体健康、积极服务于社会的企业形象，提高××公司的美誉度。

三、综合分析

（一）企业概况。

（二）产品简况——××牙膏系全天然生物牙膏，内含丰富的天然生物活性物质丝肽及表皮生长因子，可直接被口腔黏膜吸收，能促进细胞新陈代谢，融洁齿、治疗、营养三功能为一体，有药物牙膏之功效，无药物牙膏之副作用。

（三）市场分析——××牙膏目前生产量为800万支，其中××市场占总销量的32%；××公司现已陆续在××等数十个大中城市设立了销售网点。

（四）消费者分析——××牙膏系第三代产品，它的价格约高出其他牙膏1倍，其潜在消费者主要是城市居民中收入和文化程度较高者。

四、基本活动程序

（一）选择2008年3月18日为"××牙膏宣传日"，并落实该活动于同日在××等十大城市举行。

（二）2008年前后，派员与上述十大城市的大学联络，每校落实参加宣传活动的大学生500～1 200名；其中，××等有条件的城市同时组织人数在100～200人的大学生自行车宣传队，每城市各一支队伍。

（三）2008年3月18日上午9时，各城市大学生自行车队沿拟定线路作"闹市行"，沿途向市民散发××牙膏宣传品；同时，参加宣传活动的大学生走进千家万户进行公关宣传活动。

（四）在直销活动结束后1个月内，××公司在××大学举办一场音乐会，并赠公共关系书籍500本。

五、传播与沟通方案

（一）在活动进行前一天，在××市的《××报》与××市的《××报周末版》上刊登宣传广告。

（二）预先与××电视台、《××报》等媒介联系，争取在活动后开始陆续新闻报道。

（三）由进行宣传的大学生向消费者宣传××牙膏的基本特性，并散发单页宣传品。

（四）由选修公共关系理论与实务课程的××大学数百名学生撰写该项活动的个案分析，并择优寄往《××公共关系报》、《××公共关系导报》等媒介。

六、经费预算

（一）印制宣传品10万份及制作宣传绶带500条，约2 000元。

（二）活动预告的报纸广告费及媒介报道安排费用4 000元。

（三）10位销售活动监督、协助人员差旅费，以300元/人计，共3 000元。

（四）大学生宣传车队劳务费：××、××等城市车队队员共约500人，以50元/人计，共25 000元。

（五）音乐会费及赠书活动费用：音乐会费用一场3 000元，500本公共关系书籍10 000元，共13 000元。

七、预期效果

如果活动能安排妥当，达到预期目标，肯定大于用这部分经费进行单纯的广告宣传所带来的效果。

10.2.2 公共关系简报

公共关系简报，是机关团体组织内部交流、汇报情况的文字材料或刊物，包括工作简报、信息简报、会议简报、动态简报等多种。另外，动态、简讯、内部参考等都属于简报的范畴。写作时应事先制订编写计划，通过通信系统或个人组织稿件，采用汇编、摘编、编写等方式，按版面要求，设计报头、行文与报尾，把名称、期数、编印单位、日期、份数、按语、发送单位等一一列清楚。简报多数为内部使用，有的也可直接向外发送，但要注意发送的范围与要求，不能像报纸一样到处分发，人人使用。简报的编发有定期和不定期两种。简报不是正式公文，不具备法律效力和行政效力。

简报具有以下特点。

（1）简明扼要。抓住事物的实质，抓住代表性的典型材料。

（2）迅速。像新闻一样快编、快写、快印、快发。

（3）真实。材料确凿，反复核实，表述讲究语法逻辑。

（4）新颖。立意要新，情况要新，抓新人、新事、新问题。

1. 公关简报的写作内容

公关简报是公关业务活动的简要报道。公关简报可以反映以下内容。

（1）有关组织形象的材料，文献检索，调查了解到的内部公众和外部公众的意见、评价和要求。

（2）组织内部工作生产情况和思想状况等方面的动态、经验、趋势。

（3）公共关系部门开展的一些公共关系活动。

（4）公共关系部门对各项工作的咨询意见和建议。

（5）公共关系有关会议。

【课堂讨论】

哪些可以作为公关简报的写作内容？

2. 公关简报的写作要求

要求内容如下。

（1）简报的写作要用第三人称。

（2）简报的写作要求重点突出，有明确主题思想，做到主题单一，内容集中。

（3）简报的写作必须及时、准确、客观，内容真实，据事直说，不夹杂评述性意见，但编者按除外。

（4）简报的写作必须简短、通俗，有可读性、指导性。

（5）简报的写作格式要规范。

【课堂讨论】

公关简报可以用于组织外部吗？写作时有什么要求？

3. 公关简报的写作格式

格式如下。

（1）报头。报头应占简报首页的1/3到1/4。居中写简报的名称，要用较大的字体；名称下方写简报编号“第×期”；简报编号下面的左侧写编发单位，右侧写简报的印发日期；报头与正文部分用一条横线隔开。

（2）正文。正文是简报的内容所在。正文分导语、主体、结尾三部分。正文的标题与新闻的标题相似，应力求简明、准确、扼要地概括出正文的内容；主体是简报内容的主干和中心部分，主体的内容要抓住关键问题，把本单位在贯彻执行上级指示、开展工作中出现的情况集中地反映出来，与之无关的琐碎小事不能上简报；正文的结尾，要用括号注明写稿单位和写稿人名字。

（3）报尾。报尾在简报的最后一页下方，标明两条平行横线，在横线内注明本简报的发送范围和印发份数。

范文10.2　**公关简报**

第×期

××公司公关部编　　　　　　　　　　　　××年×月×日

标题

正文

报：

送：

发：

10.2.3　公共关系新闻稿

社会组织要宣传自己的形象，提高知名度，打出“牌子”，获得更多公众的认识和支持，借助大众传播媒介和舆论导向是非常有效的手段，其中一个很好的办法就是将各种信息通过新闻稿形式，借助新闻传媒迅速传播开来。因此，有人将公共关系新闻称为“不花钱的广告”。

新闻稿是组织公关部门（人员）撰写的以目标受众为宣传对象的文字作品，包括提供给媒介的消息和通讯。撰写新闻稿，是公关人员利用大众传播媒介对公众施加影响的重要手段，也是组织与新闻界保持密切联系的纽带和桥梁。

1．一般新闻稿

一般新闻稿，也就是人们常说的“消息”。它往往以鲜明的主题、简练的文字，迅速及时地反映现实生活中新近发生的具有特定意义的事件，并因此而成为新闻媒介最经常使用的一种文体。一篇新闻稿通常包含6个基本要素，也称6个W，即who（何人）、what（何事）、when（何时）、where（何地）、why（何因）、how（何果）。除以上6个W外，公共关系从业人员撰写消息稿的目的是供新闻媒介刊发，所以，不能仅满足于对6个W的掌握，最好还要加上2个W，即什么主题（what theme）和什么意义（with what meaning）。

（1）新闻稿的结构。新闻（消息）一般由标题、导语和主体组成。新闻中时常也要介绍一些背景资料，但由于它不是一个单独的组成部分，无固定地位可言，因而不能被看作新闻结构的一个独立层次。新闻结构组成部分中还有个结尾，但对多数新闻来说，结尾不是非有不可的。

① 标题。新闻的标题，可以说是一篇新闻稿的点睛之处，它能迅速地向读者提供简要的信息，同时又能吸引读者的注意，使读者产生阅读这篇新闻的愿望，所以必须精心加以拟定。

新闻稿的标题形式有单行标题（只有一个主标题）、双行标题（一个主标题，一个引标题或副标题）、三行标题（一个引标题，一个主标题，一个副标题）。一般来说，内容比较简单的新闻稿，有一个主标题就可以了。内容比较重要而且包含信息较多的新闻稿，则需要添加副标题和引标题，以构成更加完整的标题。

范文10.3　单行标题

（1）松下中国区域脱胎换骨　家电业务缩减到30%

（2）200多家候选企业将角逐电信供应商百强

（3）红色之旅成春游主力

范文10.4　双行标题

祖国是最大的阳光家园

——温家宝总理与因艾滋病失去亲人的孤儿、老人共度除夕

范文10.5　三行标题

亲商　护商　为商

福州全方位推进开放型经济

实际利用外资超过80亿美元，世界500强落户31家

② 导语。导语是新闻的开头，一般来说，它是提炼新闻精髓并提示主题，以吸引读者阅读全文的第一句话或第一段话。有时在西方的一些新闻中也较常见有两个以上的段落。因此，我们可以概括：导语是以凝练的形式、简洁的文字表述新闻中心内容的开头的一个单元或部分。

导语的关键是“导”字，它应当起到引导、诱导、前导的作用，也就是说，它应当用简洁的语言，写出最主要、最新鲜、最吸引人的事实，给读者留下深刻的印象。因此，导语写作要求开门见山、中心突出、简明扼要、生动有趣。新闻稿的导语一般有以下几种写法。

a. 直叙式。直叙式是一般新闻稿最常用的导语写作方式，即把所要传播的信息中最重要的事实，用直叙的方式简明扼要地加以点出，以方便读者把握。

范文10.6

根据美国《商业周刊》最新排出的1998年公司销售和赢利座次，通用汽车公司的销售收入虽比上一年下降了6%，但仍以1 613.2亿美元稳坐头把交椅；福特汽车公司则以220.7亿美元的赢利额高居榜首。

b. 提问式。提问式是把新闻稿所要传播的最重要的信息，用提问的方式开头，并作简单回答，以此来构成导语。这种方式容易引起人们的兴趣和注意。

范文10.7

最近一个时期，市场上供应的酱油的质量如何？质检专家告知说：经检测，那些品牌酱油，质量均稳定可靠，可放心食用。

c. 结论式。结论式是在导语中，把新闻稿所要传播的有关事件的最终结论先行点出，然后再在文章的主体中展开具体阐述。这种方式比较适用于一些带有研讨性质的活动（会议）的新闻报道。

范文10.8

面对即将来临的21世纪，中国公关事业必须在全球化这一大背景下加快本土化进程，从而使公关研究、公关教育和公关实践都有一个质的飞跃——这是×月×日在上海兰生大酒店召开的“上海国际公共关系研讨会”上与会人员达成的共识。

d. 引语式。引语式是用新闻事件中某一重要人物的语言构成导语。通过这一人物的简要表述，点出所要传播的信息中最重要的事实。

范文10.9

“亚太地区的经济发展近年来一直保持着旺盛的活力。其中，中国发挥了重要的作用。”

这是联合国亚太经济社会委员会秘书长×××××在有30个国家和地区参加的第×届亚太国际贸易博览会开幕式上透露的信息。

e．描写式。描写式是一开始先对新闻事实发生的现场情景进行简洁、生动的描述，适当渲染气氛，以引起人们阅读的兴趣。这种方式适用于一些描述社会性大场面活动而又篇幅较长的新闻稿。

范文10.10

鲜花与彩旗共舞，欢迎四海宾朋莅临西藏的巨幅标语四处可见，浓郁的节日气氛把拉萨装扮得分外妖娆。9月1日，世界屋脊迎来了盛大的节日——西藏自治区成立49周年。

③ 主体。主体是新闻的躯干或主干部分，也是新闻的展开部分。好的导语对下文的展开固然十分重要，但是，如果仅有一个出色地提示了新闻主题的导语，而没有在主体部分用新鲜生动的材料来阐明和表现主题，这条新闻仍然不能算是一条好新闻。

一般来说，新闻主体应当具备以下两部分内容：一是对导语提出的主要事实、问题或观点进行具体的阐述或回答，使导语部分的内容借助于一连串丰富的材料而得到进一步的说明和解释，使新闻诸要素更为明确和详尽；二是用附加的次要材料来补充导语中没有涉及的新闻内容，提供新闻背景，说明事件的来龙去脉，使新闻内容充实饱满，主题更加突出。

主体部分常见的结构形式有以下两种。

a．以事件的重要程序为序组织材料。这种主体结构形式是常说的倒金字塔结构。这种写作方法，多用于动态新闻。所谓倒金字塔结构，就是大头在上面，小头在下面。具体来说，一篇新闻，先是把最重要、最新鲜的事实放在导语中，主体部分的内容则依照重要程度呈递减的顺序来安排：较重要的材料往前放，较次要的往后放，最次要的放在最后面。这种叙述方式的优点是，重点突出，阅读简便，同时便于编辑删节、修改稿件。

b．以事件的时间先后为序组织材料。这种主体结构形式，通常是按事件发生的时间顺序来组织材料，事件的开始是新闻稿的开头，事件的结束为新闻稿的结尾。这种结构方法比较适用于内容较为复杂但线条单一的新闻的写作，如报道节日游行盛况、一些重大事件、一场灾祸、一次球赛等。这种叙述方式的优点是，能够清楚地反映新闻事件的来龙去脉和前因后果，使人们对事件的全过程有一完整印象，适合一般读者的阅读习惯，在实际写作中也较容易掌握。

【课堂讨论】

一则完整的新闻稿由哪几部分构成？试就收集的新闻稿进行分析。

（2）新闻稿的类型。以写作特点来区分，新闻（消息）可以分为四类：动态性新闻、经验性新闻、综合性新闻和评述性新闻。

① 动态性新闻。所谓动态性新闻，是对新近发生或正在发生的事件和活动的报道。它重在揭示事物发展、变化的特征，用于反映社会生活中的新气象、新情况、新问题，是

最基本、最常见的一种新闻报道形式。

② 经验性新闻。所谓经验性新闻，是指对一个社会组织乃至于一个行业领域的先进经验、成功典型的新闻报道。这类新闻往往偏重于交代情况、介绍做法、反映变化与效果，较多提供背景材料，因而篇幅比其他类型的新闻要长一些。

③ 综合性新闻。所谓综合性新闻，是指把发生在不同地区或部门的性质相似又各有特点的事件综合起来，从不同侧面阐明一个共同的主题思想，反映一个时期内带有全局性的情况、成就、趋势或问题的新闻报道。它纵览全局、报道面广、声势较大，给人以较为完整的印象。常见的综合新闻有两种类型，一种是横断面的综合，一种是纵深度的综合。

④ 评述性新闻。所谓评述性新闻，是指一种且述且评、夹叙夹议的新闻报道体裁。它在“用事实说话”，在报道具有普遍意义的新闻事实的基础上，结合形势和动向，对事实进行适当的分析、评述，揭示其本质意义，指明其发展趋势，以指导实际工作。

【课堂讨论】

就所收集的一则新闻稿分析其属于哪种类型的新闻。

2. 新闻通讯

新闻通讯，亦是新闻媒介传播信息的基本文体之一。它的特点是通过对现实生活中有关事件和人物的真实而详细的报道，更加生动、具体地传播某一方面信息，表现某一主题思想，从而给读者留下更为深刻的印象。

（1）新闻通讯的类型。新闻通讯可以分为事件通讯、人物通讯、工作通讯。所谓事件通讯，即以记叙事件为主的通讯，这类通讯侧重于较为生动地报道某一事件的详细过程，虽有人物出现并给予一定描述，但不作着力刻画。所谓人物通讯，即以记叙和刻画人物为主的通讯，这类通讯侧重于描写某一人物或人物群体，让读者对这一人物或人物群体的思想、行为有一形象感受。所谓工作通讯，即以反映综合性事件和经验为主的通讯，这类通讯往往以点带面，视野较为开拓，或提出一些问题，或总结些带指导性的经验，有时近似于调查报告，但在文法上更为生动形象。

（2）新闻通讯的写作要点。

① 要认真把握素材，反复提炼主题。通讯面对的是事件的全部纷繁复杂的事实和素材，要求在生动描写的同时，尽可能表现出较为深刻的主题思想。这就需要写作人员认真把握原始素材，提炼出既富时代感又精心独到，有一定深度的思想内涵来。

② 要精心构思，写好通讯的开头和结尾。新闻通讯是一种带有一定文学性的新闻文体，讲究结构的完整合理，尤其强调文章的开头和结尾。

③ 善于抓取和选择典型事件。这对于一些以写人物为主的通讯和某些综合性的工作通讯来说尤其重要。

④ 通过生动细节的形象描绘来烘托事件和人物。消息以叙述为主要手段，只需把事件说清即可，一般不用生动描写。通讯是一种有文学色彩的新闻体裁，则应该通过有关细节描写，生动、形象地描绘人物，反映事件，以烘托气氛，增强感染力。

⑤ 注意叙述、描写、议论和抒情手法的有机结合。通讯的主要表现手法是叙述和描

写，但可以穿插运用议论和抒情的方法，以增强文章的思想性和感染力。

【课堂讨论】

如何才能写出一篇好的新闻通讯稿？

10.2.4 公共关系广告

1. 公共关系广告的含义

公共关系广告（简称公关广告）是公关实务活动中塑造组织形象、传递新信息的一种宣传方式。它公开面向广大公众，具有传播性和告知性。它借助一定的媒介进行有计划的、非个体的活动，具有接受性和说服性。它融语言、文字、音乐、美术、摄影等为一体，具有综合性。它对传播信息、加速流通、认识与审美具有重要作用。它常用的媒介有印刷媒介、电子媒介、物体媒介等。一般而言，公关广告侧重于介绍、宣传社会组织的情况，树立其社会形象，提高其知名度和美誉度。公关广告与商业广告，无论在运思创意、艺术表现，还是在传播方式等方面，差异都不大，不过仔细考虑，还是有所区别的。

（1）广告目标不同。商品广告的目标是有效传递商品信息，促发消费者的热情，实现直接经济利益。公关广告的目标，则主要是向社会、公众介绍组织的相关情况，如组织规模、资源状况、运营情况及发展前景等，争取社会公众对组织的关心、了解、赞许和合作。公关广告可以形象地称为“攻心广告”。

（2）广告作用不同。商品广告的作用是直接地、迅速地、及时地传播经济信息，而公关广告则体现着组织的经营管理理念，在组织的经营管理中处于全局性、战略性的地位，贯穿于经营管理的全过程。社会公众也通过这种广告认识组织。

（3）传播周期不同。商品具有时间性的特点，制约了商品广告的时效，故而商品广告的传播周期比较短。而公关广告旨在宣传介绍组织本身，公众对组织的认识、接受需要经过一个相对漫长的时间。因此，经常地、不间断地对组织进行广告宣传是唯一奏效的手段。

【课堂讨论】

公关广告与一般商业广告有什么不同？

2. 公共关系广告的类型

公关广告因具体目标不同可分为不同类型。

（1）公司（企业）广告。公司（企业）广告是以提高企业的知名度和树立良好形象为主要目标的广告形式。

任何企业都有一块招牌，它的名称（包括商标）和声誉如同企业的财产一样是构成企业存在的基石。从某种意义上说，牌子比财产更重要，没有财产，可以创造财产；牌子要倒了，企业的生命也就完结了。为此，许多企业家十分重视企业广告。比如，当你踏上北京车站地下通道时，迎面看到一块大型灯箱广告，上写：“诸位旅途辛苦了，欢迎您到北京来。”这块广告牌，在塑造北京车站的良好形象方面，立下了极大的功劳；北京牡丹电子集团与北京大栅栏电器商店联合举办“迎五一牡丹电视机技术咨询服务活动”等，这些都为组织树立了一个良好形象。

（2）响应广告。每个组织与社会各界都有密切的关联，一方面有需要各界广泛理解和支持的意愿，另一方面也有希望通过一种途径向社会表达自己乐于支持政府和各界活动的意愿，因而就产生了这一“响应广告”。其主要内容是对政府的某种活动或社会生活中的重大事件表示响应和支持。

常见的“响应广告”是祝贺性的广告。例如，某公司新开业以同行的身份刊登广告致以热烈祝贺，这是表示愿意携手合作，共同繁荣，也是表示欢迎正当竞争。许多时候这类广告的做法是，向新开业单位赞助若干广告费，并在该单位的开业广告上署名祝贺，该单位通常也会以某种方式表达谢意。

祝贺广告对受贺方和祝贺方都有好处。受贺方可以极大地提高自己的知名度，有效地向社会显示自己的横向联系能力，从而含蓄地表现自己的光明前景，同时也可节省一笔广告费用。至于祝贺一方，虽说是出钱为别人做广告，但也不无裨益：首先可以借助这类广告，广结良缘，建立友善关系；其次可以提高声望。这对一个小的或原先知名度甚低的企业来说，花不多的钱，把名字登在报上，是值得的。况且，若能多次以祝贺者姿态出现，那声名必定日渐远扬。

（3）倡议广告。倡议广告是以企业名义，率先发起某种社会活动，或提供某种有意义的新观念的广告。如“献给母亲节有奖征文启事”，每年5月第二个星期日是传统的母亲节，《北京青年报》与中华乌鸡精厂决定共同举办“中华乌鸡精献给母亲节”有奖征文活动，讴歌无私的母爱，提倡尊重母亲的风气。创意广告一般来说要有明确的主题和目标，以表明企业对社会活动的关心、支持与积极参与的态度。

（4）致歉广告。致歉广告，顾名思义是表示歉意的广告。常见的致歉广告有两种。

① 向公众赔礼道歉的致歉广告。刊登这类广告，往往是由于刊登者本身出现了差错，并殃及某些公众利益。这类广告的制作，并无多大窍门，关键在于是否有勇气。不少企业明知做错了事，损害了部分公众利益，但怕事态扩大，败坏形象，因而想方设法地保全面子，遮盖真相，不敢主动认错，这种做法常常适得其反。明智的做法是，除采取补救措施，如停产整顿，查办失职人员，向客户退赔损失等外，还应公开刊登广告赔礼道歉，这样才能挽回损失，重新确立自身的良好形象。

② 向公众排除误解的致歉广告。这类广告是以致歉的形式，向公众更正事实，排除误解。如消费者手持劣质产品，上门责难，经检查责任又不在生产厂家或发现是冒制品，这时，应该怎么办？登报“严正声明”未尝不可，但从公关角度看，用硬碰硬的“声明广告”不如改用语气谦和的致歉广告为好。1986年，山东一家洗衣机厂收到了许多顾客的投诉后，立即派人调查，结果发现，导致洗衣机质量低劣的根本原因在于铁路部门野蛮装卸。于是，该厂在报上登了一则广告，称由于未能及时发现运输环节存在的问题，致使已损坏的产品到达顾客手里，为此，深表歉意，并表示今后尽力避免类似事故发生。这种主动从自己身上找过失并公开致歉的做法，同发表义正词严的声明相比，更能显示企业真心服务大众的诚意。

（5）公益广告。公益广告是就某些行为、观念、道德或哲理向社会公众进行告知、提示、劝导和警示的社会性广告。其主要内容涉及社会的方方面面，如社会公德、文明礼貌、风俗习惯、生态环境保护、慈善救灾、交通安全、禁赌戒烟、防火防盗、心理教育、亲情友情等。

公益广告具有双重作用，对于社会来说，其作用在于提高整个社会公民的素质，唤起整个社会公民对社会责任和社会问题的正确认识和密切关注，以促进社会的文明进步和健康发展。例如："江河并非万古流，生命离不开水"；"还记得天空的颜色吗？保护环境，减少大气污染"；"知识的富有才是真正的富有"等。

从另一方面讲，由于公益广告是社会良知的体现、社会进步的象征、社会文明的标志，因此，它也可以给组织带来无法估量的社会效益。例如："夜深了，请您调低电视机音量，以免影响邻居休息"；"今天下雪路滑，保险公司提醒市民请注意交通安全"等。这种细心、及时、真诚的提示，缩小了公众与组织之间的心理距离，树立了组织对公众的关心、爱护，赢得了公众的喜爱。

公益广告成功的基础在于抓住公众的心理，研究公众的需要。例如，"曾几何时，我们奔波于事业，陶醉于爱情，却忽视了饱经沧桑的母亲。回家，哪怕打一个电话！"这则朴素的广告词，唤醒了忙碌于现代社会的人们对亲情的珍视，对家的思念，很容易使人们产生共鸣。

由于公益广告用极其凝练、富有艺术性的文字和创意性的画面与公众达成一种感情上的沟通和心理上的契合。因此，很容易使公众对组织产生某种认同感，从而改善和强化公众对组织的印象，是社会组织树立形象、赢得公众信任和支持的一种有效手段和策略。

3. 公共关系广告写作时应考虑的因素

（1）目标。必须清楚地了解所要达到的目的，而且必须是了解广告的单一目标而不是多重目标，广告中的一切都应该为目标服务。在编辑广告的时候，要去掉任何没有对目标进行深入发掘的词句或录像。

（2）事实。只有在对所有与事件有关的事实进行谨慎而全面的检查之后，你才能为广告选择出一个特定的目标，只有这样，你才能根据信息就你和竞争对手的优、劣势做出有意义的判断，并且找到一个能利用你的优势或攻击对手劣势的广告目标。公关广告文案写作中要严格遵循客观事实，语言表达精确清晰，正确处理好艺术表现与客观真实的关系。

（3）公众。在进行广告写作前，你应该对你的目标受众的特性有全面的了解，知道他们的欲望、需求和价值观。

（4）媒体。在撰写公关广告前，必须清楚你正在为哪个或哪些媒体写稿，首先要考虑的问题就是满足媒体的技术要求。一个为报纸准备的广告可能不符合杂志的要求，肯定也不符合电台、电视台或互联网的要求。

【课堂讨论】

在写作公关广告时要考虑哪些因素？

4. 公共关系广告文案的写作艺术

公关广告文案一般由标题、正文、广告词和随文四个部分构成。

（1）标题。标题的拟写在公关广告文案的写作中有特殊的意义，公关广告的主旨体现在标题上。标题应当具备"立即引起注意"和"阅读向导"功能，要能有效抓住公众心理，使之瞩目，造成一种视觉冲击力，把广告主旨迅速传递给公众。例如，一化妆品公司的广告标题"如何让35岁以上的女人看上去更年轻"，一个鲜奶广告的标题"从中国台湾第一至世界金牌，统一鲜奶就是最好的鲜奶"。前者一下就能抓住读者的注意力，而后者则以简洁的文字把产品的高超品质、权威认证及企业的自豪感、荣誉感等主要信息都集中在标题中呈现出来。

公关广告的标题写作在形式上可以分为直接标题、间接标题和复合标题。直接标题要求把最重要的事实和情况，开门见山地公之于众，直接标题的优点在于简洁明了，不足之处在于信息传递过于直露浅白，往往不能诱导公众阅读下文。间接标题则不在标题中明确显示广告的主要信息或主题，采用含蓄、迂回的手段，巧妙地引发公众的兴趣使之关注正文，获取信息。复合标题在形式上常由两个或两个以上标题构成，与多行式新闻标题相类似，在创意上往往将上述直接式和间接式两种类型的标题有机组合。

（2）正文。正文应当解释公共关系的主旨，向公众提供企业和组织信息的细节。常见的公关广告写作体式，有陈述体、说明体、论证体、文艺体。叙述是陈述体文案的主要表达方式，以陈述性的语言来介绍广告内容，有脉络清晰、交代明白、立见主干的效果。说明体文案旨在用说明的方法将广告内容介绍和解释清楚，往往给公众以客观、实在的感觉。论证体文案主要是展示有关权威的鉴定评价、获奖情况、典型用户的见证、典型的实例来说明广告内容的真实性、可靠性。文艺体文案主要借助文艺的形式，如诗歌、散文、故事等形式来表现广告内容，具有生动活泼、形象鲜明、感染力强的特点。

（3）广告词。广告词，也可以说是广告口号，它是组织在广告运作中长期而反复使用的、简明扼要的、具有口号性质的、表现组织精神理念或商品特性的语句。广告词经反复宣传，便能不断地强化公众对组织形象及其品牌的一贯印象。

广告词的语句一定要简短易记，朗朗上口。语句过长，就难以理解记忆，难以广为流传。一般，广告口号字数最好控制在10字之内，最长不宜超出20字，语言风格越趋向口语越佳。

（4）随文。随文也称附文、结尾语，是广告文案的结尾部分。随文中一般标出组织名称、地址、电话、网址、联系人员等信息。这一部分不是广告文案的必备部分，可以根据实际需要决定写或不写。

范文10.11　《南方125摩托车》——草原篇，电视广告脚本

一望无际的草原上传来一阵急促的马蹄声和催马扬鞭"驾"的焦急吆喝声。

地平线上跃出两位策马飞驰的牧民。

他们纵马狂奔，闯进草原医院的护栏。

牧民神情紧张地边敲窗户，边大声喊着："大夫！大夫！"
一个医用救护箱挎在了医生的身上。
医生用脚发动南方125摩托车，手加油门。
牧民连忙打开栅栏，医生飞车冲出。
牧民跨上骏马，调头疾追。
摩托车、骏马奔驰在辽阔的草原上。
医生驾车冲过河溪。
牧民策马直追。
遇到沟坎，医生飞车一跃而过。
马匹却在沟边踌躇不前。
摩托车终于驰到蒙古包前。
夕阳西下，南方125摩托车醒目地停在蒙古包外，牧民们焦急地在等待着。
忽然一声婴儿高亢的啼哭声震动了静寂的草原。
母子平安，牧民们脸上露出兴奋而宽慰的笑容。
日落草原，南方125摩托车停立在蒙古包外，格外醒目。
结尾字幕：有多少南方摩托车，就有多少动人的故事。

【课堂讨论】

结合范文，分析公关广告文案由哪些部分构成。

10.2.5 公共关系危机事件处理书

公关危机事件处理书是企业在面对公关危机时所采取的应对策略的文字材料。公关危机事件处理书通常包括背景介绍、主要问题、公众分析、传播渠道分析、应对计划与措施等内容。

范文10.12　××制药集团处理危机事件的方案

××制药集团于三年前生产新镇痛剂"××"，据估计此药在世界各地的使用者已超过1 500万人。

××制药集团总经理在某一星期六早晨首先发现问题。他接到总公司电话说，在××国发现七个人的死亡和"××"有关。他决定立即收回××市面上的"××"，同时进行所谓的与该药有关的死亡事件的调查工作。

××制药集团的总经理要立即决定是否在另外一个国家市场中也收回该药。他立即打电话和其他董事以及××制药集团的公共关系部主任商量，决定在××国调查没有分晓前，在另一个国家市场上先收回该药。

公共关系部主任要草拟一个备忘录（公关方面的应急方案），提交次日早晨召开的全体董事紧急会议讨论。

《备忘录》的基本内容如下：

致：总经理（执行董事），××制药集团

自：公共关系部主任

事由：收回“××”，等待××国调查结果，应采取的公关行动。

前言：××制药集团决定立即收回（另一国家）市场中的“××”，等待××国调查结果。

一、情况

“××”销路很好，目前在另一国家使用者超过百万人。××公司从事制造、包装和销售该药者为数不少。到目前××国有七人死亡和该药有关。据了解这只是暂时传说，经调查后将会澄清。

二、问题

“××”多年来因品质优良、疗效可靠，已经声誉卓著。我厂在此次危机中一定要维持企业的信誉，要给予公众以行动负责和关心消费者利益的形象。问题是必须采取行动尽量减少××制药集团的信誉受损程度，绝对不能使危机成为丑闻。

三、目的

该药极可能会再次推入市场。因此，一切有关的报道必须真实，必须使公众知道本集团完全可靠。我们的目的是要维护本公司品质优良、疗效可靠的声誉。

四、公众对象

主要公众对象有制药工人、推销人员、医师、用药人、公司股东和医药卫生部。

五、信息

本公司要传播给各公众的信息主要是多年来，本公司认真努力生产和销售各种药品，对减小患者的痛苦贡献不小。本公司是个负责任的公司，以关心人民福利为首要目标，赢利放在其次。因此我们已经收回市面上的“××”。

同时对制药工人的未来要提出保障——但不可提出不能兑现的诺言（“××”可能停止供应，要向工人说明事实）。

六、传播信息

医院、医师、药剂师采用直接邮件；地区销售经理电话通知，由他们召开推销人员紧急会议传达，会议中可分发特撰文件。

制药工人也可举行此种会议以说明情况，分发合适的文件。

消费大众（用药者）用报纸、广播传递。

股东及股票持有人除通过消费大众渠道外，还要草拟信件寄去。

相关医药卫生部门可直接用电话通知。

在此期间，公司方面对上列公众提出的问题和要求要乐于回答。要指定一位熟悉全部问题的发言人，随时答问。电话接线员要了解情况，能应付询问，特别是媒体的询问。

七、工作计划

1. 所有信件要在未来24小时内寄出。
2. 召开推销人员及制药工人会议时所需文件一定要在会中分发。

3. 推销人员要在明晨开会，尽快通知，不能赶来开会者用快邮寄去有关资料并在电话中详细说明情况。

4. 和制药工人举行的会议可在明晨一早召开，不能放任谣言的形成和流传。

5. 迄今为止，本公司任何人均不得对传播媒介直接谈话，但是应该有一个完整、充分的声明，要在明日正午前传播，使明天晚报可以发表，而后天可见于各发行的报上。本公司在实施此工作计划时要始终表示乐于合作的态度，要采取完全公开事实的策略。

6. 评估。报纸发行后就可以知道公众的初步反应。现在最好等待星期二各国报纸刊出全部声明后再作估计。

7. 修改。我们要准备以本计划工作所得结果的评估为根据来考虑如何对本公司持续进行的公共关系活动加以改进。

八、结论

董事会应将本建议作为十分紧急事件加以考虑。要使本公司保持负责任、爱护顾客的声誉，就必须立即采取行动。在现阶段中很难预言“××”将来是否能再推入市场。不论日后如何决定，都要审慎实施本公共关系工作计划。

【课堂讨论】

结合范文，谈谈公关危机事件处理书的内容。

10.3 公共关系礼仪类文书的写作

10.3.1 公共关系柬帖

柬帖是公关信件、名片、卷子的统称，公关柬帖是一种简便、亲切、自然的沟通形式和礼貌的传播、交际工具，是组织在公关活动中最常用的文书。作为日常社交和公关活动中经常使用的沟通媒介，它可以向公众迅速、简洁地传递信息、通报事务、表达情感，因而也是一种不可或缺、十分方便的联络工具。

公关柬帖不同于普通信函和通知，它比普通信函更庄重、更正式、对对象也更礼貌、亲切和尊重。一般来说，只有在重大活动或节庆、会议等场合才使用柬帖。公关柬帖常用的形式有请柬、邀请函。

1. 请柬

请柬，又称“请帖”，是邀请某人某单位参加某项活动的专用文书，多用于重要的庆典宴请活动，或特别性的集会、聚会，多数使用统一印制、美观大方的现成式样。使用时根据需要填写：被请单位或个人的名称或姓名，与会时间、地点、会议内容、安排、敬语，发文单位、日期。用于个人活动的，可以用书信的方式邀请对方，打印或手写均可。请柬不仅要交代各项事宜，以利于对方准时参加活动，还要表示诚意与热情，使对方乐于接受。

一份规范的请柬，无论如何设计，一般都由封面和内页（正文）两部分组成。特制的专门请柬的封面，一般应写明是什么会议（活动、宴请）的请柬，如【范文10.13】所示。若社会组织为控制成本，一次印制较多请柬以供多个不同的活动所用，也可只写“请柬”两字，在相应部位可配上组织的标识。

请柬的内页（正文），可以有两种撰写方式，如【范文10.14】和【范文10.15】所示。

范文10.13

第56届全国电子产品展销会
暨2000年（上海）国际消费电子展开幕仪式
请　柬

范文10.14

请　柬

尊敬的×××先生/女士/小姐：

第56届全国电子产品展销会暨2000年（上海）国际消费电子展开幕仪式定于2000年10月25日（星期三）上午9:30在上海光大会展中心东馆（上海市漕宝路78号）举行。诚邀您届时莅临指导。

第56届全国电子产品展销会组委会
2000年10月

（敬请持本柬的贵宾于上午9:00准时到会展中心贵宾休息室签到）

范文10.15

请　柬
诚邀您出席第56届全国电子产品展销会
暨2000年（上海）国际消费电子展
开 幕 仪 式
时间：2000年10月25日（星期三）
上午9:30
地点：上海漕宝路78号
上海光大会展中心东馆
第56届全国电子产品展销会组委会
2000年10月
（敬请持本柬的贵宾于上午9:00准时到会展中心贵宾休息室签到）

【范文 10.14】与【范文 10.15】撰写方式的区别如下。

第一种方式顶格书写被邀请者的姓名和称谓。在被邀请对象不是很多的情况下，采用这种方式，既体现了对被邀请对象的尊重，又便于在活动过程中了解被邀请对象的实际出席人数。但在被邀请人员较多且具体出席对象又不是很确定的情况下，这一方式在操作上难度较大。

第二种方式则解决了这一难题，即请柬上仅表示邀请意向，而不书写被邀请者的姓名和称谓。这就具有了较大的灵活性。

不管采用哪种方式，请柬正文都必须写明邀请的意向，活动的内容、时间、地点以及提请被邀请者注意的有关事项，尤其应注意以下几点。

（1）活动的时间必须根据各种因素精确设定，撰写时做到准确无误。凡在日期后面加注“星期×”的（这是请柬的规范写法），应特别认真加以核对，保证两者统一。

（2）活动的地点，除必须写明具体场所（如××宾馆×楼的×厅）外，还须注明这一场所所在的建筑物的具体地址（如××路×号）。

（3）在请柬上注明一些需要提请被邀请者注意的事项。这类注意事项一般包括签到、着装、就座、人数限制和资料（礼品）领取等，可视不同场合不同需要而定。

（4）在请柬的结尾，一般写上“敬请光临”之类的礼貌用语，并署上发出邀请的社会组织的全称和发出邀请的时间。

2．邀请函

请柬作为对客人发出邀请的一种专用函件，虽然规格颇高，但因其内页篇幅有限，所以正文部分除写明邀请的意向，活动的内容、时间、地点以及提请被邀请者注意的有关事项外，不可能对活动的内容作进一步的介绍。有些时候由于对活动内容及主办者缺乏了解，许多人可能会不参加。在这种情况下，就需要用到邀请函。

邀请函作为对客人发出邀请的另一种专用函件，一般用 A4 纸印，可套色，也可单色，外观形式上虽不如请柬考究，但邀请函最大的优点是它有足够的篇幅，可对一次活动的背景情况、具体内容以及规模和形式等方面作较为详尽的介绍和说明，从而引起被邀请者的关注，如【范文 10.16】所示。

范文10.16

第 56 届全国电子产品展销会
暨 2000 年（上海）国际消费电子展

尊敬的×××先生:

您好!

第 56 届全国电子产品展销会暨 2000 年（上海）国际消费电子展，定于 2000 年 10 月 25 日至 28 日在上海光大会展中心举行。本届展会，展厅面积达 3 万平方米，参展的中外电子企业逾 1 000 家，称得上是新千年中国电子工业的一次盛大检阅。从展会所展示的技术和产品中，人们可以充分感受到新千年中国电子工业进一步腾飞所展现的新成果、新面貌以及中国电子工业跨世纪发展的新趋势。

受本届展会组委会委托，特邀请您出席定于 2000 年 10 月 25 日上午 9:30 在上海光大会展中心东馆（漕宝路78号）举行的第56届全国电子产品展销会暨2000年（上海）国际消费电子展开幕仪式，并参观指导。敬请您准时莅临为盼。

本次活动记者签到时间和地点：2000年10月25日上午9:15～9:30。

上海光大会展中心东馆正门南侧签到处。

谢谢您的支持与合作。

上海××公共关系有限公司

2000年10月18日

如有垂询，敬请与本公司下列人员联系：

×××小姐　　电话：×××××××

×××先生　　电话：×××××××转××分机

10.3.2　公共关系发言稿

公共关系发言稿一般可分为公关致辞和演说稿。

1. 公关致辞

在公共关系活动中，有许多迎来送往的场合，需要有关人员致辞。常见的致辞有欢迎词、欢送词、祝贺词和答谢词等。这类致辞的结构，一般由标题、称呼和正文三部分组成，如【范文10.17】、【范文10.18】和【范文10.19】所示。

（1）标题。标题的写法：一种是只写《欢迎词》、《欢送词》、《祝贺词》或《答谢词》即可；另一种是在《欢迎词》、《欢送词》、《祝贺词》或《答谢词》前加上一定的修饰限定词语。

（2）称呼。标题的下一行顶格写致辞对象的称呼，称呼后加冒号。称呼要用尊称，一般在称呼前加上表示敬意、亲切的修饰语，如“尊敬的”、“敬爱的”、“亲爱的”等。在被称呼者的姓名后加上职务、职称。称呼对方单位名称或个人姓名时必须用全称，不得用省称、简称。

（3）正文。正文包括开头、主体、结尾三部分。开头应首先表明这一致辞的主旨。主体部分则是结合活动的特定内容和出席对象的具体情况，围绕致辞的主旨进行适当阐述。结尾比较简单，一般是向致辞对象表示祝愿、祝福或希望。

范文10.17　　欢　迎　词

尊敬的来宾，女士们、先生们：

值此×××厂30周年厂庆之际，请允许我代表×××厂，并以我个人的名义，向远道而来的贵宾们表示热烈的欢迎。

朋友们不顾路途遥远专程而来贺喜并洽谈贸易合作事宜，为我厂30周年厂庆更添了一份热烈和祥和……

在此，我谨再次向朋友们表示热烈欢迎，并希望能与朋友们密切协作，发展相互间的友好合作关系。

“有朋自远方来，不亦乐乎”。在此新朋老友相会之际，我提议：

为今后我们之间的进一步合作，

为我们之间日益增进的友谊，

为朋友们的健康幸福，

干杯！

范文10.18　祝贺词

××厂：

首先，请允许我代表××公司全体员工，并以我个人的名义，向贵厂成立10周年表示热烈的祝贺！

贵厂技术力量雄厚，已建成年产×万米的×××生产线，现已生产30多个品种的适销对路的产品，××××年被晋升为国家一级企业，贵厂成绩卓越，经济高速发展，……

贵厂建厂10年，取得了巨大的成就，为繁荣我国经济做出了贡献，可喜可贺。

最后，祝愿贵厂更加兴旺发达！

范文10.19　答谢词

尊敬的×××先生，尊敬的××集团公司的朋友们：

首先，请允许我代表××代表团全体成员对×××先生及××集团公司对我们的盛情接待表示衷心的感谢。

我们一行五人代表××公司首次来贵地访问，此次来访时间虽短，但收获颇丰。仅三天时间，我们对贵地的电子业有了比较全面的了解，与贵公司建立了友好的技术合作关系，并成功地洽谈了××电子技术合作事宜。这一切，得益于主人的真诚合作和大力支持。对此，我们表示衷心的感谢。

……

最后，我代表××公司再次向××集团公司表示感谢，并祝贵公司迅猛发展，再创奇迹。更希望彼此继续加强合作，共创明天。

再见了，亲爱的朋友们！

2. 公关演说稿

撰写公关演说稿是公关从业人员日常承担的工作之一。演说稿和致辞相似的地方，在于两者都是在一定的场合、面对特定的公众所发表的讲话。但相比之下，致辞更多地用在一些礼仪场合，主要用来表达某种情感和意愿；演说则较多地用在展示性的场合，主要用来宣传某一观点、推荐某一形象。

撰写演说稿，应注意把握以下几点。

（1）标题。通常演说稿的标题为“在××场合的演说”，以免和其他演说稿相混。但在实际演说时不必照背照念。

（2）称呼。演说稿的称呼，一般情况下，可以对这一活动的主持人特别提出加以称呼，而对在座领导则不必如此。即以“尊敬的×××先生（女士、小姐）”称呼主持人，再以“尊敬的各位领导、女士们、先生们、朋友们”这些泛称涵盖所有在场人员。如果演说的场合并无明确主持人，则可以省略对主持人的称呼。在某些比较随意的场合，只需简单地称呼“各位朋友”。

（3）正文。演说稿的正文分为三个部分，即开场白、主体和收尾。

演说稿的开场白事关能否马上吸引听众的注意，但一般字数却不多。在撰写时，一般可采用下列几种方式：一是开门见山，直奔主题，一般用于比较正式的场合；二是先作简单的自我介绍，让人们对自己产生兴趣；三是由某一看似不相干的话题突然切入，激发人们的好奇心理；四是抓住现场情境，即兴发挥，适当调侃，活跃气氛。

演说稿的主体部分是整篇演说的最核心部分。主体部分的撰写，根据内容需要和具体场合、听众的不同，可有各种方式，但不管用什么样的方式，有三点是必须要注意的：一是要突出演说主题，不在次要问题上多作解释和说明；二是逻辑严密，结构紧凑，围绕主题层层推进，具有较强的说服力；三是表述通俗流畅，力求口语化。

演说稿的收尾部分，一般有下列几种方式：一是概括演说的主题，加深听众印象；二是提出希望或发出倡议，激发听众的情绪；三是提出一个或几个思考的问题，让人感到意味深长，意犹未尽。这几种方式，可以根据不同情况灵活运用。但都应注意，收尾应尽可能干脆利落，不拖泥带水。

10.3.3 公共关系书信

公共关系书信是在公共关系活动中使用的一种书信体的礼仪类文书。

1. 贺信

贺信是表示祝贺的专用书信。贺信既可以宣读也可以通过邮寄送达对方。

贺信的写作格式与一般书信大致相同，由标题、称谓、正文、结语、落款几部分组成。写作要求内容切合具体的祝贺情境，感情真挚，喜庆色彩浓郁。贺信以书面表达为主，语言力求简练、明快、生动、流畅，恰当地使用对偶、比喻等修辞手法，使贺信显得优美文雅。

范文10.20　**贺　信**

××计算机公司：

贵公司落成开业，是商界也是企业界的一件大喜事。在此谨向你们致以热烈的祝贺！

贵公司拥有一支由软件专家组成的庞大队伍，技术力量相当雄厚，必定能够开发出具有竞争力的软件系统。对于满足用户的需求，活跃我国的计算机市场，定会起到重要作用。

祝贵公司开业大吉，宏图大展！

××公司全体员工同贺

×年×月×日

2. 感谢信

感谢信是一种礼仪文书，用于商务活动的许多非协议的合同中，一方受惠于另一方，应及时地表达谢忱，使对方在付出劳动后得到心理上的收益，它是一种不可少的公关手段。

感谢信在写作时应篇幅简短，中文200字左右即可；对收信人为自己做的好事了然于胸，不要忘了什么；把对方给你带来的好处都写清楚，不要含糊其词；表示感谢的话要合乎商家往来习惯，语气不应过于卑屈。

范文10.21 **感谢信**

江苏××电缆有限公司于×年×月×日在南京举行隆重开业典礼，此间收到全国各地许多同行、用户以及外国公司的贺电、贺函和贺礼。上级机关及全国各地单位的领导，世界各地的贵宾，国内最著名的电缆线路专家等亲临参加庆典，寄予我公司极大希望，谨此一并致谢，并愿一如既往地与各方加强联系，进行更广泛、更友好的合作。

江苏××电缆有限公司

董事长：×××

总经理：×××

×年×月×日

本章小结

公关文书是为实现公共关系目的和开展公共关系活动而制作使用的各种书面材料。公共关系文书具有鲜明的目的性、反映的客观性、传播的主动性、很强的针对性。公共关系文书的写作要求有沟通性、竞争性、时效性、务实性、可信性、简洁性、规范性、精美性、准确性等。

公关企划类文书是公关组织在策划公关活动时使用的书面材料，包括公关企划书、公关简报、公关新闻稿、公关广告、公关危机事件处理书等。

公关企划书是企业系统地、科学地策划公关活动的一种书面材料。公关企划书通常要明确的内容有活动主题、活动目标、综合分析、活动程序、传播与沟通方案、经费预算。

公共关系简报是机关团体组织内部交流、汇报情况的文字材料或刊物，包括工作简报、信息简报、会议简报、动态简报等多种。另外，动态、简讯、内部参考等都属于简报的范畴。

公关新闻稿是组织公关部门（人员）撰写的以目标受众为宣传对象的文字作品，包括提供给媒介的消息和通讯。新闻（消息）一般由标题、导语和主体组成。

公关广告是公关实务活动中塑造组织形象、传递新信息的一种宣传方式。公关广告文案一般由标题、正文、广告词和随文四个部分构成。

公关危机事件处理书是企业在面对公关危机时所采取的应对策略的文字材料。公关危机事件处理书通常包括背景介绍、主要问题、公众分析、传播渠道分析、应对计划与措施等内容。

公关礼仪类文书是在进行某些礼仪活动中使用的书面材料，包括公关柬帖、公关发言稿、公关书信等。

公关柬帖是一种简便、亲切、自然的沟通形式和礼貌的传播、交际工具，是组织在公关活动中最常用的文书。常用形式有请柬、邀请函。

公共关系发言稿一般可以分为公关致辞和演说稿。常见的致辞有欢迎词、欢送词、祝贺词和答谢词等，一般由标题、称呼和正文三部分组成。演说稿的正文分为三个部分，即开场白、主体和收尾。

思考与练习 10

一、选择题

1．（　　）是组织公关部门（人员）撰写的以目标受众为宣传对象的文字作品。

A．公关简报　　B．公关广告　　C．公关新闻稿

2．对新近发生或正在发生的事件和活动的报道称为（　　）。

A．动态性新闻　　B．经验性新闻　　C．评述性新闻

3．以企业名义，率先发起某种社会活动，或提供某种有意义的新观念的广告称为（　　）。

A．企业广告　　B．倡议广告　　C．公益广告

4．简报的写作应采用（　　）。

A．第一人称　　B．第二人称　　C．第三人称

二、填空题

1．公共关系文书的特点是有鲜明的目的性、________、________、________。

2．新闻稿的导语一般有________、________、________、引语式、描写式等写法。

3．公关广告与商业广告相比有________、________、________三方面不同。

4．常见的公关致辞有________、________、________和答谢词等。

三、简答题

1．简述公关企划书通常要明确哪些内容。

2．简述一篇新闻稿通常包含哪几个基本要素。

3．简述新闻通讯的写作要点。

4．简述在撰写演说稿的开场白时，一般可用哪几种方式。

课后实训 10

1．为教师节或学校庆典设计制作一份贺卡。

2．为你所在地的文化节或其他熟悉的重大活动拟写一份领导的欢迎词。

3．假如你所在的学校要扩大招生，学校为此要做广告，宣传学校形象，请你为学校设计公共关系广告词。

4．联系自己的大学生活，准备一份演讲稿，并在班上进行演讲。

5．为一则校园新闻撰写一篇新闻稿。

参考文献

[1] 居延安．公共关系学．上海：复旦大学出版社，1998

[2] 陈文叔．公共关系实用技巧．海口：南海出版公司，1995

[3] 鲍日新．公关实务操作艺术．北京：军事科学出版社，1998

[4] 余明阳．公共关系策划学．北京．首都经济贸易大学出版社，2006

[5] 王兴富．公共关系实务．北京：中国经济出版社，2002

[6] 郭惠明，居易．公关员职业培训和鉴定教材．上海：复旦大学出版社，1999

[7] 张映红．公共关系管理．北京：首都经济贸易大学出版社，2002

[8] 杨念，鲁建敏．公共关系与企业文宣策划．北京：中国经济出版社，2003

[9] 刘强，彭洪峰．公关经理 MBA 强化教程．北京：中国经济出版社，2002

[10] 粟玉香．公共关系．大连：东北财经大学出版社，2001

[11] 方光罗．公共关系实务．北京：中国财政经济出版社，2000

[12] 何修猛．公关实务教程．上海：复旦大学出版社，1998

[13] 吴志华．公共关系典型案例分析．枣庄：枣庄市新闻出版局，1998

[14] 朱德武．危机管理：面对突发事件的抉择．广州：广东经济出版社，2002

[15] 郭海鹰．与公关高手过招——公关锦囊 168．广州：华南理工大学出版社，2003

[16] 王培才．公共关系．北京：中国科学技术出版社，2003

[17] 张亚．公共关系与实务．北京：科学出版社，2004

[18] 彭奏平，谢伟光．公共关系实务．北京：清华大学出版社，2006

[19] 朱力，任正臣，张海波．公共关系新论理论与实务．南京：南京大学出版社，2006

[20] 崔景茂．新编公共关系教程．北京：北京大学出版社，2006

[21] 刘佳环．公共关系实务．广东：广东高等教育出版社，2006

[22] 蒋楠．公共关系原理与实务．北京：中国人民大学出版社，2006

[23] 王广伟，李春林．世界顶级企业公关策划经典模式．北京：经济科学出版社，2004

[24] 张岩松．公共关系案例精选精析（第 3 版）．北京：中国社会科学出版社，2006

[25] 王培才．公共关系理论与实务．北京：电子工业出版社，2009

[26] 陈先红．现代公共关系学．北京：高等教育出版社，2009

[27] 薛可，余明阳．公共关系学——战略、管理与传播．北京：科学出版社，2010

[28] 王培才．公共关系实务．北京：清华大学出版社，2011

[29] 李道平．公共关系学（第 4 版）．北京：经济科学出版社，2011